國家圖書館古籍館 編

第二册 史部

國家圖書館西諦藏書善本圖録

海峽出版發行集團
THE STRAITS PUBLISHING & DISTRIBUTING GROUP

鷺江出版社
LUJIANG PUBLISHING HOUSE

2019年·廈門

史

史。

部。

萬曆甲申孟夏吉旦

金陵書坊葉貴編梓

目　録

史　部

紀傳類

函史上編八十二卷下編二十一卷 —————— 三

後漢書餘論一卷 —————— 四

兩漢萃寶評林三卷 —————— 五

季漢書六十卷正論一卷答問一卷 —————— 七

兩晋南北合纂四十卷 —————— 八

宋書一百卷 —————— 九

二十一史論贊輯要三十六卷 —————— 一〇

編年類

陸狀元增節音註精議資治通鑑一百二十

　　卷目録三卷首一卷 —————— 一三

新刻曆考綱目訓解通鑑全編正集二十卷

　　續集□□卷 —————— 一五

新刊憲臺考正少微通鑑全編二十卷外

　　紀二卷新刊憲臺考正宋元通鑑全編

　　二十一卷 —————— 一七

甲子會紀五卷 —————— 一八

歷代正閏考十二卷 —————— 一九

宋季三朝政要六卷 —————— 二一

皇明大政纂要六十三卷 —————— 二二

雜史類

繹史一百六十卷 —————— 二五

鮑氏國策十卷 —————— 二六

戰國策十卷 —————— 二七

戰國策十卷 —————— 二八

新鍥鄭孩如先生精選戰國策旁訓便讀四

　　卷 —————— 二九

晋文春秋一卷異同附載一卷 —————— 三〇

吴越春秋十卷 —————————— 三一

奉天録四卷 —————————————— 三二

蜀檮杌不分卷補遺一卷校記一卷 ——— 三三

北狩見聞録一卷 —————————— 三五

吾學編六十九卷 —————————— 三七

續藏書二十七卷 —————————— 三八

皇明嘉隆兩朝聞見紀十二卷 ————— 三九

平播全書十五卷 —————————— 四〇

黔牘偶存四種五卷 ———————— 四一

三朝遼事實録十七卷總略一卷 ——— 四二

啓禎兩朝剥復録十卷 ——————— 四三

啓禎野乘二集八卷 ———————— 四四

明季遺聞四卷 —————————— 四五

明季遺聞四卷 —————————— 四六

魯春秋一卷敬修堂釣業一卷附録一卷 — 四七

海東逸史十八卷 ————————— 四八

隆武紀不分卷 —————————— 四九

明季稗乘三種七卷 ———————— 五一

從征隰駒集不分卷附巡湖營奉憲酌定支

　領薪糧章程 —————————— 五二

九夷古事一卷 —————————— 五四

百夷傳一卷 ——————————— 五五

百夷傳一卷 ——————————— 五六

諸夷考三卷 ——————————— 五七

東夷圖總説一卷嶺海異聞一卷嶺海續聞

　一卷 ————————————— 五八

詔令奏議類

代言選五卷 ——————————— 六三

盡言集十三卷 —————————— 六五

少保于公奏議十卷附録一卷 ———— 六六

江西奏議二卷附録一卷 —————— 六八

撫畿奏疏十卷計部奏疏四卷 ———— 六九

太僕奏議四卷續奏議一卷 ————— 七一

西征集十卷 ——————————— 七二

督蘆疏草一卷 —————————— 七三

于山奏牘七卷詩詞合選一卷 ———— 七五

入告初編一卷二編一卷三編一卷 —— 七六

傳記類

歷代古人像贊不分卷 ——————— 七九

人物概十五卷 —————————— 八一

聖門人物志十三卷 ———————— 八二

新刻孔門儒教列傳四卷 —————— 八五

新刻歷代聖賢像贊二卷 —————— 八七

歷代聖賢圖像不分卷 ——————— 八九

聖諭像解二十卷 ————————— 九三

劉向古列女傳七卷續一卷 ————— 九六

新鐫增補全像評林古今列女傳八卷 — 九八

列女傳十六卷 —————————— 一〇〇

帝鑒圖説不分卷 ————————— 一〇二

帝鑒圖説六卷 —————————— 一〇四

養正圖解不分卷 ————————— 一〇六

養正圖解不分卷 ————————— 一〇八

養正圖解二卷 —————————— 一〇九

人鏡陽秋二十二卷 ———————— 一一一

人鏡陽秋二十二卷 ———————— 一一三

古今廉鑒八卷 —————————— 一一五

全史吏鑒四卷 —————————— 一一六

瑞世良英五卷 —————————— 一一七

女範編四卷 ——————————— 一二〇

閨範四卷 ———————————— 一二一

女鏡八卷 ———————————— 一二三

南陵無雙譜一卷 ————————— 一二四

南陵無雙譜一卷 ————————— 一二八

南陵無雙譜一卷 ————————— 一三〇

百僚金鑒十二卷 ————————— 一三三

東林十八高賢傳一卷 ——————— 一三五

唐才子傳十卷考異一卷 ——————— 一三七

皇朝道學名臣言行外録十七卷 ——— 一三九

皇朝名臣言行續録八卷別集三卷 —— 一四〇

宋遺民録十五卷 ————————— 一四一

宋遺民録十五卷 ————————— 一四三

二張先生書院録一卷竹房先生文集補一

　　卷 —————————————— 一四四

殿閣詞林記二十二卷 ——————— 一四五

殿閣詞林記二十二卷 ——————— 一四六

本朝京省人物考一百十五卷 ———— 一四七

明人手簡序録三卷 ———————— 一四八

亘史鈔□□卷 —————————— 一五〇

〔明季殉節官民姓名事略清册〕七卷 — 一五一

正祀考集□□卷 ————————— 一五三

松陵文獻十五卷 ————————— 一五四

嘉慶道光魏塘人物記六卷 ————— 一五五

廣信先賢事實録六卷 ——————— 一五七

荆門耆舊紀略三卷烈女紀略一卷 —— 一五九

莆陽文獻十三卷列傳七十四卷 ——— 一六〇

孔聖全書三十五卷 ———————— 一六一

新鍥孔聖宗師出身全傳四卷 ———— 一六三

聖蹟圖一卷 —————————— 一六五

聖蹟圖一卷 —————————— 一六八

聖蹟圖一卷 —————————— 一七〇

聖蹟圖一卷 —————————— 一七二

聖蹟圖一卷 —————————— 一七四

晏子春秋四卷 —————————— 一七五

晏子春秋六卷 —————————— 一七六

聖蹟圖志十四卷 ————————— 一七七

宋范文正公流寓長山事蹟考一卷 —— 一七九

米襄陽志林十三卷米襄陽遺集一卷海嶽

　　名言一卷寶章待訪録一卷研史一卷 — 一八〇

倪雲林一卷題畫詩一卷 —————— 一八一

漸江先生江公傳行狀墓誌銘一卷 —— 一八三

歸養録九卷 —————————— 一八四

〔畢自嚴家敕命誥命〕不分卷 ———— 一八五

洮岷邊備知參政事畢自嚴生祠志一卷 — 一八七

陝西右布政使備兵靖邊道畢自嚴生祠記

　　一卷 —————————————— 一八九

蘭絮話腴四卷 —————————— 一九一

閩頌彙編四十卷 ————————— 一九二

閩頌彙編四十卷 ————————— 一九五

檜門府君行狀一卷 ———————— 一九七

竹汀府君行述一卷 ———————— 一九八

致身録一卷附編一卷附録一卷 ———— 二〇〇

陽明先生年譜一卷 ———————— 二〇一

吳太宰公年譜二卷 ———————— 二〇二

遜編二十卷 —————————— 二〇三

〔王文莊日記〕不分卷 —————— 二〇四

壺中日記不分卷 ————————— 二〇六

〔徐迪惠日記〕不分卷 —————— 二〇七

邵亭日記不分卷 ————————— 二〇九

彀園日記不分卷 ————————— 二一一

明狀元圖考五卷 ————————— 二一三

明狀元圖考五卷 ————————— 二一六

狀元圖考六卷 —————————— 二一七

狀元圖考六卷 —————————— 二一九

〔十二科程墨偶評〕不分卷 ———— 二二三

新刊詳註縉紳便覽不分卷 ————— 二二四

乾隆縉紳全書不分卷 ——————— 二二六

華氏傳芳集八卷 ————————— 二二九

休寧流塘詹氏宗譜六卷 —————— 二三〇

新安休寧汪溪金氏族譜五卷附録一卷 — 二三一

程典三十二卷 —————————— 二三三

休寧宣仁王氏族譜十二卷 ————— 二三五

厚銘日記四卷 —————————— 二三七

紫陽朱氏統宗世譜十卷 —————— 二三八

重修古歙城東許氏世譜八卷 ———— 二三九

下園徐氏族譜一卷 ———————— 二四三

寶山公家議七卷附録一卷 ————— 二四六

謝氏正吾孝義規約一卷 —————— 二四七

萬曆癸未謝太常公析産鬮書不分卷 —— 二四九

地理類

大明清類天文分野之書二十四卷 ——— 二五三

大明一統名勝志二百八卷 ————— 二五四

方輿勝略十八卷外夷六卷又一卷 ——— 二五五

大清一統志三百五十六卷 ————— 二五八

琴川三志補記續八卷 —————— 二六〇

支塘小志不分卷 ——————— 二六一

貞豐擬乘二卷 ———————— 二六三

真如里志四卷 ———————— 二六六

永康縣儒學志八卷 —————— 二六七

柳庭輿地隅說四卷圖說一卷 ———— 二七〇

知過軒隨錄不分卷 —————— 二七一

鐫長安客話八卷 ——————— 二七三

笠澤遊記不分卷 ——————— 二七五

閩小紀四卷 ————————— 二七八

榕海舊聞不分卷 ——————— 二八〇

莆輿紀勝九卷 ———————— 二八二

臺海見聞錄四卷 ——————— 二八三

北戶錄三卷 ————————— 二八五

赤雅不分卷 ————————— 二八六

滇略十卷 ————————— 二八七

籌海圖編十三卷 ——————— 二八八

海防圖論□□卷 ——————— 二九一

新鐫海內奇觀十卷 —————— 二九三

九華山志六卷圖一卷 —————— 二九五

普陀山志六卷 ———————— 二九六

武夷志略四卷 ———————— 二九七

武夷山志十九卷 ——————— 三〇〇

[武夷山九曲溪詩詠]□卷 ———— 三〇一

羅浮志略二卷 ———————— 三〇二

林屋民風十二卷見聞錄一卷 ———— 三〇四

西湖遊覽志二十四卷 —————— 三〇五

西湖志類鈔三卷首一卷 ————— 三〇七

河防一覽榷十二卷 —————— 三一〇

闕里志十二卷 ———————— 三一一

陋巷志八卷 ————————— 三一二

石柱記箋釋五卷 ——————— 三一三

名山巖洞泉石古蹟十六卷 ———— 三一四

鼎湖山慶雲寺志八卷 —————— 三一五

赴滇紀程一卷 ———————— 三一六

咸賓錄八卷 ————————— 三一七

皇明象胥錄八卷 ——————— 三一八

職方外紀六卷首一卷 —————— 三一九

異域錄一卷 ————————— 三二〇

海島逸志六卷 ———————— 三二一

中山傳信錄六卷 ——————— 三二三

職官類

古今官制沿革圖一卷 —————— 三二九

政書類

經籍考七十六卷 ——————— 三三三

續文獻通考二百五十四卷 ———— 三三五

皇明寶訓四十卷 ——————— 三三六

皇明寶訓四十卷 ——————— 三三七

皇明泳化類編一百三十六卷續編十七

卷 —————————— 三三九

經國雄略四十九卷 —————— 三四〇

黃梨洲先生明夷待訪錄一卷 ———— 三四二

萬壽盛典初集一百二十卷 ———— 三四三

絲絹全書八卷 ———————— 三四四

北新關商稅則例不分卷 ————— 三四五

淮關統志十四卷 ——————— 三四七

閩海關常稅則例二卷 —————— 三四九

淮醢分類新編六卷 ——————— 三五一

天啓元年于志舒陸文台買賣房契紙 —— 三五三

浙江布政司稅契號票及收執 ————— 三五四

讀律瑣言三十卷附錄一卷 ————— 三五五

鼎鐫欽頒辨疑律例昭代王章五卷首一
卷 ————————————— 三五七

遠西奇器圖說録最三卷新製諸器圖說一
卷 ————————————— 三五九

遠西奇器圖說録最三卷新製諸器圖說一
卷 ————————————— 三六〇

新鐫京板工師雕斲正式魯班木經匠家鏡
三卷附秘訣仙機一卷靈驅解法洞明真
言秘書一卷新刻法師選擇紀一卷 —— 三六一

新鐫工師雕斲正式魯班木經匠家鏡三
卷 ————————————— 三六三

新鐫工師雕斲正式魯班木經匠家鏡三
卷 ————————————— 三六四

園冶三卷 ———————————— 三六六

明洪武十九年拾都陸保罪字保簿不分卷 — 三六八

明丈量魚鱗册不分卷 ————————— 三六九

金石類

金石録三十卷 ————————————— 三七三

金石古文十四卷 ——————————— 三七四

小蓬萊閣金石目不分卷 ————— 三七六

泊如齋重修宣和博古圖録三十卷 —— 三七八

博古圖録考正三十卷 ——————— 三八〇

博古圖録考正三十卷 ——————— 三八一

金薤琳琅二十卷 ——————————— 三八三

芳堅館書髓一卷 ——————————— 三八四

邵亭校碑記一卷 ——————————— 三八六

周宣王石鼓文定本不分卷 ————— 三八八

國朝碑版考不分卷碑帖目録不分卷 —— 三九〇

江寧金石記八卷待訪目二卷 ———— 三九二

光福許氏貯書樓收藏碑版目四卷附錄宋
金元石刻一卷 ———————— 三九四

秦漢瓦當文字二卷續一卷 ————— 三九七

秦漢瓦當文字二卷續一卷 ————— 三九九

秦漢瓦當文字二卷續一卷 ————— 四〇一

竹里秦漢瓦當文存不分卷 ————— 四〇四

泉史十六卷 ———————————— 四〇六

集古印譜五卷印正附說一卷 ———— 四〇八

訒葊集古印存三十二卷 ————— 四一一

目録類

文淵閣書目不分卷 ————————— 四一五

遂初堂書目一卷 ——————————— 四一七

天一閣書目不分卷 ————————— 四一九

曝書亭藏書目不分卷 ——————— 四二一

楝亭書目不分卷 ——————————— 四二二

楝亭書目不分卷 ——————————— 四二四

拜經樓書目不分卷 ————————— 四二六

抱經樓盧氏書目四卷 ——————— 四二八

抱經樓書目四卷 ——————————— 四三〇

振綺堂書目四卷 ——————————— 四三二

仁和龔氏舊藏書目不分卷 ————— 四三四

甹園藏書志二卷 ——————————— 四三六

甹園藏書目不分卷 ————————— 四三八

書鈔閣行篋書目不分卷 ————— 四四〇

吳郡陸氏藏書目録不分卷 ————— 四四一

萬宜樓善本書目一卷 ——————— 四四四

鄰蘇園藏書目一卷 ————————— 四四五

海日樓書目不分卷 ————————— 四四六

蘋花閣藏書目録八卷 ——————— 四四八

述史樓書目四卷 ——————————— 四五〇

［潛廬藏書志］不分卷 ——————— 四五二

昭德先生郡齋讀書志四卷後志二卷附志
一卷考異一卷 ———————— 四五四

昭德先生郡齋讀書志四卷後志二卷附志

一卷考異一卷 ——————————— 四五六

昭德先生郡齋讀書志二十卷 ————— 四五八

題跋一卷 ———————————————— 四六〇

讀書敏求記四卷 ———————————— 四六二

目治偶抄四卷 ————————————— 四六四

兩浙地志録一卷 ———————————— 四六五

積學齋藏書記四卷 —————————— 四六六

群書題識雜抄不分卷 ————————— 四六八

訪求中州先賢詩文集目一卷 ————— 四六九

關右經籍考十一卷 —————————— 四七〇

擬嘉定縣藝文志稿三卷 ——————— 四七一

海昌經籍志略四卷 —————————— 四七三

海昌著録續考六卷 —————————— 四七五

國史經籍志六卷 ———————————— 四七六

全燬書目一卷抽燬書目一卷 ————— 四七八

抽燬書目一卷全燬書目一卷 ————— 四八〇

違礙書籍目録不分卷 ————————— 四八二

違礙書籍目録不分卷 ————————— 四八五

違礙書籍目録不分卷 ————————— 四八八

禁燬書目一卷各省咨查銷燬書目一卷摘

燬書目一卷 —————————————— 四九〇

澹生堂藏書訓約四卷曠亭集二卷 —— 四九一

［宋元明本書影］不分卷 —————— 四九三

［宋元明本書影］不分卷 —————— 四九四

［宋元明刻本零葉］不分卷 ————— 四九五

時令類

歲時節氣集解一卷附録一卷 ————— 四九九

養餘月令三十卷 ———————————— 五〇一

月令通考十六卷 ———————————— 五〇二

日涉編十二卷 ————————————— 五〇三

日涉編十二卷 ————————————— 五〇五

節物出典五卷 ————————————— 五〇六

廣腋四集不分卷 ———————————— 五〇八

史評類

新刊唐宋名賢歷代確論十卷 ————— 五一一

新刊唐宋名賢歷代確論十卷 ————— 五一二

鑒古韻語不分卷 ———————————— 五一三

讀史漫録十四卷 ———————————— 五一四

合古今名公全補標題評註歷朝捷録定本

八卷 ———————————————————— 五一五

新刻開基翰林評選歷朝捷録總要四卷 — 五一六

新刻開基翰林評選歷朝捷録總要四卷 — 五一九

千百年眼十二卷 ———————————— 五二〇

新鍥袁中郎校訂旁訓古事鏡十二卷 — 五二一

史懷十七卷 —————————————— 五二二

澂景堂史測十四卷閩溪紀略一卷 —— 五二三

史抄類

史記抄不分卷 ————————————— 五二七

史

史
部

紀
傳
類

000

函史上編卷之一

古初帝王表

盱郡鄧元錫纂

自天地載闢馮翼昭冥之故靡可究而原矣二五斡維。
何本何化卽上哲難言之。而說天莫辨於易頌稱玄鳥。
雅詠生民厥神理可著存焉易衡圖儀象生出象化原。
圓圖象渾天方圖象方輿文王序周易乾坤創闢屯蒙。
洪荒夫非沕穆渾敦時耶而三才首君建庶不寧於草
昧乎經綸斯時也林總嵓嵓之民穴居而野處汚樽抔
飲揮豚而燔黍未有麻絲蒙衣其皮羽蓋需養於飲食。

函史上編〔卷之一〕

函史上編八十二卷下編二十一卷 〔明〕鄧元錫撰

明萬曆刻本

五十四册 存八十九卷：上編一至十四、二十九至八十二，下編二十一卷

半葉十行二十一字，白口，左右雙邊。版框 20.4×13.7 厘米

後漢書餘論

范蔚宗後漢書　案宋書蔚宗本傳元嘉元年左遷宣城太守不

得志乃刪眾家後漢書為一家之作自序略曰詳觀古今著述

及評論殆少可意者班氏最有高名既任情無例唯志可推耳

博贍可不及之整理未必愧也吾雜傳論皆有精思深旨至於

循吏以下及六夷諸序論筆勢縱放實天下之奇作其中合者

往往不減過秦篇贊自是吾文傑思殆無一字空設此書行故

應有賞音者自古體大而思精未有此也

後漢紀傳發源東觀袁張偏駁薛謝疏繆若司馬彪之詳實華

嶠之準當則其冠也　史通云范窮覽舊籍刪煩補畧會以罪

被收十志未成　史通序例云干寶范氏理切而多功又補

注云范之刪後漢也簡而且周疎而不漏蓋云備矣　而劉昭採

後漢書餘論一卷　〔清〕丁晏撰

清丁氏頤志齋抄本

一册

半葉十二行二十五字，小紅格，白口，四周雙邊。版框 20.2×14.2 厘米

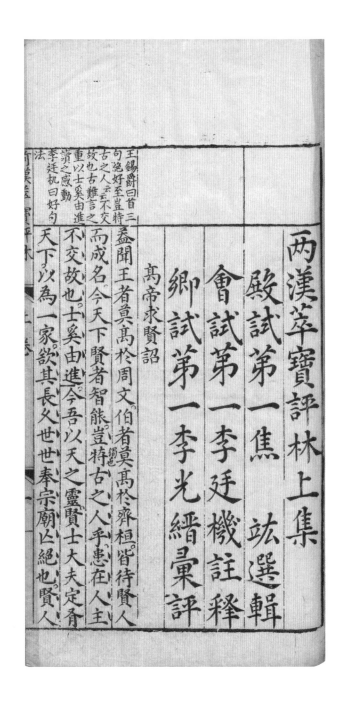

兩漢萃寶評林三卷　〔明〕焦竑輯、李廷機註　〔明〕李光縉彙評

明萬曆十九年（1591）余明吾自新齋刻本

二冊

半葉十一行二十字，白口，四周單邊。眉欄鐫評。版框 20.1×12.5 厘米

梓此同志芸亦曰方
駕史記萃寶云

萬曆辛卯歲孟冬
自新齋余明吾梓

兩漢萃寶後叙

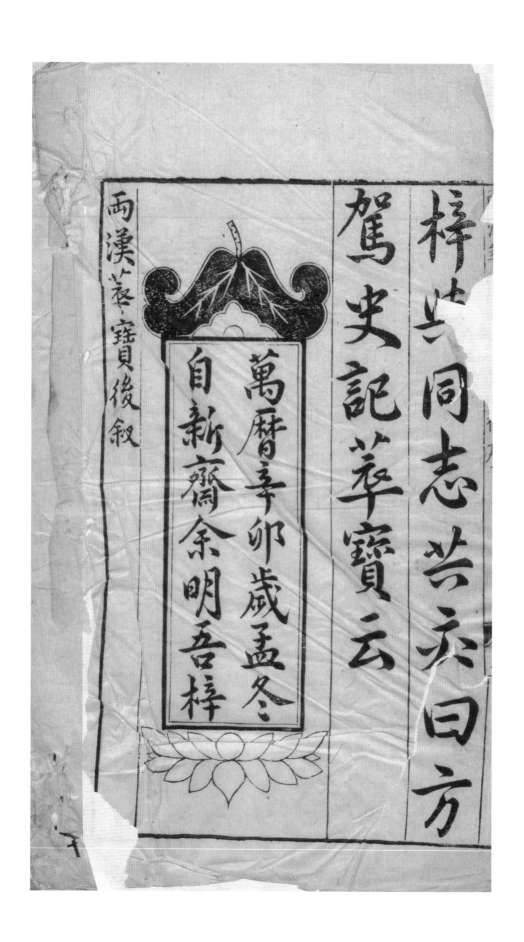

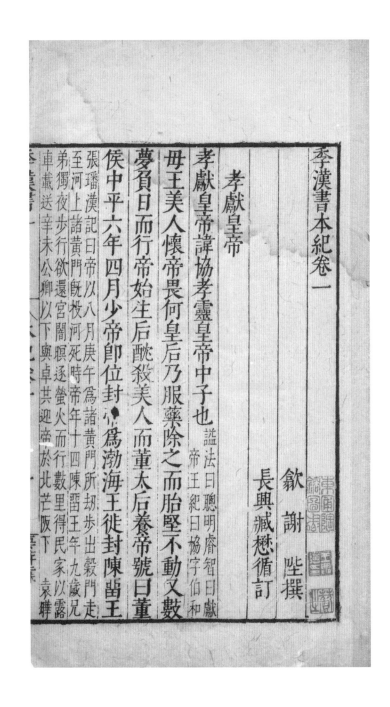

季漢書本紀卷一

孝獻皇帝

歙　謝陛撰
長興　臧懋循訂

孝獻皇帝諱協孝靈皇帝中子也　諡法曰聰明睿智曰獻帝王紀曰協字伯和

母王美人懷帝畏何皇后乃服藥除之而胎堅不動又數
夢負日而行帝始生后酖殺美人而董太后養帝號曰董
侯中平六年四月少帝即位封協為渤海王徙封陳畱王
張璠漢記曰帝以八月庚午為諸黃門所劫步出穀門走
至河上諸黃門既投河死時帝年十四陳畱王年九歲兄
弟獨夜步行欲還宮闇瞑螢火而行數里得民家以露
車載送辛未公卿以下與卓其迎帝於北芒阪下袁紹

季漢書六十卷正論一卷答問一卷 〔明〕謝陛撰 〔明〕臧懋循訂

明萬曆刻本

十二冊

半葉十行二十二字，白口，四周單邊。版框 22.6×14.2 厘米

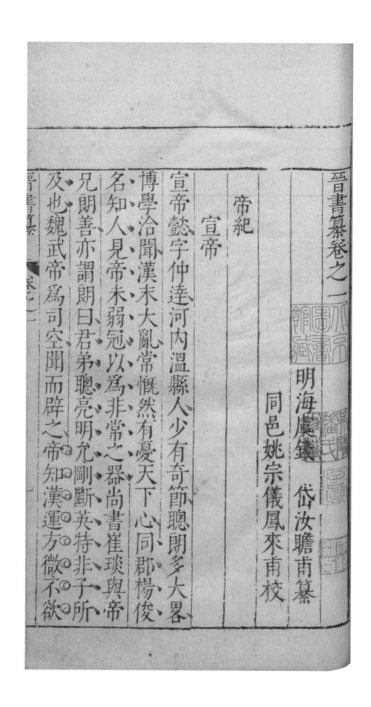

晋書纂卷之一

館圖八宗

明海虞錢　岱汝瞻甫纂

同邑姚宗儀鳳來甫校

帝紀

宣帝

宣帝諱懿字仲達河內溫縣人少有奇節聰朗多大畧

博學洽聞漢末大亂常慨然有憂天下心同郡楊俊

名知人見帝未弱冠以為非常之器尚書崔琰與帝

兄朗善亦謂朗曰君弟聰亮明允剛斷英特非子所

及也魏武帝為司空聞而辟之帝知漢運方微不欲

兩晋南北合纂四十卷　〔明〕錢岱輯

明萬曆刻本

十六册　存十六卷：晋書纂十六卷

半葉十行二十字，白口，四周單邊。眉欄鐫評。版框 21.6×14.4 厘米

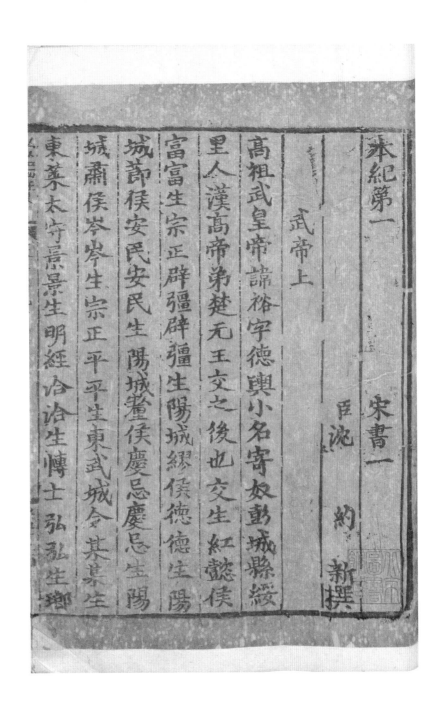

宋書一百卷 〔南朝梁〕沈約撰

宋刻宋元明遞修本

一冊　存一卷：一

半葉九行十八字，白口或黑口，左右雙邊。版框 23.5×18.7 厘米

二十一史論贊輯要卷之一

皇明贈中書舍人廬陵文學彭以明輯　男惟成校

漢　太史令　龍門　司馬遷　譔　　史記

本紀

五帝

太史公曰學者多稱五帝尚矣然尚書獨載堯以來
而百家言黃帝其文不雅馴薦紳先生難言之孔子
所傳宰予問五帝德及帝繫姓儒者或不傳余嘗西
至崆峒北過涿鹿東漸於海南浮江淮矣至長老皆
各往往稱黃帝堯舜之處風教固殊焉總之不離古

二十一史論贊輯要　卷之一　　　　一

二十一史論贊輯要三十六卷　〔明〕彭以明輯

明萬曆三十七年（1609）彭惟成、彭惟直刻本

十六册

半葉十行二十字，白口，左右雙邊。版框 20.7×14.5 厘米

16790（14747）

史

史　部————編年類

000

陸狀元增節音註精議資治通鑑一百二十卷目錄三卷首一卷　〔宋〕陸唐老集註

明末毛氏汲古閣刻本

四十八冊　存一百二十一卷：目錄三卷、首一卷、卷一至八十、八十四至一百二十

半葉八行十七字，小字雙行同，白口，左右雙邊。版框 18.7×13.5 厘米

陸狀元通鑑 三

一通鑑書成溫公復采其精語爲目錄三十
卷張氏增續本又爲紀傳括要七卷然皆
條目不分施之舉子猶難探討今則區以
門類大書其事而其本末纖悉則註于下
方總曰歷代君臣事實分紀冠諸卷首使
寸晷之下一目瞭然豈曰小補之哉

總例終

陸狀元增節音註精議資治通鑑卷第一

△論看通鑑法

昔陳瑩中嘗謂通鑑如藥山隨取隨得然雖
是有藥山又須是會採若不能採則不過博
聞強記而已壺丘子問於列子曰子好遊乎
列子對曰人之所遊觀其所見我之所遊觀
其所變此可取以爲看史之法大抵看史見
治則以爲治見亂則以爲亂見一事則止知

陸狀元通鑑 卷一 看法 及古閣

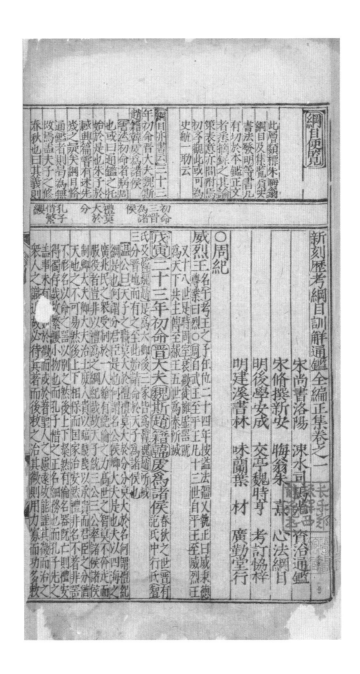

新刻歷考綱目訓解通鑑全編正集二十卷續集□□卷　〔明〕魏時亨輯

明書林葉材廣勤堂刻本

十冊　存二十七卷：正集一至六、十至二十，續集六至十五

上中下三欄，上欄半葉二十四行八字，下欄半葉十五行二十六字，小字雙行同，白口，四周雙邊。中欄

鐫評。版框 21.5×13.4 厘米

十一月詔馬廷鸞留夢炎襲侍讀秦伯玉陳宗禮范東叟要侍講何
基徐幾襲崇政殿說書又詔光朝禮臣趙景謝方叔程元鳳馬光祖
李曾伯冬上書以匡不逮召江萬里玉燦洪天錫湯漢等赴闕○詔
邦行三年之喪○戶部獻今年民數九百六十九萬六千九百八
十九戶一千三百二十萬六千五百三十二口○以伯顏為中書左
丞相伯顏羨重寡言自西域隸至旭列府奉使入見元主奇其貌
曰此非諸侯王臣也留拜中書左丞相諸曹白事有難決者伯顏二一語
斷之省中龔服以為其幹輔○元以張文謙行省事于中興路羌俗
素卻野事而統紀文讓至求蜀士得五六人自偽隸中率讀書而人教
以蔡疇旬月之間樞机品氏粗若可觀羌人始遣子弟讀書凡有教
令遵奉不少違士俗為之一變○元以王磐為翰林李士承旨○詔
以明年改元為咸淳元年

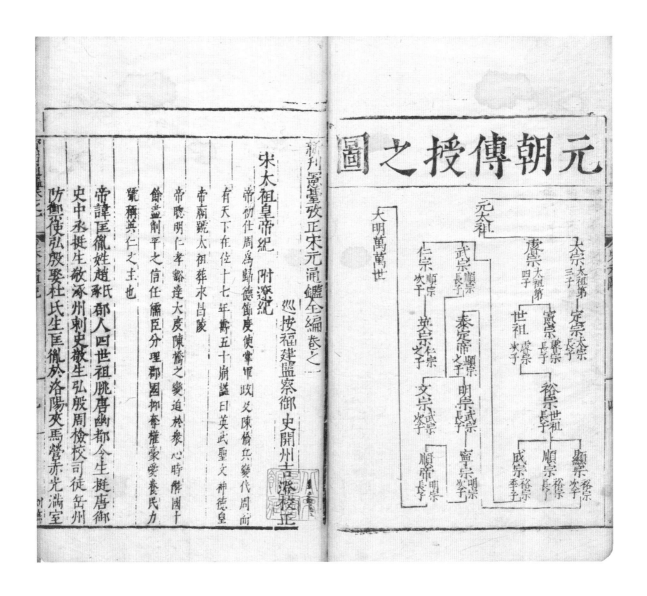

新刊憲臺考正少微通鑑全編二十卷外紀二卷　〔宋〕江贄輯　**新刊憲臺考正宋元通鑑全編二十一卷**

明嘉靖三十八年（1559）吉澄刻本

八冊　存十九卷：新刊憲臺考正宋元通鑑全編一、二、五至二十一

半葉十二行二十四字，小字雙行同，白口，四周單邊。眉欄鐫評。版框 21.1×14.7 厘米

T00894（3676）

甲子會紀卷之一

明賜進士前中憲大夫浙江按察司提學副使兩京吏禮部中武進薛應旂編集

史官長洲陳仁錫評閱

薛應旂曰予嘗觀晉人三皇二霸九頭循蜚因

提禪通諸紀豈不亦燦然備哉然言渋渾沌玄

遠難稽晉者孔子謂子貢曰渾沌氏之治若予

與汝奚足以知之是故司馬子長作史記蘇子

由述古史自黃羲而上不道曰仲尼不道也予

甲子會紀 卷一 一

甲子會紀五卷 〔明〕薛應旂撰 〔明〕陳仁錫評

明陳仁錫刻本

四冊

半葉八行十八字，小字雙行同，白口，四周單邊。版框 21.6×14.8 厘米

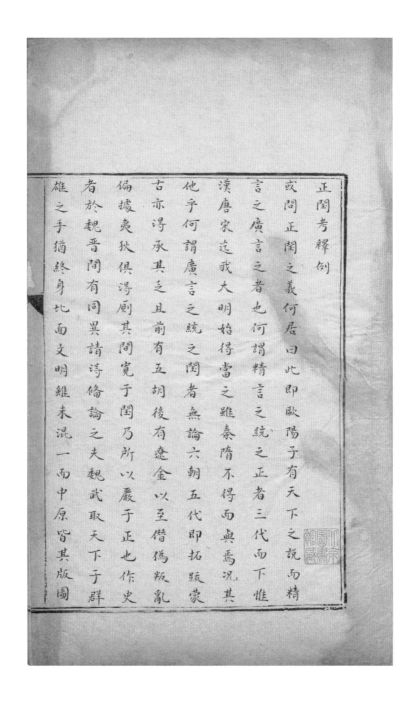

歷代正閏考十二卷　〔明〕沈德符撰

清抄本　鄭振鐸跋

四冊

半葉九行二十一字，白口，四周雙邊。版框 19.3×14.0 厘米

此沈德符歷代□□閏考鈔本甚
舊余於一九五六年春得之
杭州古書書肆亦一罕見
書也

二月十七日西諦

宋季三朝政要卷之一

理宗名昀宗室之子太祖十世孫
也

元太祖
二十年乙酉寶慶元年春正月壬戌朝詔舉賢良○上初即位與楊太后垂簾同聽政○上曰傳伯成皆先朝耆舊朕所簡記可召赴行在尋除寶學奉朝請○潘壬潘丙謀立濟王遺書李全約以二月望日舉事為遷卒得其人并書以白彌遠彌遠改作三月二日彌命數十人各以美官重賞令其乘夜踰城而入至邸索王言且詐命數十人各以美官重賞令其乘夜踰城而入至邸索王言湖亡命人以紅半袖為號乘夜踰城而入至邸索王言推戴意王聞變易散衣匿水竇中久而得王擁至州治以黃袍加身王號泣不從不獲已與之約曰汝能勿傷太后官家否眾許諾遂發軍資庫金帛楮券犒軍命守臣謝周卿率見任寄居官入賀而揭李全牓于州門言史彌遠等罪且楠見率精兵二十萬水陸盡人延尉司弓卒而已王知其謀不成乃與郡將州士卒則太湖漁人延尉司弓卒而已王知其謀不成乃與郡將州士兵戰之其數元不滿百也王元春以輕舟告變于朝史彌遠急

宋季三朝政要六卷

清張德榮抄本

一冊

半葉十五行二十四字，無欄格

初生便見異徵

皇明大政纂要卷之一

太祖高皇帝

帝濠州鍾離東鄉人先世居沛徙句容累世積德行仁隱約

田里宋季大父徙渡淮居泗上父世珎又徙鍾離母陳生四

子　帝寂少　帝生于元天曆戊辰之九月丁丑是夕赤光

滿室上燭于天里中人皆見之竸呼朱氏火起相率救護及

至無有也歲甲申四月父喪不數日伯兄喪父母喪值饑疫

窘甚鄉人劉繼祖與地始獲窆時　帝年甫十七九月入皇

覺寺逾月僧乏食　帝西至合肥歷光固汝穎凡三年復還

皇覺寺後自壬辰起兵至戊申始即位在位三十一年壽七

十一、

自壬辰至戊申

十七載而即帝

位

七十一、

皇明大政纂要六十三卷 〔明〕譚希思撰

明抄本

十一冊　存三十五卷：一至四、十三至十五、十九至三十、三十四至四十三、五十八至六十三

半葉十一行二十四字，白口，四周雙邊。版框 23.4×16.1 厘米

史

史 部 —— 雜 史 類

000

繹史卷一

開闢原始

太古第一

列子　昔者聖人因陰陽以統天地夫有形者生於無形則天地

安從生故曰有太易有太初有太始有太素太易者未見氣也

太初者氣之始也太始者形之始也太素者質之始也氣形質

其而未相離故曰渾淪渾淪者言萬物相渾淪而未相離也視

之不見聽之不聞循之不得故曰易也易無形埒易變而為一

一變而為七七變而為九九變者究也乃復變而為一者形

變之始也清輕者上為天濁重者下為地故天地合精萬物化

生　白虎通始起先有太初後有太始形兆既成各曰太素混沌相連視之不見聽之不聞然後

明神明生道德道德生文章

於戌仲清者為精濁者為形也

太素質之始也生於亥仲已有素朴而未散也三氣相接至於

繹史　卷一　開闢原始　一

繹史一百六十卷　〔清〕馬驌撰

清康熙刻本

四十四册

半葉十一行二十四字，小字雙行三十六字，白口，左右雙邊。版框 19.4×14.3 厘米

T00855（3017）

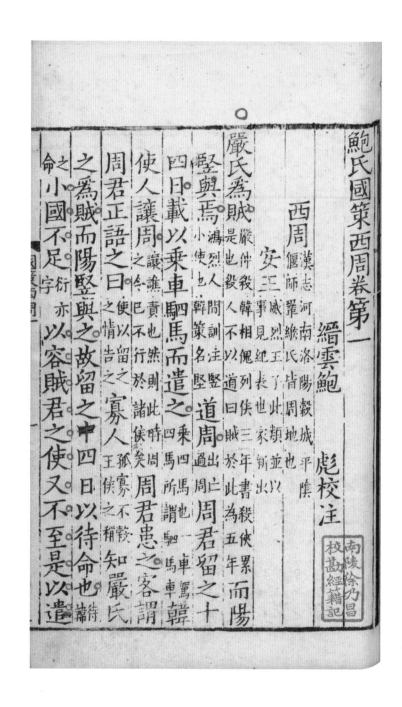

鮑氏國策十卷 〔宋〕鮑彪校註

明嘉靖七年（1528）龔雷影宋刻本

八冊

半葉十一行二十字，小字雙行同，白口，左右雙邊。版框 21.4×15.1 厘米

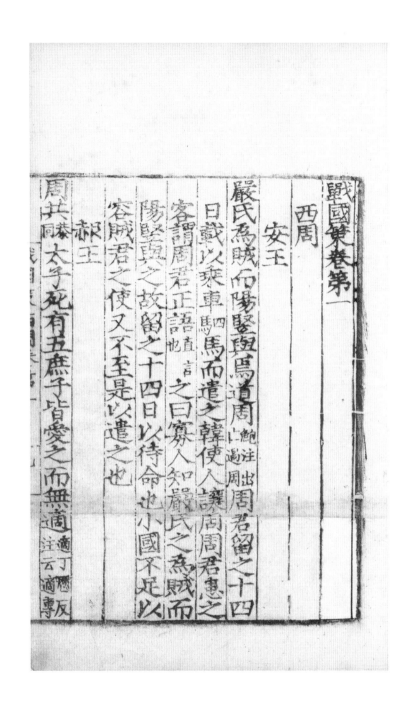

戰國策十卷　〔宋〕鮑彪校註

明刻本

八册

半葉十行二十字，白口，左右雙邊。版框 19.0×14.1 厘米

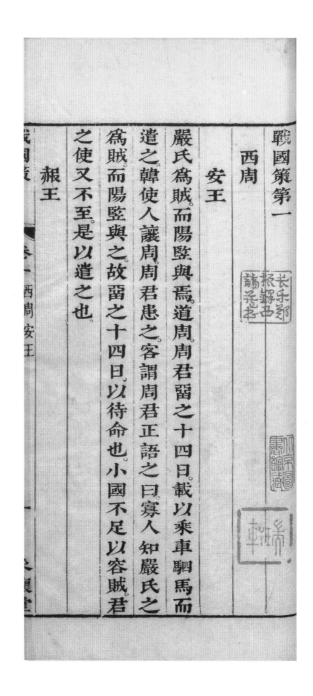

戰國策十卷　〔宋〕鮑彪校註　〔元〕吳師道補正

清初刻本

二册

半葉八行二十五字，白口，左右雙邊。版框 20.6×11.8 厘米

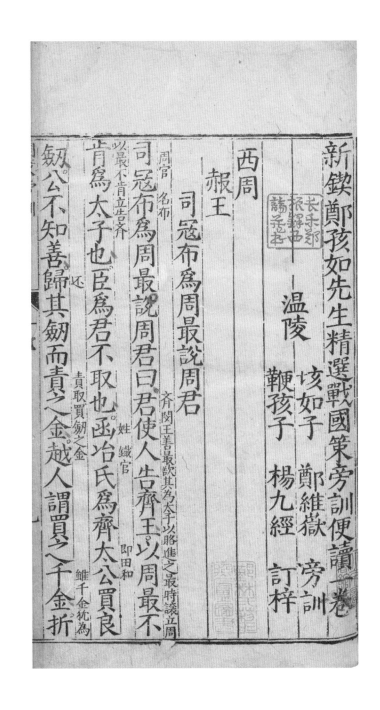

新鍥鄭孩如先生精選戰國策旁訓便讀四卷　〔明〕鄭維嶽撰

明萬曆二十八年（1600）楊氏同仁齋刻本

四冊

半葉七行二十字，白口，四周雙邊。版框 20.3×12.9 厘米

晋文春秋目録終

原季辭卿第四十
李離伏劍殀第四十一
傅謹第四十二
弛敬子宅第四十三
益臼季宅第四十四
問日食第四十五

晋文春秋

侯官鄭杰人杰訂注

謀與楚戰第一　案此篇見韓非子晋史
　　　　　　同文異今乘作伐楚第二十三事
　　　　　　附載卷末

晋文公將與楚人戰召舅犯問之曰吾將與
楚人戰彼衆我寡爲之奈何舅犯曰臣聞之
繁禮君子不厭忠信戰陣之間不厭詐偽君
其詐之而已矣文公辭舅犯因召雍季而問

晋文春秋一卷異同附載一卷　〔清〕鄭傑訂註

清乾隆刻本

一册

半葉八行十七字，白口，四周雙邊。版框 16.0×11.5 厘米

吳越春秋闔閭內傳第四

闔閭 左傳作闔盧 史吉家間 元年始任賢使舡施恩行

惠以仁義聞扵諸侯仁未施恩未行恐國人

不就諸侯不信乃舉伍子胥為行人以客禮

事之而與謀國政闔閭謂子胥曰寡人欲彊

國霸王何由而可伍子胥膝進 膝行而進 垂 出莊子

涙頓首曰臣楚國之亡虜也父兄棄捐骸骨

不奠魂不血食蒙罪受辱來歸命於大王幸

吳越春秋十卷 〔漢〕趙曄撰 〔元〕徐天祜音註

明萬曆十四年（1586）馮念祖臥龍山房刻本

五冊 存七卷：四至十

半葉八至九行十七字，小字雙行同，白口，左右雙邊。版框 19.5×13.2 厘米

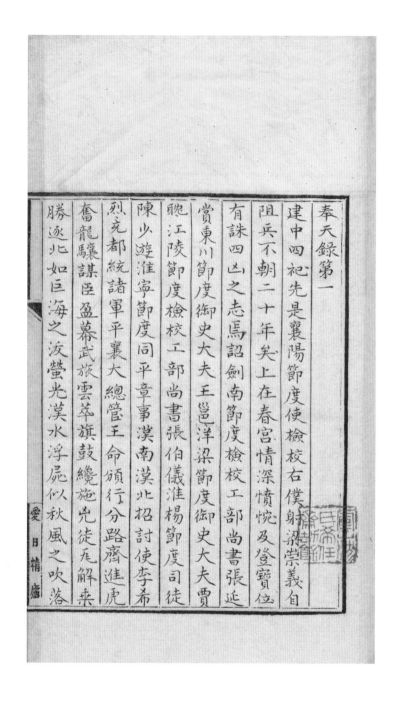

奉天録四卷　〔唐〕趙元一撰

清張氏愛日精廬抄本

一册

半葉十行二十字，黑口，四周雙邊。版框 19.1×14.6 厘米

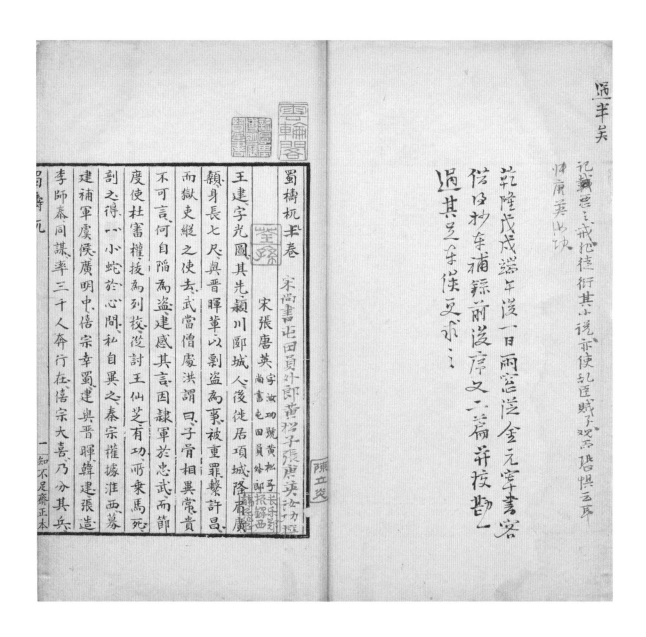

蜀檮杌不分卷　〔宋〕張唐英撰　**補遺一卷**　〔清〕勞格輯　**校記一卷**　〔清〕繆荃孫撰

清鮑氏知不足齋抄本　清鮑廷博校並跋，清勞格校

一冊

半葉十行二十字，白口，左右雙邊。版框 19.6×14.5 厘米

漢紀之劉之子攘縣其惡本末貫案駁之平駝於漢規作
者之間有六良史一凧英宗試祕閣生仁宗时上大夭孔定異事
时政十卷又左英宗朝工慎始書孔定封事二道皆究极矛
沉記之變亏探蒙字夫人之除今天子特排群議吾擇矛
御史以其勇於私言巳幽功四有国體論十卷唐史誅病歿
潛論之卷惢及監今論之奏淮南集十卷補林之矛十三
蕭李府歌裙裕年存笃裙扄宗佳於公六呈編最後出歟
甫如宋密購釹归耷囙以刊行之吴以之克衡衡藏之
自衛其輶豈言己云志成陸昭迥
乾隆戊戌端陽後 百元不王嘉蒲耡趇

外史檮杌

補遺　丹鉛精舍錄本

蜀王建之子元膺嘗對中錢的翰林學士毛文錫賦美之元膺曰窮措大
畏此神箭否

王宗鍇為晉州刺史有海客鬻龍腦遽價倍常宗鍇令持錦被過其客觀
之因日從者孕其嬌謂僧曰此年已五十直十千價二妓年各十六其直三十二繒

宗鍇之呼一老嫌謂甌房取舊麻縷卜五斤令於酒房

買布被禱一幅重十斤令於酒房取舊麻縷卜五斤價之百姓相視而咲

宗鍇曰小民得五斤利便喜吏民列訴貴雄州司户

同州掘地得一物重八十餘斤劉源曰此圖圖之地窆氣所結

宗受建之族子得一古鏡錢下有篆文十二字忽照見一青衣小兒坐酒
樓上令人訪之青衣隨至日吾失此百年此神物也終當化去不若漢我

宗鍇出而與之青衣剖腹納鏡而去小兒傳辟谷吐納之術

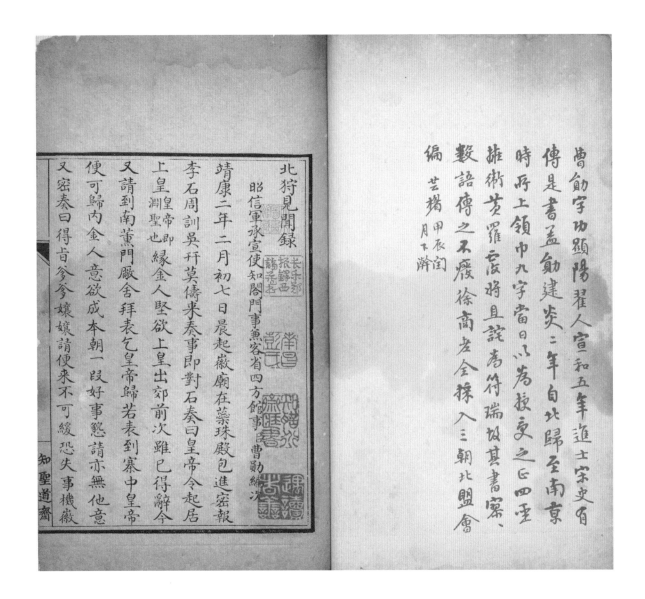

曹勳字功頗陽翟人宣和五年進士宋史有
傳是書盖勳建炎二年自北歸至南京
時存上領巾九字當日以爲授受之□四里
雜術芟羅宸將且說耆符瑞故其書案、
數語傳之不廢徐商左全孫入三朝北盟會
編
芸樵
甲辰閏
月上澣

北狩見聞錄

昭信軍承宣使知閤門事熏容省四方館事臣曹勳綵次

靖康二年二月初七日晨起徽廟在藥珠殿包進密報
李石周訓吳玕莫儔来奏事即對石奏曰皇帝令起居
上皇淵聖帝即緣金人堅欲上皇出郊前次雖已得辭今
又請到南薰門廐舍拜表乞皇帝歸若表到寨中皇帝
便可歸內金人意欲成本朝一段好事慇請亦無他意
又密奏曰得旨爹爹孃孃請便來不可緩恐失事機徽

知聖道齋

北狩見聞録一卷　〔宋〕曹勳撰

清彭氏知聖道齋抄本　清彭元瑞校並跋，葉志詵跋

一冊

半葉八行二十一字，白口，四周雙邊。版框 20.1×14.7 厘米

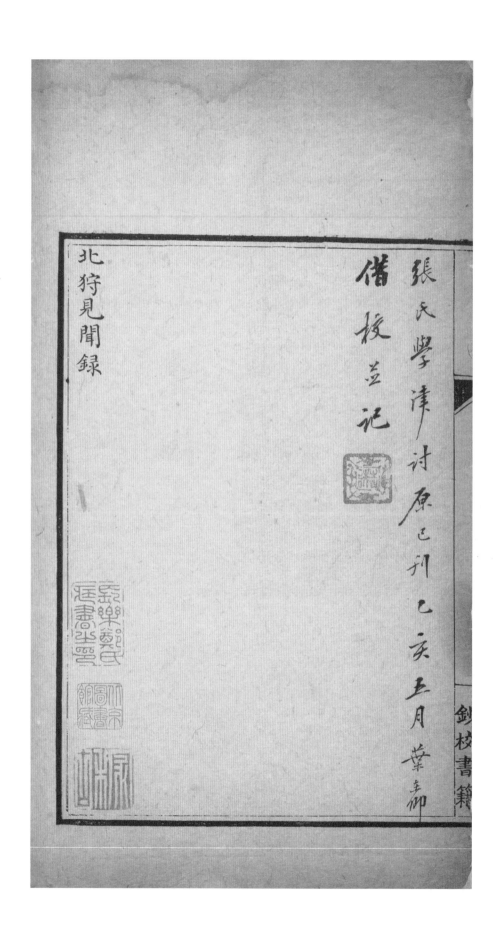

張氏學津討原已刊已天五月葉年仰

儲校益記

北狩見聞録

皇明大政記第一卷

吾學編第一卷

臣海鹽鄭曉

大明太祖高皇帝洪武元年春正月乙亥即皇帝位○追尊
四世考妣為皇帝皇后立妃馬氏為皇后世子標皇太子○戊
寅居新宮○征南大將軍湯和兌延平就陳友定○宣國公李
善長信國公徐達為左右丞相章溢劉基御史中丞○省府請
皇太子為中書令不許令廷臣勳德老成者領東宮官○建南
北郊太社稷○是月天下官來朝○二月湯和提督海運○征
南將軍廖永忠副將軍米亮平福建進取廣東○以太牢祀
先師孔子于國學○定宗廟時享禮○禁胡服胡語胡姓○定
賦法後法○三月彗星見昴○征虜大將軍徐達取汴梁河南
○夏四月將軍鄧愈取南陽諸郡○永忠師至東莞元廣東守

吾學編六十九卷　〔明〕鄭曉撰

明刻本

二十四冊

半葉十二行二十四字，白口，四周單邊。版框 20.2×14.0 厘米

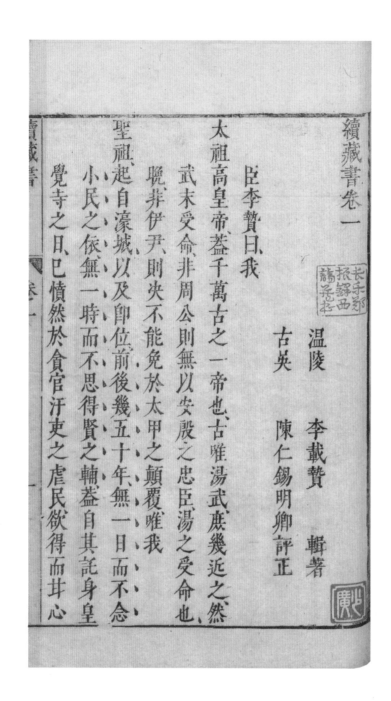

續藏書卷一

溫陵　　李載贄　輯著

古吳　　陳仁錫明卿評正

臣李贄曰我

太祖高皇帝、蓋千萬古之一帝也、古唯湯武庶幾近之、然

武末受命、非周公則無以安殷之忠臣湯之受命也、

睨菲伊尹、則決不能免於太甲之顛覆唯我

聖祖、起自濠城以及卽位前後幾五十年、無一日而不念

小民之依無一時而不思得賢之輔蓋自其託身皇

覺寺之日、已憤然於貪官汙吏之虐民欲得而甘心

續藏書二十七卷　〔明〕李載贄撰　〔明〕陳仁錫評

明天啓刻本

六册

半葉十行二十二字，白口，四周單邊，無直格。版框 21.9×14.7 厘米

皇明嘉隆聞見紀卷之五

[乙未]嘉靖十四年

春正月壬戌朔召示輔臣等元旦詩　上御文華殿召大學士張孚敬

李時武定侯郭勛尚書汪鋐夏言至示以所製元旦詩一章命賡和之

○禮部尚書夏言進天賜時王賦　上以天降瑞雪諭閣臣暨禮官曰

今日欲與卿等一見但蒙天賜時王耳言因言時王語雪前所未道足

為文刂ㄅ作賦以獻　上嘉之曰卿賦以重君言且見忠愛○詔復華

提賢京倉諸倉内臣　上政元初各倉内臣俱華後言李宣寅緣刋戚復

提賢京倉給事中孟奇力諫不聽既而復以王奉李慎賢京通二倉徐

准臨清亦漸復用巨忠絟事中管懷理上言各倉内臣初豪羣華中外

稱便自李宣甲而諸倉漸復大學士張孚敬奏革鎮守整本畫按偶未

及此而王奉本李慎謀賢京通大肆麁饕橫行科索肇軼之下竊柄殘民

皇明嘉隆兩朝聞見紀十二卷　〔明〕沈越撰

明萬曆二十七年（1599）沈朝陽等刻本

三册　存三卷：四、五、九

半葉十二行二十七字，白口，四周雙邊。版框 24.0×14.6 厘米

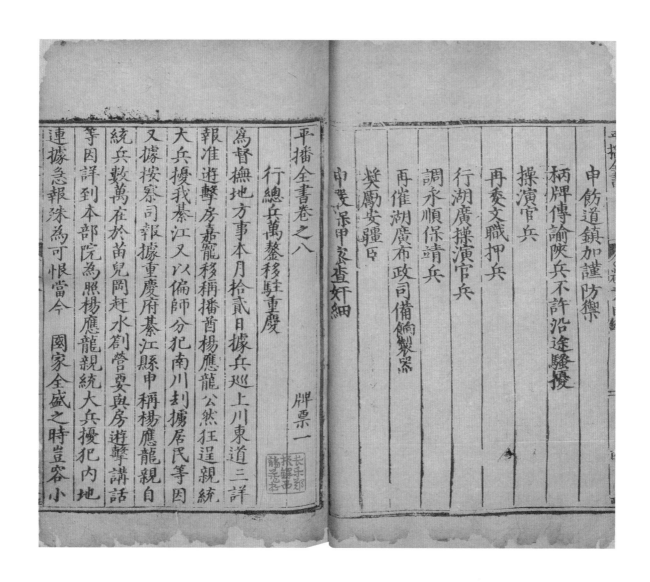

平播全書十五卷 〔明〕李化龍撰

明萬曆刻本

八册 存五卷：四、六、八、十三、十五

半葉九行二十字，白口，四周雙邊。版框 21.2×15.6 厘米

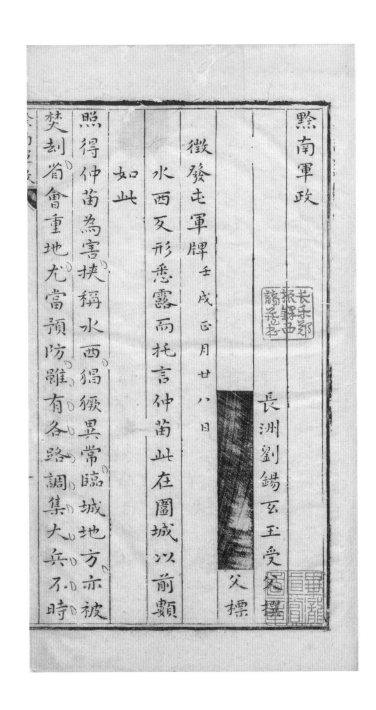

焚刻省會重地尤當預防離有各路調集大兵不時

照得仲苗為害挾稱水西猖獗異常臨城地方亦被

如此

水西反形悉露而托言仲苗此在圍城以前顥

徵發屯軍牌壬戌正月廿八日

黔南軍政

長洲劉錫玄玉受父標

黔牘偶存四種五卷 〔明〕劉錫玄撰

明刻本

六冊

半葉八行二十字，白口，四周雙邊。版框 21.9×12.3 厘米

三朝遼事實錄卷之一

黎陽王在晉明初父編

男會莶稚茢父較閱

皇明

神宗顯皇帝

撫順

戊午萬曆四十六年遼事起

四月十五日奴兒哈赤計襲撫順佯令部夷赴市潛

以精兵躡後突執遊擊李永芳城遂陷永芳降奴去

鬚髮爲夷與奴締姻百惟調度因以漢字傳檄清河

与讲北關巡撫李維翰趨總兵張承胤應援二十一

見我師暫迄誘之前副總兵頗廷相馬中矢易

三朝遼事實錄十七卷總略一卷　〔明〕王在晉撰

明崇禎刻本

五冊　存八卷：一、二、六至十一

半葉十行二十字，白口，四周單邊，無直格。版框 21.5×14.5 厘米

啓禎兩朝剝復録一卷

貴池吳應箕纂

天啓四年甲子

先敍降削後敍陞用凡書降削者多與璫忤陞

用者皆附璫者也在天啓時亦有附而遭斥者

可考事而知也在崇禎時有附而倖免者亦可

考事而知也武臣及內臣不書以不足書也

六月

都察院左副都御史楊漣劾太監魏忠賢二十四大

啓禎兩朝剝復録十卷　〔明〕吳應箕撰

清初吳氏樓山堂刻本

四冊

半葉九行二十字，白口，左右雙邊。版框 17.3×12.2 厘米

成文穆傳

梁溪鄒 漪漪汸甫纂

公名基命字靖之避廟諱以字行大名人少爲諸生、

長身玉立與高陽孫公承宗齊名萬曆丁未舉進士、

選庶吉士在詞林砥行績學迴翔詹翰歷官吏部左

侍郎崇禎元年枚卜罔臣延推居首不衆用踰年

警幾輔震驚上川延議十一月七日卽家起高陽以

樞輔馳通州控御神京次日逝召公暨禮部尚書入

啓禎野乘二集八卷 〔清〕鄒漪撰

清康熙十八年（1679）書林存仁堂素政堂刻本

四册

半葉九行二十字，白口，四周單邊，無直格。版框 20.1×13.7 厘米

其心殺其身未嘗不高其義也並應直書以
見癡忠。
一南渡事多未備止記耳目所及如浙事得
之許子浹紀事聞事本之家大人紀畧粵事
悉之瞿常熟家傳暨華方若新書擬候後之
君子致斁論定云爾
　　　　流綺氏又識

明季遺聞卷一　北都

　　　　　江左鄒　游流綺輯

祖宗設立
驛站所以
羅絡强有
力之人使

賊李自成初名鴻基陜西米脂縣人也祖海父守忠、
世農頗饒自成幻好勇與姪李過即一爲暴于鄉婁
妻有淫行手戕之以貧債故受過于艾同知并殺艾
瞿罪逃入甘肅爲兵以功陞把總又殺王猻將遂爲
賊初崇禎皇帝卽位斸精圖治軫恤民艱憂國用不
足務在節省於是給事中劉懋上䟽請裁驛遞可歲
省金錢數十餘萬上喜著爲令有濫于者罷不敍部

明季遺聞四卷　〔清〕鄒漪撰

清順治刻本

四冊

半葉九行二十字，白口，四周單邊。版框 19.8×13.7 厘米

第四卷

皇清削平江浙之烈

紀隆武永曆繼立本末始乙酉八月迄庚寅

十二月　皇清底定閩廣之盛

明季遺聞卷一　北郡

江左鄒　游流綺輯

賊李自成初名鴻基陝西米脂縣人也祖海父守忠

世農顧鏡自成刻好勇與姪李過隻虎一為暴于鄉黨

妻有淫行手亦之以負債故受過于艾同知弁殺艾

懼罪逃入甘肅為兵以功壁把總又殺王枲將遂為

賊初崇禎皇帝即位勵精圖治軫恤民艱憂國用不

足務在節省於是給事中劉懋上疏請裁驛遞可歲

省金錢數十餘萬上喜著為令有濫于者罪不赦部

雁崇詼立
驛站所以
聯絡強有
力之人使

明季遺聞四卷　〔清〕鄒漪撰

清順治刻本

一冊

半葉九行二十字，白口，四周單邊。版框 19.5×14.0 厘米

與天地相終始今○為魯遺地江東不及閩域并不及潞州○藩而春秋所載人物散布寰動江千聲
地海外○捐蓋頥蹐化為星辰又豈人事所能對哉○歲在己酉起從侍敬修堂中屬起桉蒞荀是
書固粲乎當時之偏孚點畫此存正韻○騐歲差罔之外合於道正朔謹致人物之名里以誌
藏官博采常時之詩歌文傳以正人心○苇於筆削具批出于作者之獨藝不贊一辭此又春秋
之即同和敢咸與者也謹附書簡末以讀後之讀是書者○得其指歸焉
　　　　　　　　　構李門人仲方沈起墨庵法名銘起百拜序

魯春秋

監國紀

弘光元年乙酉夏五月南都不守江南及浙西郡縣咸遑風下杭諸紳奉王太后命
袁請監國甫三日監國固辭都督陳洪範籍士馬錢糧北趨錢塘知縣顧
咸建忠和從輩知諸生沈乘建守城之策百姓眶王懿畫狹乘在籍原任兵部主事
王道焜行人陸墒不廳召印敕於是原任郎蔡院左都御史劉宗周京畿道御
史郎龐觷宣府少詹事徐邛夷郎主事夏允彝生員顧咸愛王毓耆髙琴鑾王
士瓛琦第士瑛士玠趙大州布衣潘集朱周卜年衍士正樂水咸和啟印秋
弘光中潞王奉命居杭金陵迫立太后與乘奧夜奔逼圍部馬士英密傳所睨方
國安以兵分道護太后背浙西身徒之不悔鴈洪範初區討賦不利嗣隆兵部石侍
郎左懋第北悞○第不願死洪範絀北閩者兩月至是力勸○
監國○滿浙北陳楚將軍單塋麻絢爭王前慟哭絢山吾盡印○禪山吾婦苑所吳○
○國不聽北去不遂乘字季中仁和諸生武林月欺乘獨大言誰王降節可斬結留
方鄭二饑兵合守空武林門外民廬宿師拝冗論者追惜之咸建字恕禮崑山人不從
○逸叔執空杭見殺道焜字昭平江天啟辛酉鄉薦知南平歷兵部主事南都敗歸
黑時新署杭州府為諸生顧鳴虎其各邑朱龍國為平湖胡佩為嘉善彭萬里為

魯春秋一卷敬修堂釣業一卷附錄一卷 〔清〕查繼佐撰

清抄本

一冊

半葉十六行三十餘字，無欄格

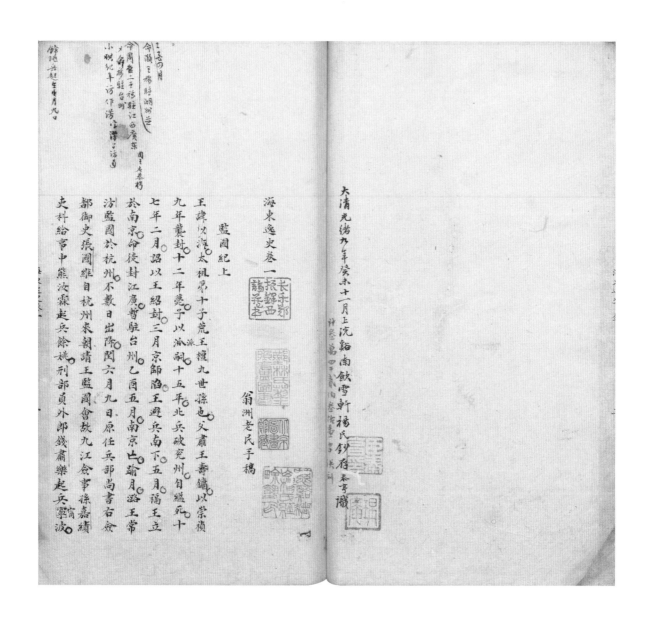

海東逸史十八卷　題翁洲老民撰

清光緒九年（1883）楊氏飲雪軒抄本　清楊泰亨校註並跋

一册

半葉十行二十四字，無欄格

弘光元年六月靖伯鄭鴻逵禮部尚書兼道周等發奏唐籓監
國於閩省十七日至衢州拉辭師聚會王子重鈸口曉爾
有眾咸聽予言昔有胡元腥羶字宙泊
民哀痛無有甘食天乃命我　太祖高皇帝驅而出之遝於朔漠
天下欣戴如出唇窖而睹日月於今二百七十八年帝十三葉
未有失德而冠乘蓊薆我二京將復泊我黎民以為被髮左衽幽
明人毘咸用痛心予自早歲懲怨是患不惮危苦以櫻荼谷而天
未厭亂不違鄙懷今兩京遄覽蠢爾又壬臨安監國不競士民
瞻烏余念崇禎在御十有七年勵精圖治惟是舉揖捗於民心賞

隆武紀不分卷

清抄本

二冊

半葉九行二十五字，無欄格

其一德明良于終始全恢江省立復金陵一統功成爾子拜爵於

奉天殿爾身受恩于坤寧宮史册昭然豈不偉歟爾母子其欽承

朕命

憶記卷之一

淮南吳牲著

○予以萬麻巳五年生六歲出就外傳從單愛愚先生授大學章
句舘於西禪林之殿左每晨入佛殿見兩旁羅漢手眼俱動不知
其土塑也後稍長入寺不復見豈幼時神光相照攝耶
○垂髫侍先中憲公之韶州司理任始知發憤讀書性不好弄鷄
鳴入舘讀至夜分方就寢府君署英德邑篆予往省侍英德署居
山頂每平旦山下羣鷄齊鳴響振皋野予霍然心開

明季稗乘三種七卷

清抄本

四册

半葉八行二十五字，藍格，白口，四周單邊。版框 17.9×10.8 厘米

從征隙駒集不分卷附巡湖營奉憲酌定支領薪糧章程　〔清〕程希孟撰

稿本

一冊

半葉十行字不等，無欄格

病故勇丁每名給棺殮資十千文　報明委驗具領

端午中秋年節每勇一名賞錢一百文

篷帳每年需換一次

子藥戊帝更香一切軍裝由水師軍火局領

油燭按月由軍火局領　營官日支油十二兩燭八兩　炮船日支油三兩燭一兩

油船舢舨隨時開數稟候　批示

每月造勇丁花名籍貫冊一本　薪水銀口糧銀摺冊一本　申報　各憲盍禡

糧台備考

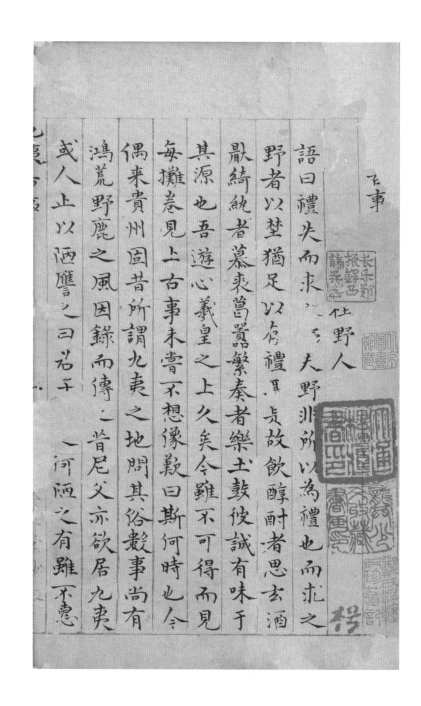

語曰禮失而求之野夫野非所以為禮也而求之
野者以埜猶足以存禮其衣故飲醇酎者思玄酒
猒綺紈者慕來菅屩繁奏者樂土鼓彼誠有味于
其源也吾遊心羲皇之上久矣今雖不可得而見
每攤卷見上古事未嘗不想像歎曰斯何時也今
偶来貴州固昔所謂九夷之地閒其俗㪽事尚有
鴻荒野鹿之風因錄而傳之昔尼父亦欲居九夷
或人止以陋難之曰茗于一何陋之有雖不惠

九夷古事一卷　〔明〕況叔祺撰

明祁氏澹生堂抄本

一冊

半葉十行二十字，白口，四周單邊。版框 22.0×15.7 厘米

百夷傳

錢古訓著

百夷在雲南西南數千里其地方萬里景東在其東

西天古剌在其西八百媳婦在其南吐蕃在其北

東南則車里西南則緬國東北則哀牢齒衛也今之金西

北則西蕃回紇偌有大百夷小百夷漂人古剌哈

剌緬人結些哈㕔人蒲蠻阿昌等名故曰百夷

漢以前未嘗通中國諸葛征蠻亦振怒江而止唐

天寶中夷人始隨爨歸王入朝其衆各有部領不

相统屬元憲宗三年世祖由吐蕃入麗江自葉榆

百夷傳一卷　〔明〕錢古訓撰

明祁氏澹生堂抄本

一册（與 16266 百夷傳合一册）

半葉十行二十字，白口，四周單邊。版框 22.1×15.7 厘米

百夷傳

李思聰著

百夷即麓川平緬也地在雲南之西南東接景東府

東南接車里南至八百媳婦西南至緬國西連戞里

西北連西天古剌北接西番東北接永昌其種類有

大百夷小百夷又有蒲人阿昌縹人古剌哈剌緬人

結豈哈杜怒人莽名以諸夷雜處故曰百夷今百字

或作伯蠻皆非也自漢以來于中國或服或叛各有

土豪主之不相統攝元祖自西番入大理平雲南遣

將招降其酋長遂分三十六路四十八甸皆設土官

百夷傳

百夷傳一卷 〔明〕李思聰撰

明祁氏澹生堂抄本

一冊（與 16265 百夷傳合一冊）

半葉十行二十字，白口，四周單邊。版框 22.1×15.7 厘米

而其入寇風汛未詳今方有事於倭故詳
載之若潘山竹歧混淪九州交欄靈山假
馬里丁淡洋龍涎翠藍三嶼龍牙門東西
竺沙華公層昌後麻逸打網等處則海中狐
島自為生聚有土酋地主而皆服屬於諸
國如中國市鎮之類然使舟商舶之所必
經或以避風或以取水或以交易棲泊踰
時故並著之其所服屬之國有昔暹羅而
今為滿剌加者不能常主是以削焉

倭汛 胡松海圖說

始倭之通中國也實自遼東今乃從南道浮
海率自溫州寧波以入風東北汛自彼來此
約可四五日程蓋其去遼甚遠而去閩浙甚
避若盡其國界則東西長行可四五月南北
短行三月而皆極於海其西北至高麗也必
由對馬島開洋順風僅一日二日南至琉球
也必由薩摩州開洋順風七日其貢使之來
必由博多開洋歷五島而入中國以造舟水

諸夷考三卷 〔明〕游樸撰

明萬曆刻本

二冊

半葉九行十八字，白口，四周雙邊。版框 19.5×14.2 厘米

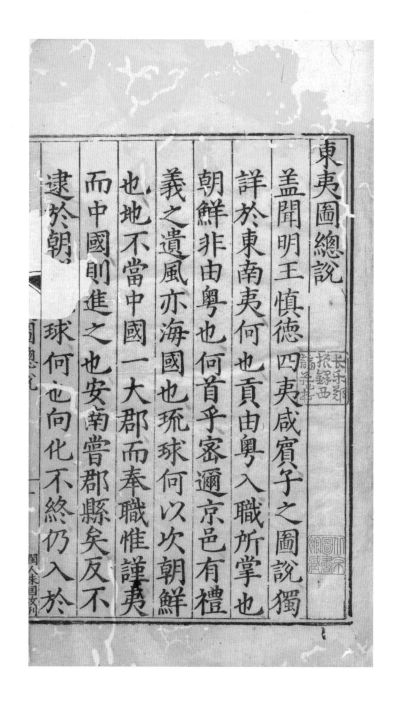

東夷圖總説一卷嶺海異聞一卷嶺海續聞一卷 〔明〕蔡汝賢撰

明萬曆刻本

二册

半葉九行十八字，白口，四周雙邊。版框 20.0×13.5 厘米

嶺海異聞

狨　狨音戶浪切音項

狨人屬出於暹羅之崛㟄短小精悍圓目而

黃睛性絕專慤不識金帛木食如猿猱古槐

蒙密者率數十巢蓋舉族所聚也語咿嚶不

可辯山居夷獠每譜其性常馴擾以備驅使

蒙以敝絮食以鯉鯡　鯡音貝夷言小鹹魚呵治癩疾下顆粒即愈

飲以漓酒即躍然喜似謂得所

服之忌醋犯則絕腸矣

主者舉族受役至死不避雖歷世不更他姓

史

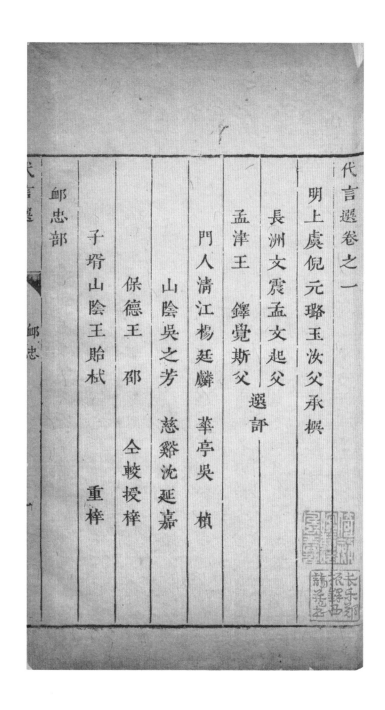

代言選五卷　〔明〕倪元璐撰　〔明〕文震孟、王鐸評

明崇禎王貽柣刻倪鴻寶先生三刻本　鄭振鐸跋

四冊

半葉九行二十字，白口，四周單邊。版框 19.5×13.8 厘米

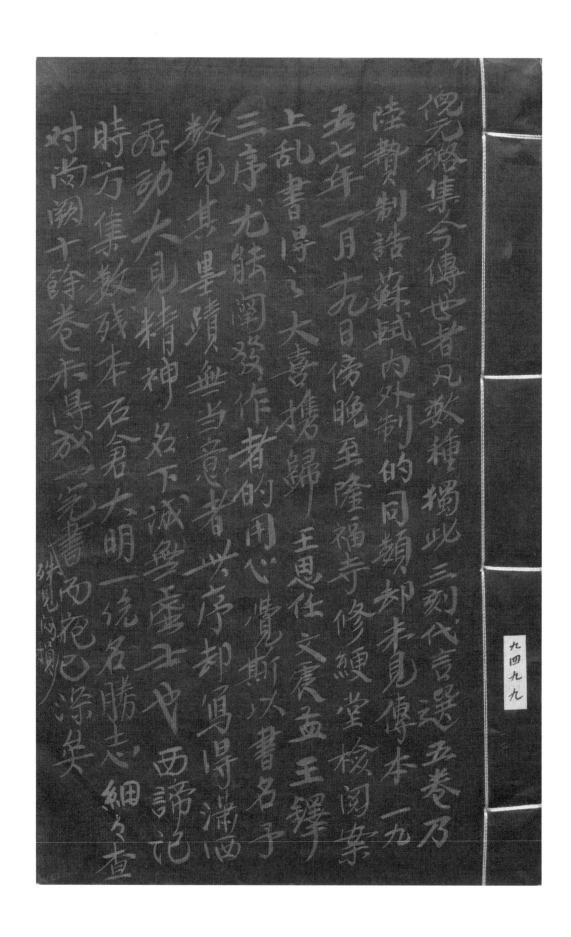

倪元璐集今傳世者凡數種擱此三刻代言選五卷乃

陸費墀語蘇軾內外制的同類卻未見傳本一九

五七年一月九日傍晚至隆福寺修綆堂檢閱案

上亂書得、大喜攜歸　王思任文震孟王鐸

三序力貶翻發作者的用心憑斷以書名子

救見其墨跡無當意者　序卻寫得滿滿

亟動人見精神名下滅興虛士也西諦記

時方集教殘本石倉大明一統名勝志

対尚淵十餘卷未得成一完書 己榮奐

碰見阄楨 細細查

聽之臣聞書稱堯之德曰稽于衆舍己從人舜　意盡愚臣平昔之所學惟　陛下母憚煩而試　之本原人君之大體庶有以副公朝圖任之誠　勉故臣拜命之初未敢指陳政事而首論治亂　蓋授之以名者必求其實任之以職者必責其　次用臣者豈徒備二省之員爲朝廷美觀而已　尋具辭免不蒙俞允竊伏思念。　陛下所以不　右臣近被聖恩擢寘諫列内惟譾薄媿無以稱

初除右正言第一章

盡言集卷第一

盡言集十三卷　〔宋〕劉安世撰

明隆慶五年（1571）張佳胤、王叔杲刻本

四册

半葉十行十八字，白口，四周雙邊。版框 17.9×13.3 厘米

少保于公奏議十卷 〔明〕于謙撰 **附錄一卷**

明嘉靖二十年（1541）杭州府刻本

四冊 存七卷：一、二、四、五、八至十

半葉十行二十三字，細黑口，四周單邊。版框 20.8×14.7 厘米

少保于公奏議卷之三

北伐類

兵部為邊務事照得近該庵剌也先續差使臣察赤輕

等二十七名來京進

貢該宣府總兵官右都督紀廣等問討鐵牌看驗說無此

有番書一紙差伊帶領朵顏三衛達子來因為阿魯台

和寧王的根腳在三衛來取不與著軍馬來收三衛如

今放回怕邊上人驚差我領他每來

朝見今三衛老小車輛盡在小黃河牛頭山一帶住劄打

圍等因本部已經覆奏通行隱備去後今照茂本顏三衛

江西奏議二卷　〔明〕唐龍撰　**附錄一卷**　〔明〕陳金等撰

明嘉靖刻本

一册　存一卷：一

半葉十行二十字，白口，左右雙邊。版框 18.3×13.1 厘米

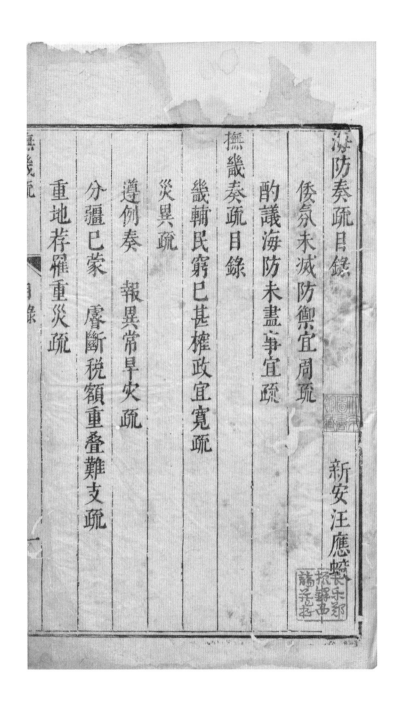

海防奏疏目錄

倭氛未滅防禦宜周疏

酌議海防未盡事宜疏

撫畿奏疏目錄

畿輔民窮巳甚榷政宜寬疏

災異疏

遵例奏　報異常旱災疏

分疆巳蒙　釐斷稅額重疊難支疏

重地荐罹重災疏

撫畿奏疏十卷計部奏疏四卷　〔明〕汪應蛟撰

明刻本

六冊

半葉九行二十字，白口，四周雙邊。版框 21.3×14.0 厘米

聖旨覽卿奏發明聖學深切政幾朕知道了該部知
道欽此

越之至天啟三年正月初八日上十二日奏

堯天舜日於無疆矣臣下情無任惓惓瞻仰戰慄隕

聖治不無小補臣當從田間擊壤而頌

聖德

聖

覽省於

御前少乖

陛下留置

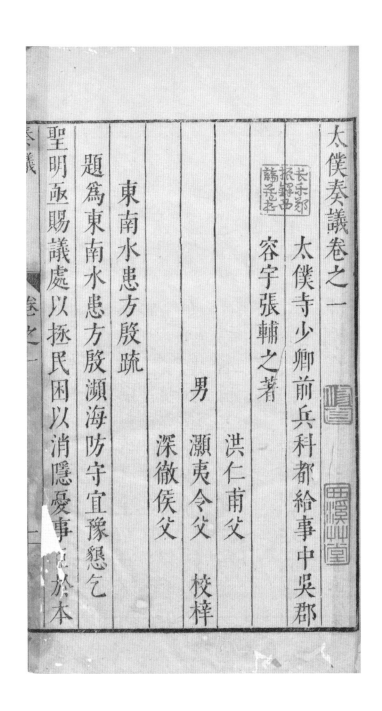

太僕奏議卷之一

太僕寺少卿前兵科都給事中吳郡

容宇張輔之著

男　洪仁甫父

灝夷令父　校梓

深徹侯父

東南水患方殷疏

題爲東南水患方殷瀕海防守宜豫懇乞

聖明亟賜議處以拯民困以消隱憂事竊照於本

太僕奏議四卷續奏議一卷　〔明〕張輔之撰

明天啓張灝、張洪等刻本

四冊

半葉九行十八字，白口，四周單邊。版框 21.9×14.1 厘米

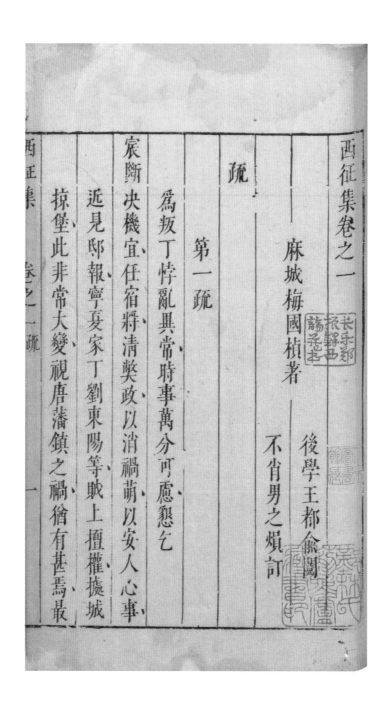

西征集卷之一

疏

麻城　梅國楨著

後學　王都俞閱

不肖男之烦訂

第一疏

為叛丁怙亂異常時事萬分可應懇乞

宸斷決機宜任宿將清奬政以消禍萌以安人心事

近見邸報寧夏家丁劉東陽等賊上擅權撼城

掠壅此非常大變視唐藩鎮之禍猶有甚焉最

西征集十卷　〔明〕梅國楨撰

明崇禎刻本

二冊　存三卷：一至三

半葉九行二十字，白口，四周單邊。版框 20.6×13.8 厘米

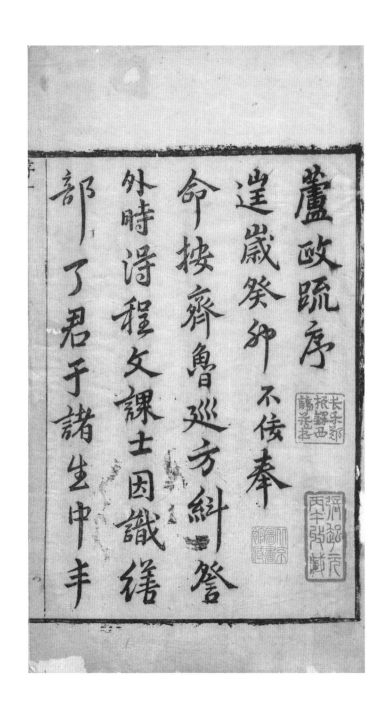

督蘆疏草一卷 〔明〕丁自勸撰

清康熙刻本

一冊

半葉八行二十字，白口，四周單邊。版框 19.8×14.0 厘米

諭青一時生靈臣直夏足議也廻抵淚筆之於後

肯

大清康熙乙巳嘉平吉旦不肖男繪謹識

南京工部管理蘆政營繕清吏司主事丁自勸

謹

題為敬循職掌傳陳蘆租徵解之例懇祈

聖明洞鑒特免以安民心以奠根本重地事臣自本

年三月內奉本部

題委督理蘆政竊於四月初一日到任受事聽夕

冰競懼負任使項接邸報見

福王泰稱南直隸地方自江都至通泰沿江兩岸

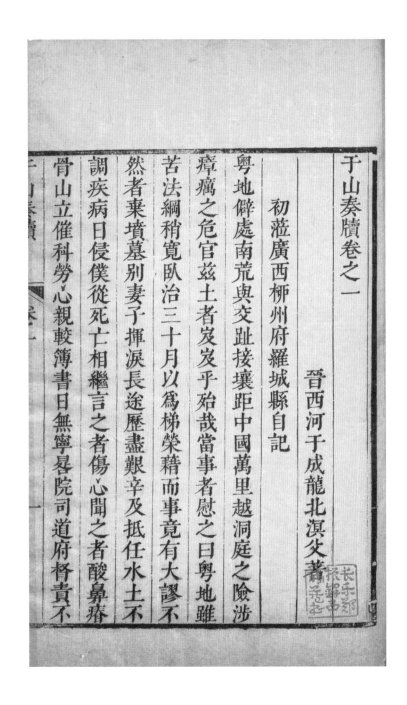

于山奏牘卷之一

晉西河于成龍北溟父著

初蒞廣西柳州府羅城縣自記

粵地僻處南荒與交趾接壤距中國萬里越洞庭之險涉瘴癘之危官茲土者岌岌乎殆哉當事者慰之曰粵地雖苦法綱稍寬臥治三十月以爲梯榮藉而事竟有大謬不然者棄墳墓別妻子揮淚長途歷盡艱辛及抵任水土不調疾病日侵僕從死亡相繼言之者傷心聞之者酸鼻瘠背山立催科勞心親較簿書日無寧晷院司道府督責不骨

于山奏牘七卷詩詞合選一卷　〔清〕于成龍撰

清康熙二十二年（1683）劉鼎刻本

四册

半葉九行二十二字，白口，左右雙邊。版框 19.7×14.4 厘米

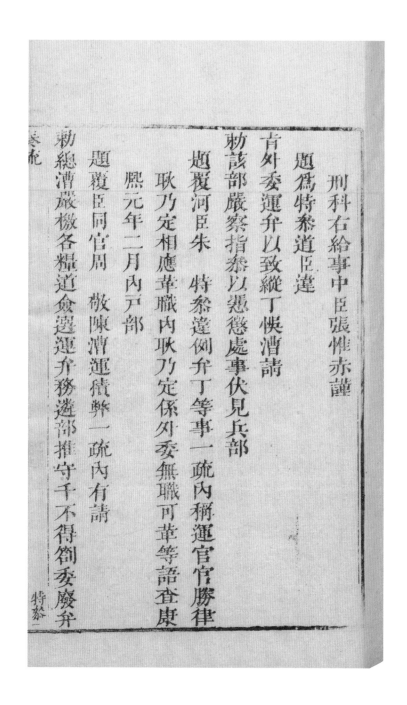

入告初編一卷二編一卷三編一卷　〔清〕張惟赤撰

清順治刻康熙續刻本

二冊

半葉九行二十四字，白口，左右雙邊，無直格。版框 20.8×13.9 厘米

史

史部——傳記類
000

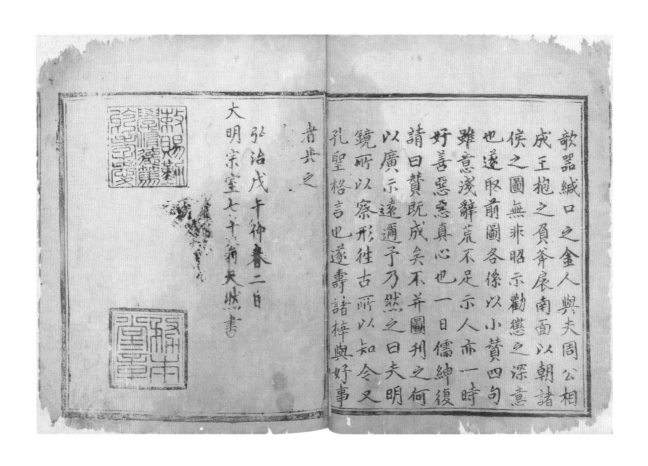

歷代古人像贊不分卷

明弘治十一年（1498）刻本

一冊

行字不等，四周雙邊。版框 24.9×21.3 厘米

郭子儀華州人以武舉補左衛長史安祿
山反詔為衛尉卿靈武太守朔方節度使
東討以功加司徒封代國公肅宗詔為諸道
兵馬都統翦關東副元帥詔攝冡宰賜
號尚父進中書令歷二十四考封汾陽郡
王以身繫天下安危者二十年忠義格天
威信服人富貴壽考生榮死哀年八十五
薨諡忠武

李白

酒中之仙詩中之聖
經濟有才束賜無命

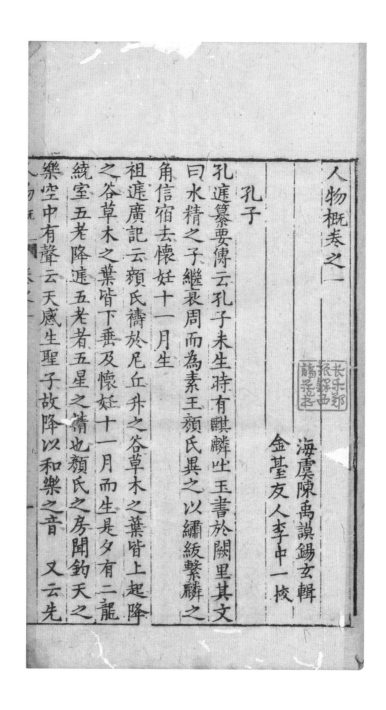

人物概十五卷 〔明〕陳禹謨輯

明刻本

三冊

半葉十一行二十二字，白口，左右雙邊。版框 20.3×14.3 厘米

聖門人物志十三卷 〔明〕郭子章撰

明葉天民刻本

六冊

半葉十行二十三字，白口，四周單邊。版框 20.4×14.4 厘米

聖門人物志卷之一

泰和郭子章相奎甫著

温陵李開藻叔簡甫

關中趙　彥毓美甫　仝

泰和康祥卿用光甫　校

潯城葉天民商卿甫梓

孔子世家

孔子生魯昌平鄉陬邑其先宋人也曰孔防叔防叔生伯夏
伯夏生叔梁紇紇取顏氏禱於尼丘曾襄公二十二年而孔
子生生而首上圩頂因名丘字仲尼丘生而叔梁紇卒葬於

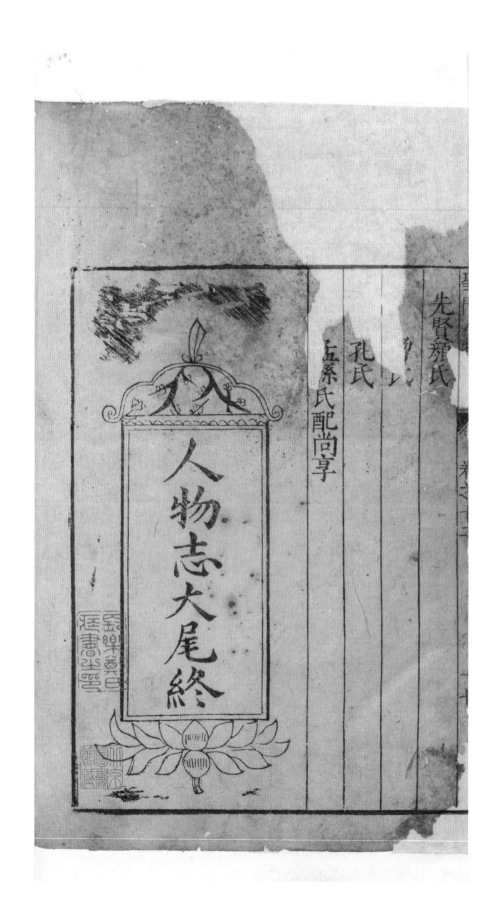

先賢顏氏

孔氏

丘系氏配尚享

人物志大尾終

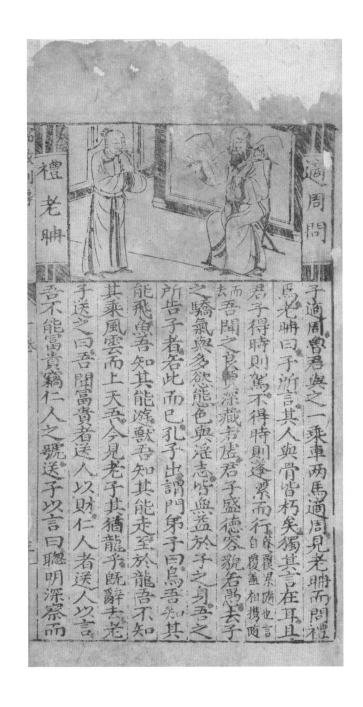

新刻孔門儒教列傳四卷

明刻本

二冊

半葉十行二十字，小字雙行同，白口，四周單邊。上圖下文。版框 20.4×12.2 厘米

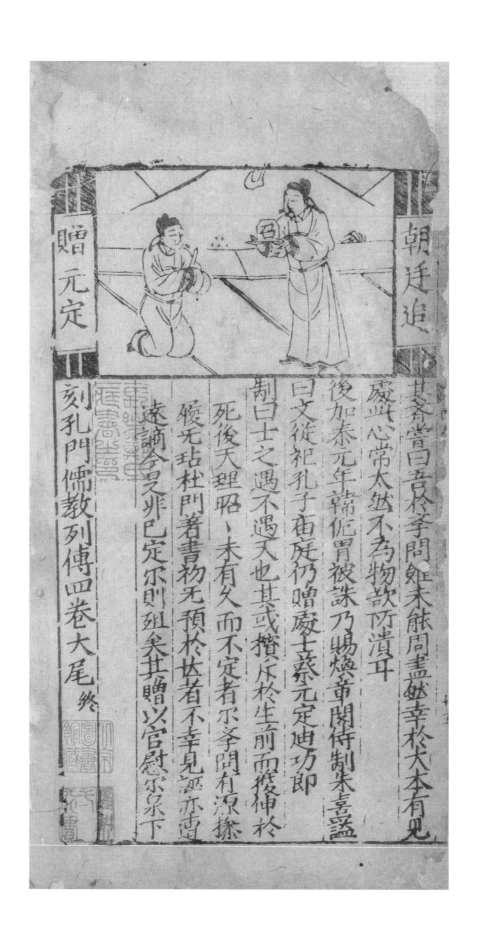

朝廷追

贈元定

其齋嘗曰吾於孝問經未能周盡然幸於大本有見

處此心常太然不為物欲所潰耳

後加泰元年輒佢胃被誅乃賜煥章閣侍制朱熹謚

曰文從祀孔子西庭仍贈廢士蔡元定迪功郎

制曰士之遇不遇天也其或撰抔於生前而獲伸於

死後天理昭、未有父而不定者尔孝問有源捺

媛无站杜門著書初无預於达者尔不孝見洫亦睯

遠誦今旦灵非已定尔則班矣其贈以尔泉下

刻孔門儒教列傳四卷大尾　終

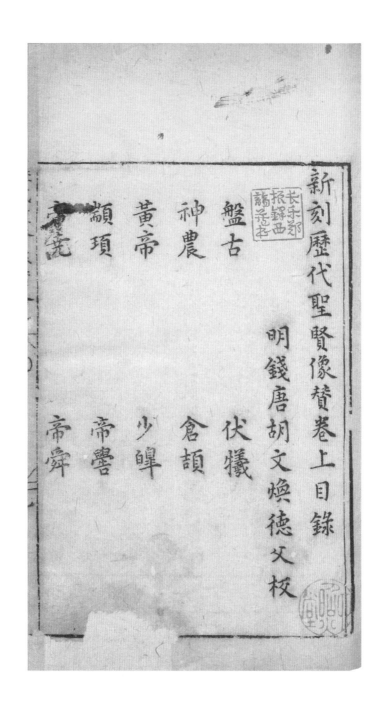

新刻歷代聖賢像贊卷上目錄

明錢唐胡文煥德父校

盤古　　　　伏犧

神農　　　　倉頡

黃帝　　　　少皥

顓頊　　　　帝嚳

帝堯　　　　帝舜

新刻歷代聖賢像贊二卷

明萬曆二十一年（1593）胡氏文會堂刻格致叢書本

四冊

版框 19.8×13.6 厘米

岳武穆王飛像

岳武穆王飛贊

性成忠義　神授勇力

正氣弗阿　克勝無敵

赤手障瀾　揮戈回日

計成偃月　此恨何極

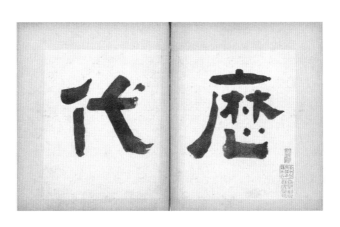

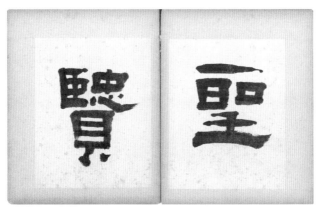

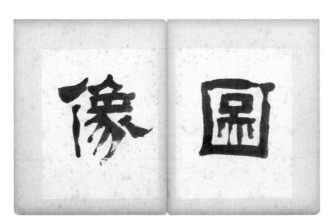

歷代聖賢圖像不分卷

明彩繪本

二冊

版框 24.0×19.0 厘米

司馬遷

司馬遷字子長生於龍門南遊江淮上會稽
探禹穴窺九疑浮沅湘北涉汶泗講業齊魯
鄉射鄒嶧過梁楚以歸漢太初中為太史令
因論李陵得罪幽而發憤脩史記實錄劉向
楊雄稱其良史之才
詩曰

南歷江淮事勝遊　　北經汶泗魯齋周
名都廣覽胸懷壯　　脩史長才衆莫優

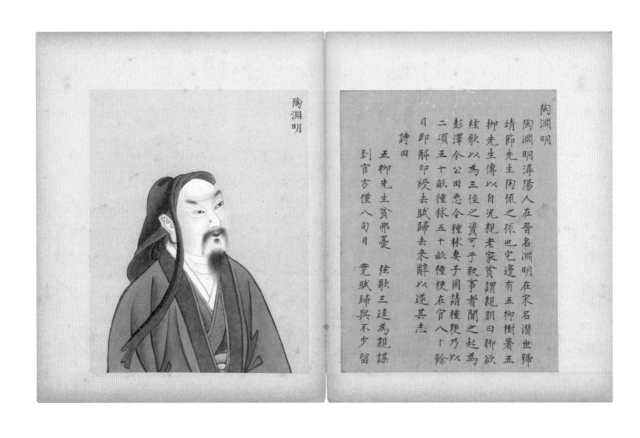

陶淵明

陶淵明

陶淵明潯陽人在晉名淵明在宋名潛世號
靖節先生陶侃之孫也宅邊有五柳樹著五
柳先生傳以自況親老家貧謂親明曰聊欲
絃歌以為三徑之資可乎執事者聞之起為
彭澤令公田悉令種秫曰吾常醉於酒足矣妻子固請種粳乃以
二項五十畝種秫五十畝種粳在官八十
日即解印綬去賦歸去來辭以遂其志

詩曰

五柳先生資帶憂　　弦歌三逕為親謀
到官方僅八旬日　　竟賦歸與不少留

包
拯

包拯

包拯字希仁廬州人天性嚴厲未嘗有笑容
人謂包公笑比黃河清知端州歲餘不持一
硯歸為京兆尹令行禁止閭里童稚亦知其
名語曰關節不到有閻羅包老天下呼為包
待制慶曆中為御史中丞拜樞密謚孝肅

詩曰

體貌威嚴貞性剛　　端州為治政聲揚
歸陞京尹人心服　　擢拜中丞荷寵光

聖諭像解卷之一

江南太平府繁昌縣知縣加一級臣梁延年編輯

聖諭第一條

敦孝弟以重人倫

此一條是

皇上欲汝等百姓各親其親各長其長以臻一道同風

之治也善事父母為孝善事兄長為弟蓋父母生我。

有罔極之恩兄長先我而生有同氣之誼故事父母

聖諭像解卷之一

聖諭像解二十卷 〔清〕梁延年輯

清康熙二十年（1681）梁氏承宣堂刻本

十册

半葉十行二十一字，白口，四周單邊。版框 24.0×16.2 厘米

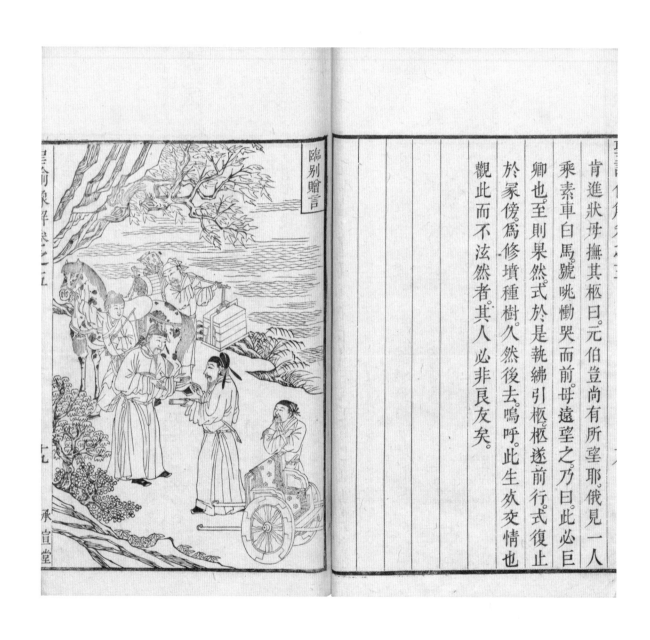

臨別贈言

肯進狀毋撫其柩曰元伯豈尚有所望耶俄見一人
乘素車白馬號咷慟哭而前母遠望之乃曰此必巨
卿也至則果然式於是執紼引柩柩遂前行式復止
於冢傍爲修墳種樹久然後去嗚呼此生交交情也
觀此而不泫然者其人必非良友矣

劉向古列女傳卷之一

母儀傳

有虞二妃

有虞二妃者帝堯之二女也長娥皇次女英舜父頑
母嚚父號瞽叟弟曰象敖游於嫚舜能諧柔之承事
瞽叟以孝母憎舜而愛象舜猶內治靡有姦意四嶽
薦之於堯堯以二女妻舜以觀厥內二女承事舜於
畎畝之中不以天子之女故而驕盈怠嫚猶謙謙恭
儉思盡婦道瞽叟與象謀殺舜使塗廩舜既治廩乃
曰父母使我塗廩我其往舜往焚廩舜往復與父母謀使
舜浚井舜告二女曰俞往哉舜往浚井格其出入

舜乃告二女曰父母使我浚井往哉二女曰俞往哉
出時既不能殺舜瞽叟又速舜飲酒醉將殺
一女二女乃與舜藥浴汪遂往舜飲酒猶
不醉舜之女弟繫憐之與二嫂諧泣日呼旻天惟
不怨怒之不已舜往于田號泣日呼旻天呼父母惟
害若茲思慕不已不怨其弟篤厚不怠既納于百揆
賓于四門選于林木入于大麓堯試之百方每事常
謀于二女舜既嗣位升為天子娥皇為后女英為妃
封象于有庳事瞽叟猶若焉天下稱二妃聰明貞仁

劉向古列女傳七卷　〔漢〕劉向撰　**續一卷**

明萬曆三十四年（1606）文林閣唐錦池刻本

四册

半葉十行二十字，白口，四周單邊。版框 19.8×14.1 厘米

潔婦者魯秋胡子妻也既納之五日去而官于陳五

魯秋潔婦

年乃歸未至家見路傍婦人採桑秋胡子悅之下車

謂曰若曝採桑吾行道遠願託桑蔭下湌下齎休焉

婦人採桑不輟秋胡子謂曰力田不如逢豐年力桑

不如見國卿吾有金願以與夫人婦人曰嘻夫採桑

力作紡績織絍以供衣食奉二親養夫子吾不願金

所願卿無有外意妾亦無淫佚之志收子之齎與笥

金秋胡子遂去至家奉金遺母使人喚婦至乃向採

桑者也秋胡子慙婦曰子束髮辭親往仕五年乃還

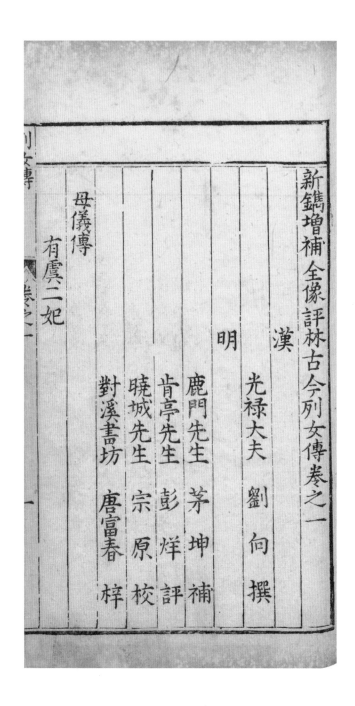

新鐫增補全像評林古今列女傳八卷　〔漢〕劉向撰　〔明〕茅坤補　〔明〕彭烊評

明對溪書坊唐富春刻本

四册

半葉十行二十字，白口，左右雙邊。眉欄鐫評。版框 21.0×13.0 厘米

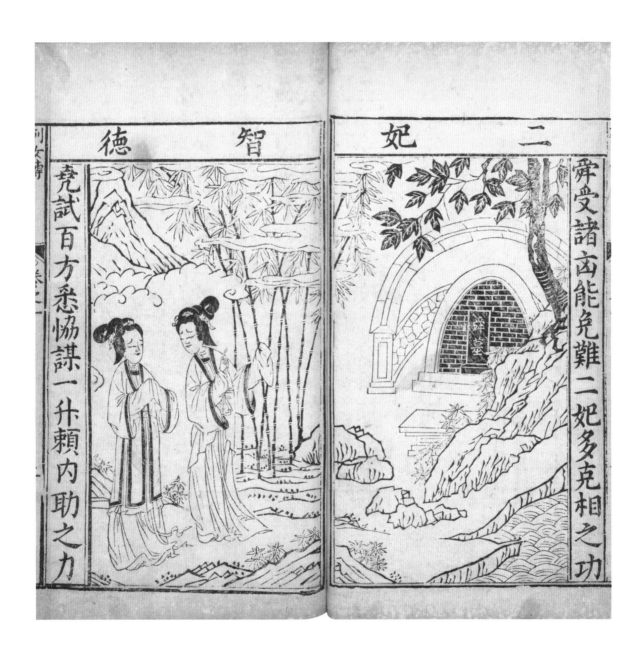

德智　　　　　妃二

列女傳

堯試百方悉恊謀一升賴內助之力

舜受諸凶能免難二妃多克相之功

晉弓工妻

弓工妻者晉繁人之女也當平公之時使其夫爲弓三
年乃成平公引弓而射不穿一札平公怒將殺弓人弓
人之妻請見曰繁人之子弓人之妻也願有謁於君平
公見之妻曰君聞昔者公劉之行乎羊牛踐葭葦惻然
爲民痛之恩及草木豈欲殺不辜者乎秦穆公有盜食
其駿馬之肉反飲之以酒楚莊王臣援其夫人之衣而
絕纓與飲大樂此二君者仁著於天下卒享其報名垂
至今昔帝堯茅茨不剪采椽不斲土階三等猶以爲勞
之者儉也今妾之夫⋯⋯此弓其爲之亦勞

其幹生於泰山之阿一日三覩陰傳以燕牛之
角纏以荊麋之筋糊以阿魚之膠⋯四者皆天下之妙
選也而君不能以⋯一札是君之⋯能射也而反欲殺
妾之夫不亦謬乎妾聞射之道左手如拒右手如附枝
右手發之左手不知此盍射之道也平公以其言而射
穿七札繁人之夫立得出而賜金三鎰君子謂弓工妻
可與處難詩曰敦弓既堅舍矢既鈞言射之有法也

頌曰弓工之妻情出於救夫故其辭⋯不得不激
切而能發帝堯之心勤居逸之戒是何以繡哀之箴
銘而出於婦人孺子之口也繁人而有是子弓工而

列女傳卷三　　　　　五一

眞誠堂

列女傳十六卷

明真誠堂刻本

十二冊　存十二卷：三至十四

半葉十行二十一字，白口，四周單邊。版框 22.5×15.7 厘米

列女傳卷十三

二十五

眞歛堂

帝鑒圖説重刻序

萬曆甲戌夏余奉

命按滇間出今元輔張公所上

帝鑑圖說者示藩臬諸司則咸請廣諸梓

令荒服共見之刻成敷曰余嘗讀詩豳

風書無逸篇每嘆周公之篤棐何其至

也當成王幼沖踐祚之初公以宮居不

帝鑒圖説不分卷　〔明〕張居正等撰

明萬曆三年（1575）郭庭梧刻本

二册　存三十九則

半葉九行十九字，白口，四周雙邊。版框 19.9×14.1 厘米

唐史紀堯置敢諫之鼓使天下得盡其言立誹謗
之木使天下得攻其過

㊙唐史上記帝堯在位虛己受言常恐政事有
差謬人不敢當面直言。特設一面鼓在門外但
有直言敢諫者着他就擊鼓求見欲天下之人。
皆得以盡其言也又恐自己有過失人在背後
譏議已不得聞特立一片木在門外使人將過
失書寫在木上欲天下之人皆得以攻其過也。
夫聖如帝堯所行皆盡善盡美宜無可諫可謗

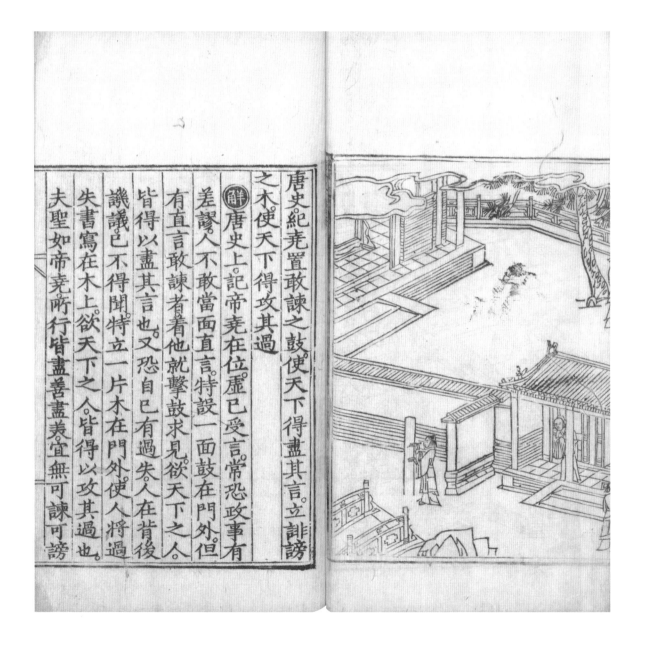

帝鑑圖說序

河出圖洛出書天生神物聖人則
之而圖居先書則因而以麗事致
餙焉者也曹子建云見三皇五帝
莫不仰戴見三季暴主莫不悲愴

帝鑒圖説六卷 〔明〕張居正等撰

明萬曆三十二年（1604）金濂刻本

二册　存二卷：一、二

半葉九行二十一字，白口，四周單邊。版框 21.1×12.9 厘米

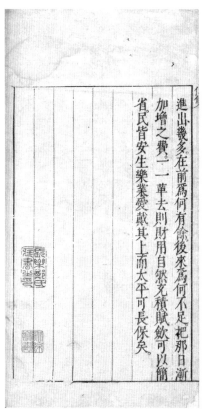

進山幾多。在前爲何有餘後來爲何不足。把那日漸
加增之費。一一革去則財用自然充積賦歛可以簡
省民皆安生樂業愛戴其上而太平可長保矣。

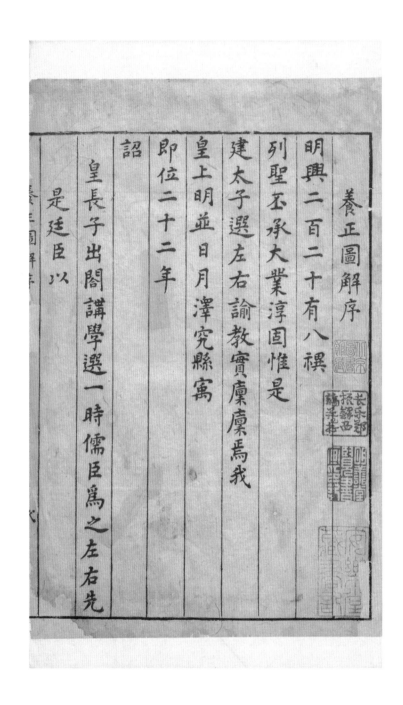

養正圖解不分卷　〔明〕焦竑撰　〔明〕丁雲鵬繪

明萬曆刻本

四冊

半葉十行二十一字，白口，四周單邊。版框 23.9×16.7 厘米

宸門覜膳

之民。易於受福。天下如何不太平。後因崇重京官。把
府縣看得太輕。以此牽制於上官不得展布。又京官
不稱職。方調補外任。夫州縣比京官更難得人。却只以
職。如何能治其民。至邊方遠僻處更當得人。本以為民而於親民
庸才雜流充之而已。設官分職。本以為民而於親民
之官自輕忽之。如此彼安肯盡心。安肯自重故遷延
歲月以苟升斗之祿。或恣肆貪漁以充谿壑之欲。而
巡察者又不能秉公舉劾激厲其心。民幾何而不被
其害哉。故加意守令爲治道之要。而加意覺察使者
又澄清守令之要不可不知也

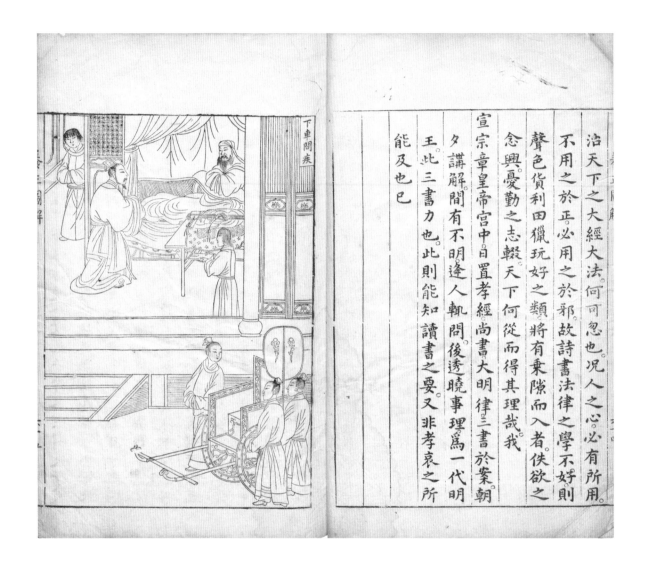

治天下之大經大法。何可忽也。况人之心。必有所用。
不用之於正。必用之於邪。故詩書法律之學不好則
聲色貨利田獵玩好之類。將有乘隙而入者。佚欲之
念興憂勤之志輳天下何從而得其理哉我
宣宗章皇帝宮中日置孝經尚書大明律三書於案朝
夕講解間有不明逢人輒問後透曉事理爲一代明
王。此三書力也。此則能知讀書之要又非孝衰之所
能及也巳

養正圖解不分卷 〔明〕焦竑撰 〔明〕丁雲鵬繪

明萬曆刻本

一册 存二十九葉

半葉十行二十一字，白口，四周單邊。版框 23.2×16.4 厘米

T04371（8945）

養正圖解二卷 〔明〕焦竑撰

清康熙八年（1669）曹鈖刻本

二册

半葉十行二十一字，白口，四周單邊。版框 22.1×14.7 厘米

養正圖解上部目錄

因樂求賢　　　得賢弭盜
欹器示戒　　　金人示戒
賤貨尊賢　　　泣思直臣
詢求政術　　　誅絕佞人
咨訪相材　　　式閭禮士
政術論下　　　雨不失期
旌賢去姦　　　散袴待功
井窺示警　　　勅子務學
　　　　　　　　　　　終

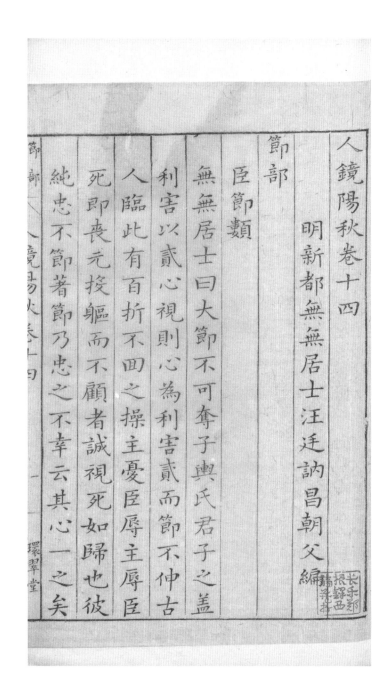

節部〈人鏡陽火卷十四〉

純忠不節著節乃忠之不幸云其心一之矣
死即喪元授軀而不顧者誠視死如歸也彼
人臨此有百折不囬之操主憂臣辱主辱臣
利害以貳心視則心為利害貳而節不仲古
無無居士曰大節不可奪子與氏君子之盖

臣節題

節部

人鏡陽秋卷十四

明新都無無居士汪廷訥昌朝父編

人鏡陽秋二十二卷　〔明〕汪廷訥撰

明萬曆二十七年（1599）汪氏環翠堂刻本

十四册　存二十卷：二至十一、十三至二十二

半葉九行十八字，白口，四周單邊。版框 24.4×16.7 厘米

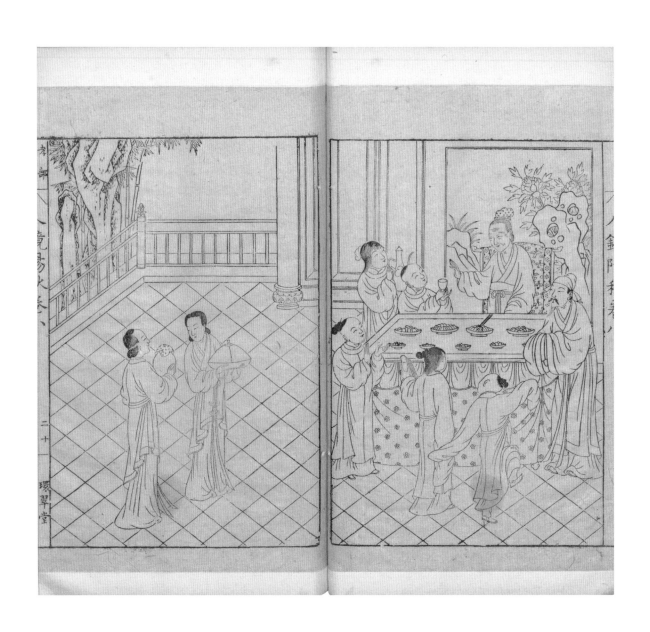

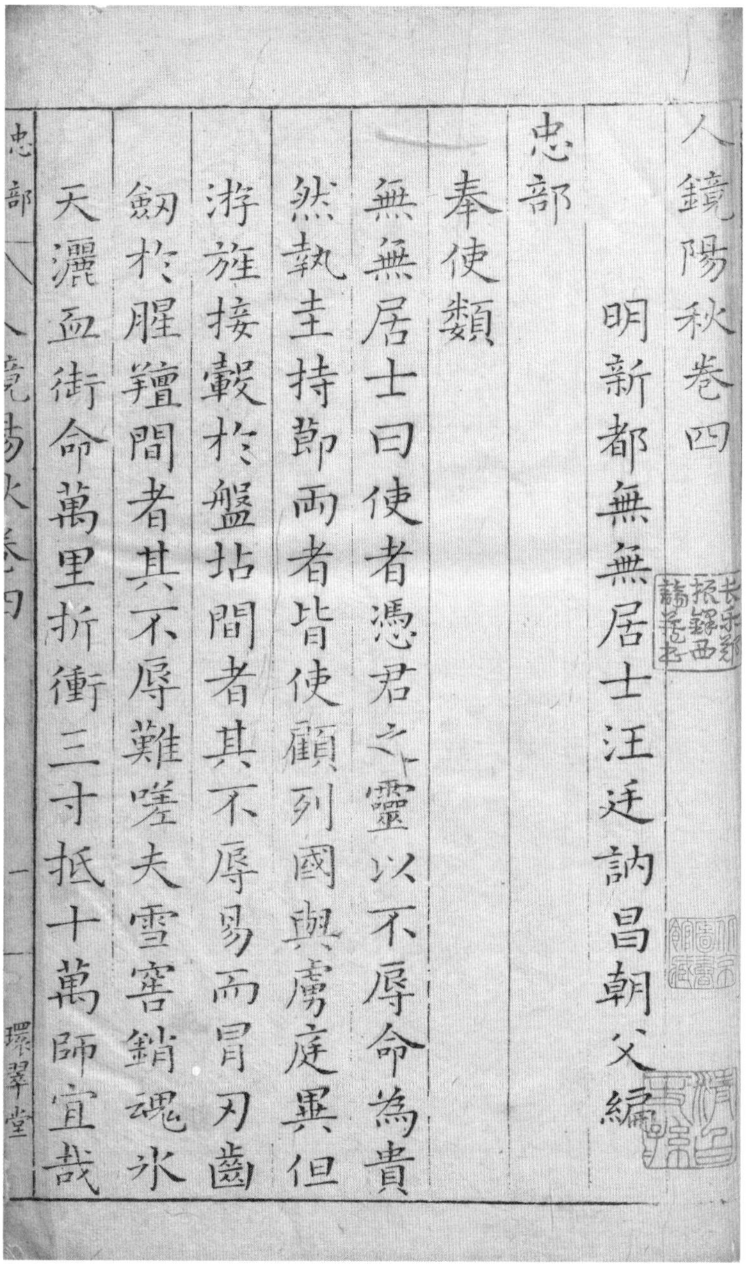
人鏡陽秋卷四
明新都無無居士汪廷訥昌朝父編
忠部
奉使類
無無居士曰使者憑君之靈以不辱命為貴然執圭持節而者皆使顧列國與虜庭異但游旌接轂於盤坫間者其不辱易而冒刃齒劍於腥羶間者其不辱難嗟夫雪窖銷魂氷天灑血銜命萬里折衝三寸抵十萬師宜哉
忠部　人鏡陽秋卷四　一　環翠堂

人鏡陽秋二十二卷　〔明〕汪廷訥撰

明萬曆二十七年（1599）汪氏環翠堂刻本

三册　存十卷：四至六、十、十一、十四至十八

半葉九行十八字，白口，四周單邊。版框 24.4×16.7 厘米

16907（10713）

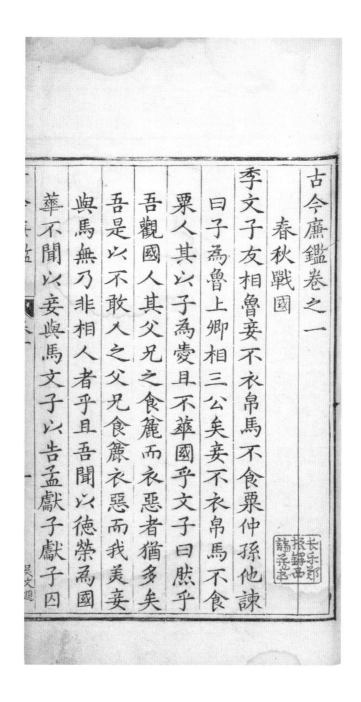

古今廉鑑卷之一

春秋戰國

季文子友相魯妾不衣帛馬不食粟仲孫他諫

曰子為魯上卿相三公矣妾不衣帛馬不食

粟人其以子為愛且不華國乎文子曰然乎

吾觀國人其父兄之食麤而衣惡者猶多矣

吾是以不敢人之父兄食麤衣惡而我美妾

與馬無乃非相人者乎且吾聞以德榮為國

華不聞以妾與馬文子以告孟獻子獻子囚

古今廉鑑八卷 〔明〕喬懋敬撰

明萬曆九年（1581）兩淮都轉運監使司刻本

四冊

半葉九行十八字，白口，四周雙邊。版框 20.5×14.1 厘米

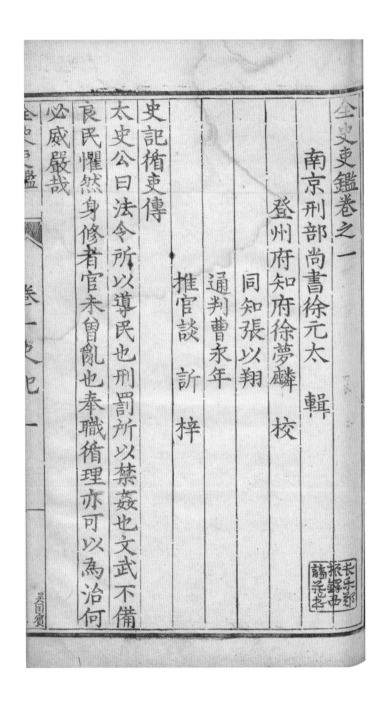

全史吏鑑卷之一

南京刑部尚書徐元太　輯

登州府知府徐夢麟　校

同知張以翔
通判曹永年
推官談　梓

史記循吏傳

太史公曰法令所以導民也刑罰所以禁姦也文武不備

良民懼然身修者官未曾亂也奉職循理亦可以為治何

必威嚴哉

全史吏鑑四卷　〔明〕徐元太輯

明萬曆徐夢麟、張以翔等刻本

十册

半葉十行二十二字，白口，四周雙邊。版框 23.3×15.1 厘米

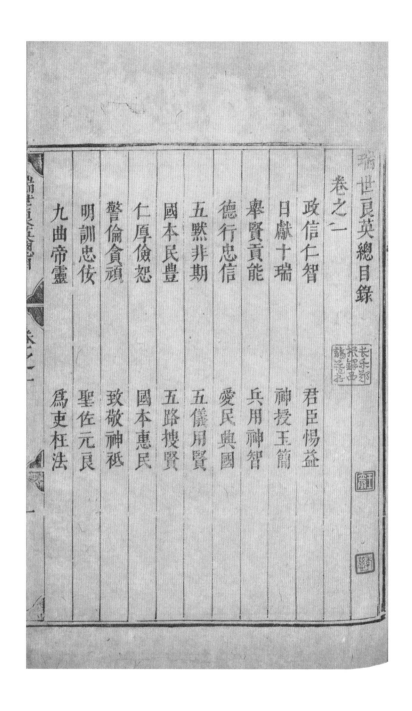

瑞世良英總目錄

卷之一

政信仁智　　君臣惕益

日獻十瑞　　神授玉簡

舉賢貢能　　兵用神智

德行忠信　　愛民興國

五默非期　　五儀屌賢

國本民豐　　五路搜賢

仁厚儉恕　　國本惠民

警倫貪頑　　致敬神祇

明訓忠佞　　聖佐元良

九曲帝靈　　爲吏枉法

瑞世良英五卷　〔明〕金忠輯

明崇禎車應魁刻本

五冊

半葉十二行二十七字，白口，四周雙邊。版框 26.0×19.2 厘米

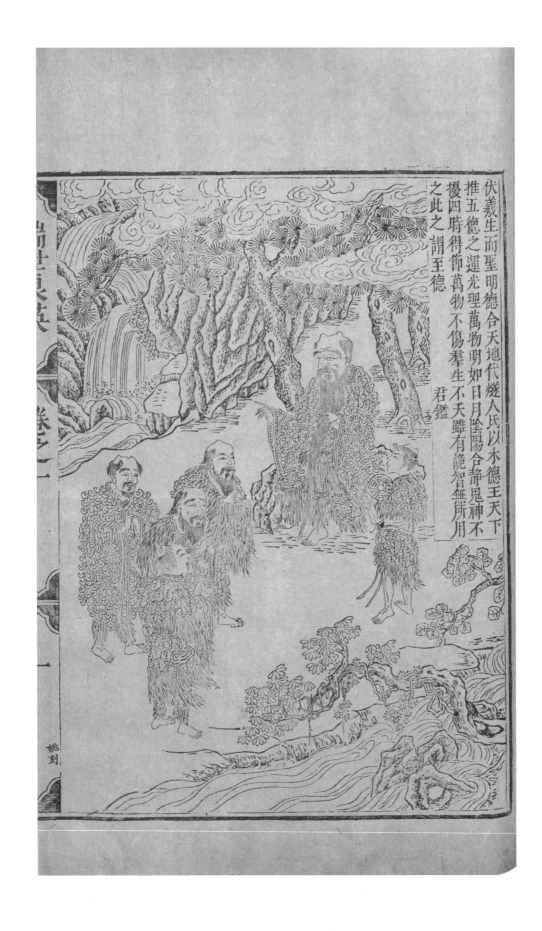

伏羲生而聖明德合天地代燧人氏以木德王天下
推五德之運光理萬物明如日月陰陽合靜鬼神不
擾四時得節萬物不傷羣生不夭雖有詭智無所用
之此之謂至德

君鑑

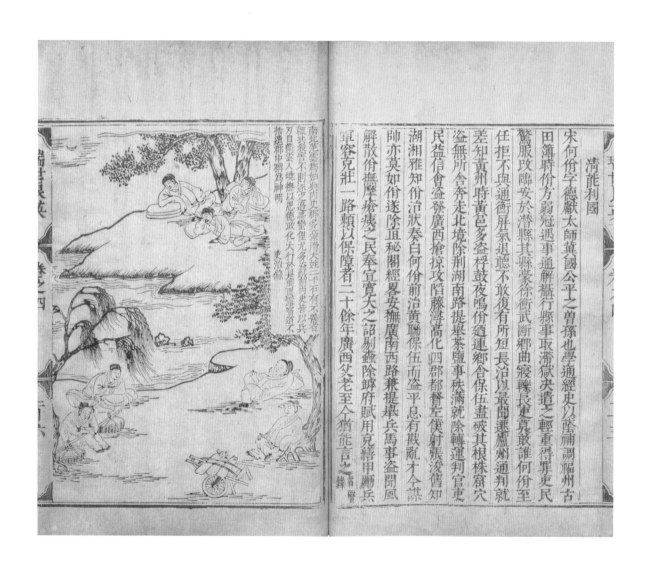

清能利國

宋何份字德獻太師冀國公平之曾孫也學通經史以蔭補郴州古田簿時份方弱冠遇事通解權行縣事取滯獄決遣之輕重得罪吏民驚服政臨安於潛縣其縣蒙徐衡武斷鄉曲寢辟長吏莫敢誰何份至任拒不與通衡屏氣退聽不敢復有所短長泊以最聞遷廬州通判就差知黃州時黃邑多盜桴鼓夜鳴份迺鄉含保伍盡破其根株窟穴盜無所舍奔走北境除荆湖南路提舉茶鹽事秩滿就除轉運判官吏民益信會益發廣西搶掠攻陷藤潯高化四郡都督左僕射張浚舊知湖湘雅知份治治狀奏自何份前治黃聯保伍而盜平息有戡亂才今謀師亦莫如份遂除且秘閣經畧安撫廣南西路兼提舉兵馬事盜間風解散份撫摩瘡痍之民奉宣寬大之詔剔蠹除蹲府賦用克繕甲勵兵軍容克莊一路賴以保障者二十餘年廣西父老至今猶能言之蝗

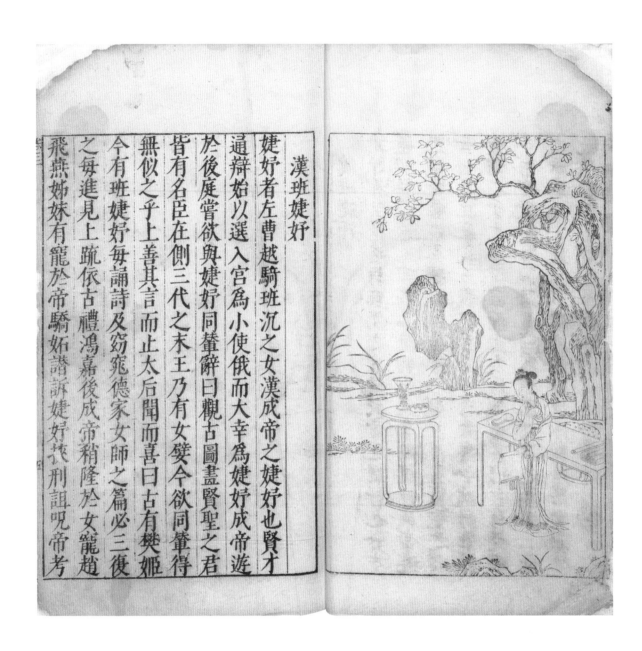

漢班婕妤

婕妤者左曹越騎班況之女漢成帝之婕妤也賢才
通辯始以選入宮爲小使俄而大幸爲婕妤成帝遊
於後庭嘗欲與婕妤同輦辭曰觀古圖畫賢聖之君
皆有名臣在側三代之末王乃有女嬖今欲同輦得
無似之乎上善其言而止太后聞而喜曰古有樊姬
今有班婕妤每誦詩及窈窕德象女師之篇必三復
之每進見上疏依古禮鴻嘉後成帝稍隆於女寵趙
飛燕姊妹有寵於帝驕妒譖訴婕妤挾邪詛呪帝考

女範編四卷　〔明〕黃尚文撰

明萬曆刻本

二冊　存二卷：三、四

半葉九行二十字，白口，四周單邊。版框 21.2×13.7 厘米

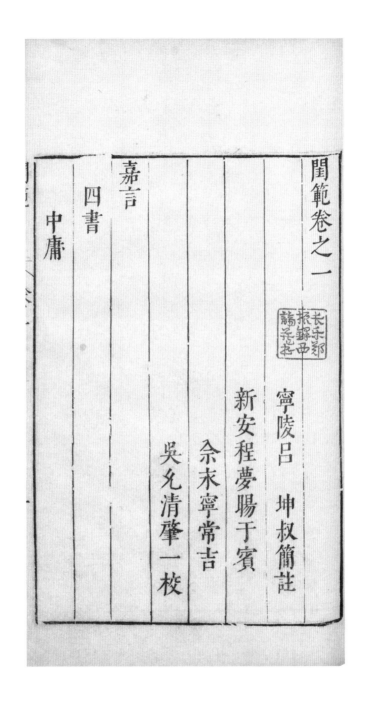

閨範卷之一

寧陵呂　　坤叔簡註

新安程夢賜于賓

佘永寧常吉

吳免清肇一校

嘉言

四書

中庸

閨範四卷　〔明〕呂坤撰

明佘永寧等刻泊如齋印本

十二冊

半葉八行十八字，白口，四周單邊。版框 20.1×13.9 厘米

魯季敬姜

敬姜者魯大夫穆伯之妻文伯之母季康子之
從祖叔母也博達知禮穆伯先死敬姜守志文
伯出學而還敬姜側目眄之見其友上堂而從
後降階而却行奉劍而正履若事父兄文伯自
以爲成人矣敬姜召而數之曰昔者桓公坐友
三人諫臣五人日舉過者三十人故能成霸業
周公一食三吐哺一沐三握髮所執贄而見於

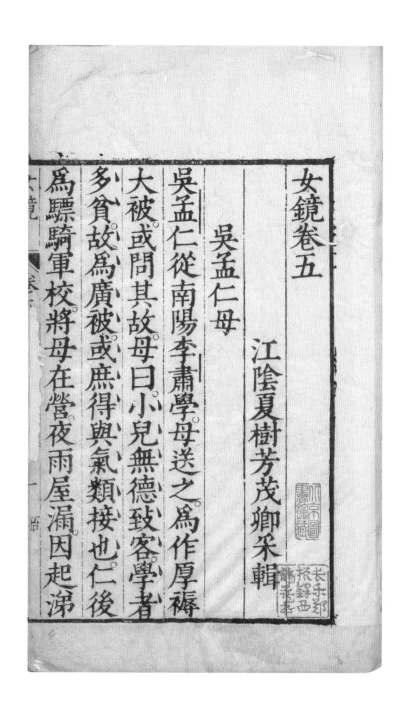

為驃騎軍校將母在營夜雨屋漏因起滌

多貧故為廣被或庶得與氣類接也仁後

大被或問其故母曰小兒無德致客學者

吳孟仁從南陽李肅學母送之為作厚褥

吳孟仁母

女鏡卷五　　　　江陰夏樹芳茂卿采輯

女鏡八卷　〔明〕夏樹芳撰

明萬曆刻本

一册　存四卷：五至八

半葉七行十六字，白口，四周單邊。版框 19.0×12.6 厘米

無雙譜序

韓子曰物不得其平則鳴又曰讙愉之辭難工而窮苦

之言易好士不達而不得志無所知遇亦肄而窮苦能

托之文詞盡發其幽憂感憤以鳴其不平自古及今善

鳴者莫過於詩莫過於寓之詩而論史而南陵不盡然

南陵負才淪棄泣玉而繼之以血人窮而詩益工讀其

咏史諸詩知其為詩史欤南陵曰未也畫亦可為史吾

且為人所未為者無雙譜右圖左詩十七史之人音容

南陵無雙譜一卷　〔清〕金古良撰

清康熙刻本　鄭振鐸跋

二冊

版框 19.5×12.2 厘米

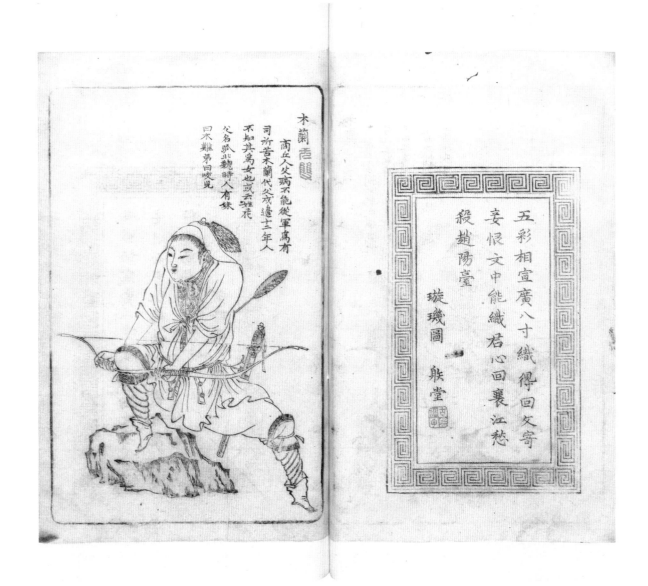

木蘭 香姐

商丘人父病不能從軍家有
司所苦木蘭代父戍邊十二年人
不知其為女也或云姓花
父名弧北魏時人有妹
曰木難弟曰咬兒

五彩相宣廣八寸織得回文寄
妾恨文中能織君心回襄江愁
殺趙陽臺
　璇璣圖　躲堂

涉鯨波歷虎谷家資散盡妻
子完萬變不渝仍奔逐止為趙
氏一塊肉痛絕厓山莫魚腹丞相
一日晉疆宋祚一日存不亡若不
見漢運綿諸葛韓雙後張良曰
星河獄發正氣事難逆睹天
難量　廢無愧為宋文丞相作

款堂

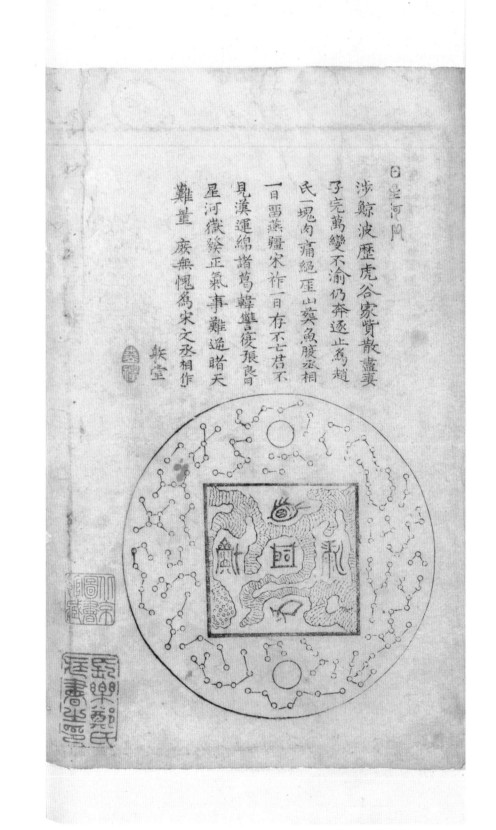

金古良無双譜 予曾得故本皆不惬意此本最為兒童_收

所塗污犹是原刊初印者絕為精良 一九五六年十月_{紙墨}

十八日午后陽光甚佳驅車至琉璃廠於富晋書社

得李时珍校刊之食物本草於寒家雅齋得此書

皆足自怡悦也董人会鄉云有康熙本萩者志明末

彩绘本占十書即郷至亦皆予所欲得者論述美

術史及園蓺史者首應廣搜資料而圖籍尤

為主要之研究基礎 予所得園蓺及本刻彩绘之

書近千種 在此基礎上進行述作當可有成也天

色墨黑时已入夜猶甚感恩奮　西諦

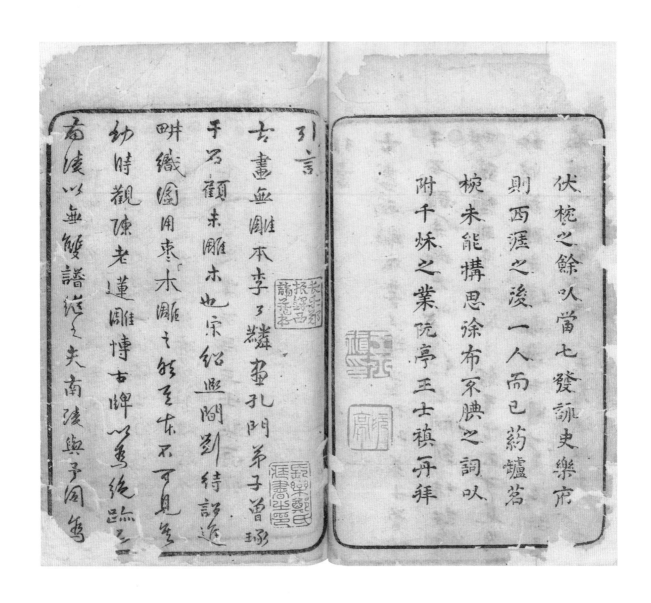

引言

古畫無雕本李了鱗盡孔門弟子曹珌
于君顧未雕木也宗紹興間劉待詔逵
畔織圖用棗木雕之能至夫不可見
幼時觀陳老蓮雕古牌以為絕臨之
南陵以無雙譜從之夫南陵與子同里

伏梘之餘以當七發詠史樂府
則西涯之後一人而已葯罏菴
椀未能構思徐布不腆之詞以
附千妖之業院亭玉士禎再拜

南陵無雙譜一卷　〔清〕金古良撰

清康熙刻本

一冊

版框 19.5×12.2 厘米

陶公元亮

陶淵明字元亮或云潛字淵明尋陽人性嗜酒讀書不求甚解不解音
律而蓄無絃琴每撫弄其當高卧北窗自謂羲皇上人為彭澤令不為五斗米折
腰眠歸去來辭解印綬去九月九日把菊無酒遭江州刺史王弘送酒至便
就酌嘗取頭上葛巾漉酒漉畢還著之其大致如此著
五柳先生傳以自況世號靖節先生

疊樓詞

項王愛虞姬垓下之圍不可脫漢王愛戚姬化
鴆之毒不可活金谷美人人爭求如何翻身
竟墮樓蒙君恩愛言難盡再著鮮態不忍
一身無可報君情願為千片桃花粉

躲堂

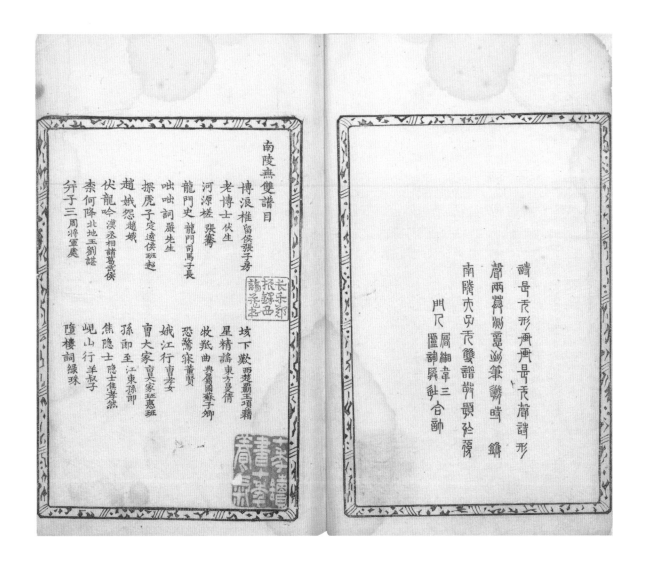

南陵無雙譜一卷　〔清〕金古良撰

清乾隆四十八年（1783）沈懋發刻本

一冊

版框 20.3×13.3 厘米

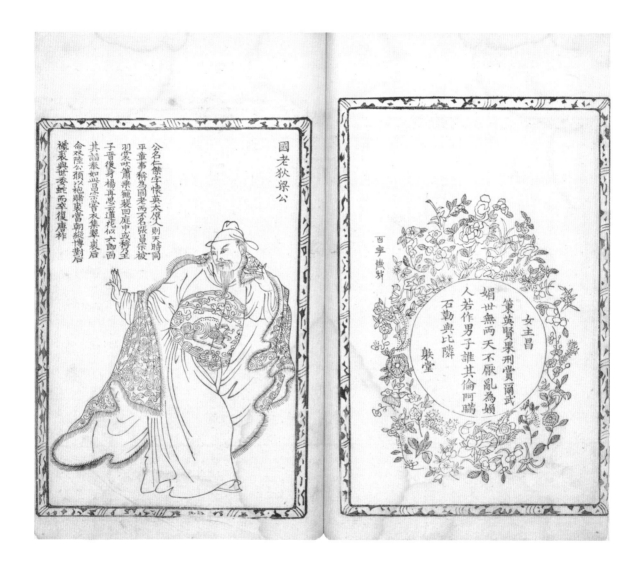

國老狄梁公

公名仁傑字懷英太原人則天時同
平章事稱為國老而又名張昌宗被
羽裳吹簫乘鶴廻庭中或稱為王
子晋復身楊再思至蓮花似六郎面
其謟媚如此昌宗嘗衣集翠裘后
命攷陸公須以袍賜張裘當朝緝博對局
楊裘與世委虵而卒復唐祚

女主昌

箴英賢果刑賞麗武
媚世無兩天不厭亂為嬪
人若作男子誰其倫阿瞞
石勒與比隣

躲堂

百年偕老

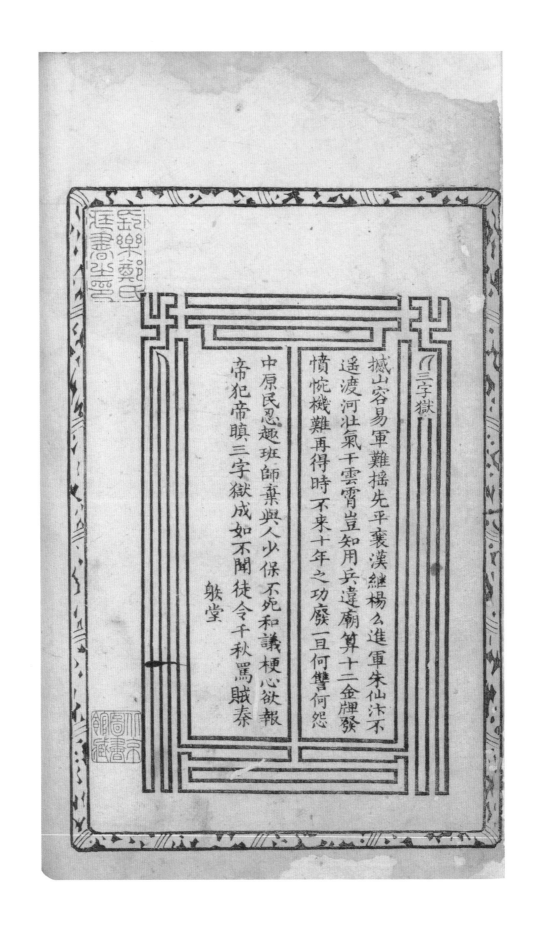

三字獄

撼山容易軍難撼先平襄漢繼楊么進軍朱仙汴不

遙渡河壯氣干雲霄豈知用兵達廟算十二金牌發

憤悵機難再得時不来十年之功廢一旦何讐何怨

中原民忍趣班師棄與人少保不兗和議梗心欲報

帝犯帝瞋三字獄成如不聞徒令千秋罵賊秦

躬堂

百僚金鑑十二卷　〔清〕牛天宿輯

清忠愛堂刻本（卷四至六配抄本）

四册

半葉十行二十字，白口，四周雙邊。版框 20.7×14.5 厘米

百僚金鑑卷之一

　　　　　　　　吏隱主人　陽丘牛天宿　輯

百官原始

天下之大。一人不能以獨理。則必分其職于臣鄰。而
後明良協贊。厥績咸熙焉。三皇而上。不可考已。稽之
燧皇。則有四佐焉。曰由明。曰必育。曰成博。曰隕丘臣
道之始也。嗣是有龍師龍名者矣。朱襄爲飛龍氏造
書契昊英爲潛龍氏造甲曆大庭爲居龍氏治盧室
昆連爲降龍氏驅民害陰康爲土龍氏治田里粟陸
爲水龍氏繫章木疏導泉源焉。有以火師火名。著矣

百僚金鑑卷一

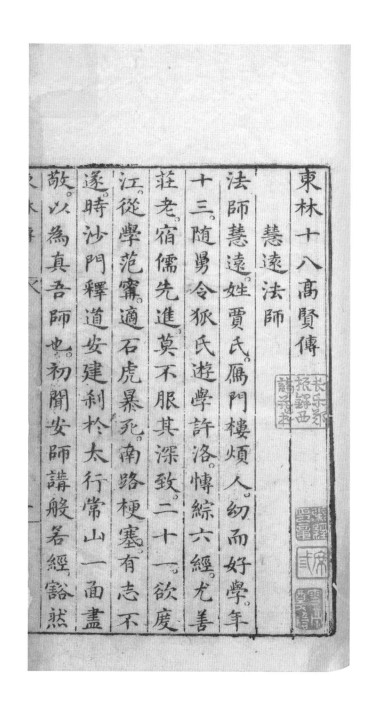

東林十八高賢傳一卷

明萬曆四十八年（1620）管覺仙毘耶室刻本

一冊

半葉八行十七字，白口，左右雙邊。版框 18.6×12.3 厘米

十八高賢圖記

龍眠李伯時。為余作蓮社十八賢圖追寫當
時事。按十八賢行狀沙門慧遠。初為儒。日聽
道安講般若經豁然大悟。乃與其弟慧持俱
棄儒落髮太元中。至廬山。時沙門慧永先居
香谷遠欲駐錫是山一夕山神見夢稽首譖
師。忽于後夜。雷電大震。平旦地皆坦夷材木
委積。江州刺史桓伊表奏其異為師建寺。是

唐才子傳十卷　〔元〕辛文房撰　**考異一卷**　〔清〕陸芝榮撰

清嘉慶十年（1805）陸氏三間草堂刻本

二册

半葉十行二十字，黑口，左右雙邊。版框 18.0×13.6 厘米

唐才子傳卷第一

西域　辛　文房　撰

魏帝著論稱文章經國之大業不朽之盛事年壽有

時而盡未若文章之無窮詩文而音者也唐興尚文

衣冠兼化無慮不可勝計擅美於詩當復千家歲月

荏苒遷逝淪落亦且多矣況乃浮沈畏途匭勉卑官

存沒相半不亦難乎崇事奕葉苦思積年心神游穹

厚之倪耳目及晏曠之際幸成著述更或凋零兵火

相仍名逮於此談何容易哉夫詩所以動天地感鬼

神厚人倫移風俗也發乎其情止乎禮義非苟尚辭

唐才子傳卷第一

一二一間青草堂雕

皇朝道學名臣言行外録卷第一

後學　李幼武纂集

周敦頤　　濂溪先生元公

字茂叔元名敦實避厚陵藩邸名改今名道州營道
人景祐三年用舅氏龍圖鄭公向奏試將作監簿
康定初授洪州分寧簿慶曆四年以部使者薦徙南
安軍司理六年政理丞宰洪之南昌皇祐二年令桂陽
年用薦者政理丞宰洪之南昌嘉祐初改太子中舍
合州僉六年轉國博僉慶州授尚書虞部員外郎以失
火對移永州四年權知邵州熙寧初用趙抃呂公以
薦擢廣東漕三年轉虔部郎中改提提刑聞水齧其母墳
求南康軍以歸上其印分司南京六年趙公冊尹成都

皇朝道學名臣言行外録十七卷　〔宋〕李幼武輯

明初刻本

六册

半葉十二行二十三字，黑口，左右雙邊。版框 20.4×13.2 厘米

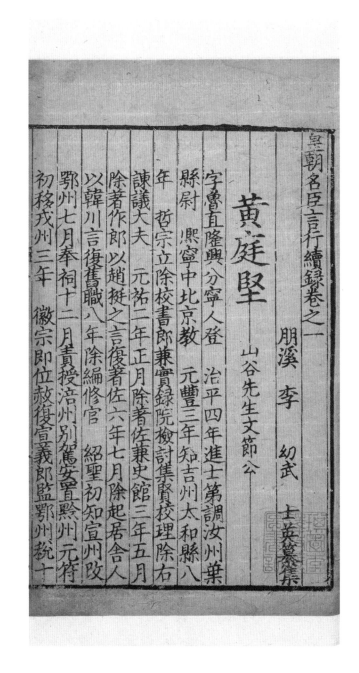

皇朝名臣言行續錄八卷別集三卷　〔宋〕李幼武輯

明初刻本

六册

半葉十二行二十三字，黑口，左右雙邊。版框 19.9×13.2 厘米

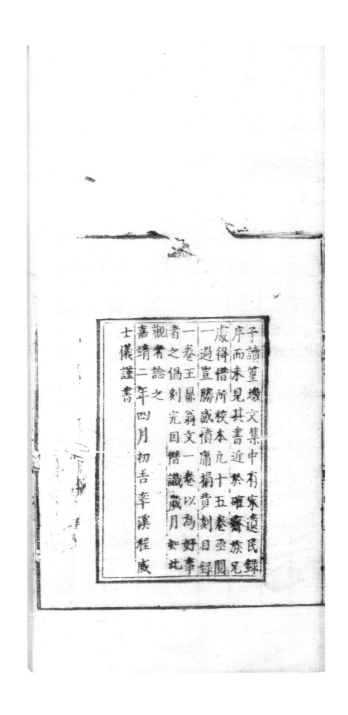

宋遺民録十五卷 〔明〕程敏政輯

明嘉靖二至四年（1523－1525）程威、程曾等刻本

四册

半葉九行十七字，黑口，四周單邊。版框 15.4×12.1 厘米

宋遺民錄卷之一

王鼎翁

梅邊先生吾汶藁序　　歐陽玄

論人行事故舉而稱之者其善為可數論人
文章舉一以蔽之者其善為不可勝數也廬
陵梅邊先生與先君渤海侯為大學存心齋
同舍咸淳甲戌隨路混補入學又同生淳祐
之壬子先君嘗稱其才器卓犖有往哲風運
改世遷篤志稽古斷為文章以見志于恨未

宋遺民錄卷之一

王鼎翁

梅邊先生吾汶藁序　　　　歐陽玄

論人行事枚舉而稱之者其善為可數論人文章舉一以蔽之者其善為不可勝數也盧陵梅邊先生與先君渤海侯為太學存心齋同舍咸淳甲戌随路混補入學又同生淳祐之壬子先君嘗稱其才器卓犖有往哲風運政世遷篤志稽古斬為文章以見志子恨未及一識他日從其門人鍾君省吾得吾汶藁讀之至生祭文丞相文作而歎曰嗚呼王鼎翁宇宙奇

宋遺民錄十五卷　〔明〕程敏政輯

清張德榮抄本

一册　存六卷：一至六

半葉十行二十字，無欄格

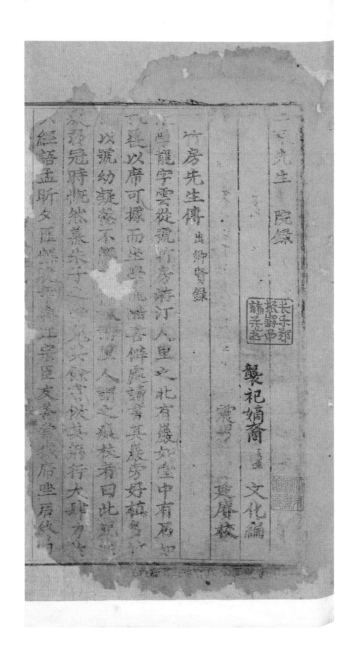

二張先生書院録一卷 〔明〕張文化輯　**竹房先生文集補一卷** 〔宋〕張學龍撰　〔明〕張廷庚輯

明刻本

一册

半葉九行二十三字，白口，四周雙邊。版框 21.8×13.3 厘米

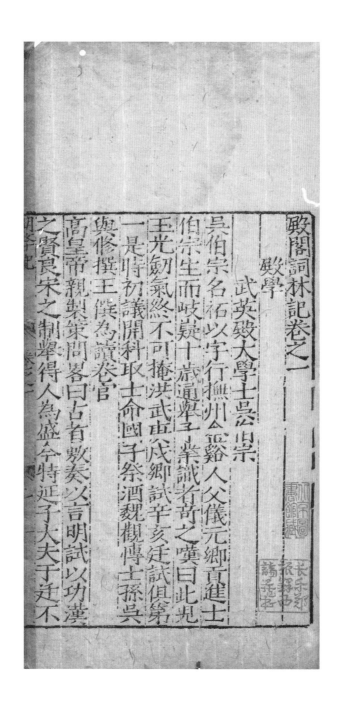

殿閣詞林記二十二卷 〔明〕廖道南撰

明嘉靖詹氏書林就正齋刻本

五册 存十卷：一至六、十二至十五

半葉十行二十字，白口，四周雙邊或四周單邊。版框 17.0×11.9 厘米

國初置承勅監洪武九年以編修吳昇為承勅監令
周孟東為監丞使以齋奉制勅為職尋罷之其後凡
朝廷大禮頒詔天下本院官先撰詔文請

齋詔

皇明賜進士南京國子監祭酒黃佐翰林院侍講學士廖道南同編

殿閣詞林記卷之十九

旨裁定付中書舍人書寫送尚寶司用寶畢行禮
之日百官出承天門外齋候鴻臚寺官唱頒　詔内
閣官一員捧　詔自奉天殿左門入至華蓋殿候駕
興捧出至奉天殿授于禮部尚書其他制勅用寶時

殿閣詞林記二十二卷　〔明〕廖道南撰

明嘉靖刻本

一冊　存四卷：十九至二十二

半葉十行二十字，白口，左右雙邊。版框 20.9×15.1 厘米

本朝京省人物考卷之四

北直隸保定府

李彥名

李彥名字資善保定府安州人由俊頴異博極墳典
洪武中以通經儒士舉用至京洪武二十年試禮部
尚書時詔天下行養老之政自八十以至九十不差
上慮有司奉行不至令彥名申明德意二十二年
詔定歷代帝王名臣從祀彥名奏以風后力牧皋陶
夔龍伯夷伯益伊尹傅說周公旦召公奭太公望方
叔召虎張良蕭何曹參周勃鄧禹諸葛亮房玄齡杜

本朝京省人物考一百十五卷　〔明〕過庭訓撰

明天啓二年（1622）刻本（卷一配抄本）

二十一册　存四十八卷：一、四至六、十二至五十五

半葉十行二十字，白口，四周單邊。版框 22.5×15.2 厘米

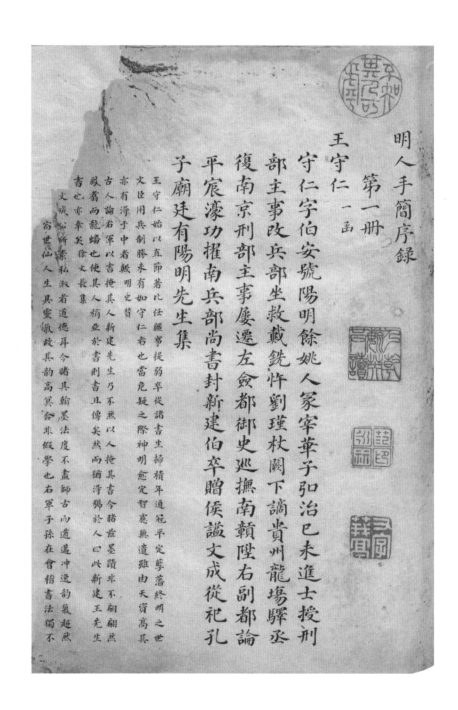

明人手簡序録三卷　〔清〕范永祺輯

清陳岡夫抄本　清陳勱跋

三冊

半葉十二行二十四字，小字雙行三十二至三十三字，無欄格

坦啟視莊誦竊嘆其別白之精去取之正於掇錄中凜然有嚴辨焉

噫是可以識先生之風尚矣其晨夕展玩流連不置與古人心心相

契處固有出於尺素外者先生特未明言也其寄託尚矣哉先生之

從子耐軒先生吾師也命坦抒其作書之意謹次數語以為後序云

　仁和趙坦寶覆

齋文錄卷上

不作小楷二十年矣今日效顰錄此幾不成字且脫訛甚多羞愧無地

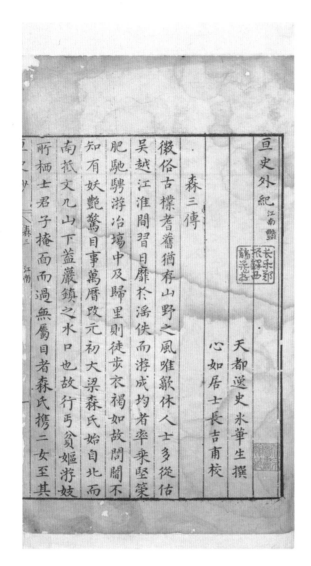

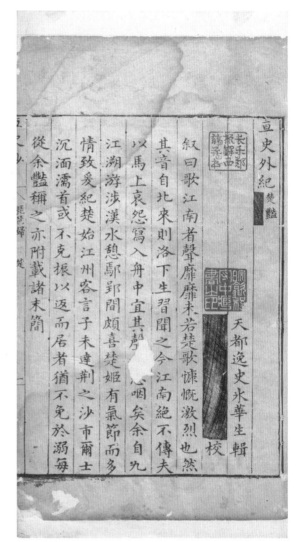

亘史鈔□□卷 〔明〕潘之恒撰

明刻本

三册　存十四卷：外紀八、九、十一、十二、二十二、二十三、二十六、二十九、三十一至三十六

半葉十行二十字，白口，左右雙邊。版框 20.8×14.9 厘米

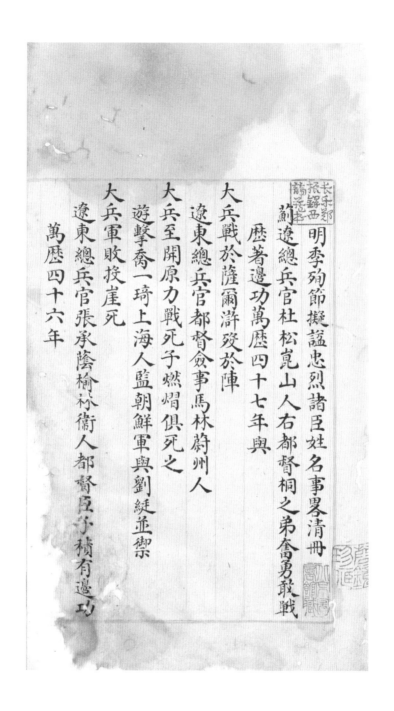

明季殉節擬諡忠烈諸臣姓名事畧清冊

薊遼總兵官杜松崑山人右都督桐之弟奮勇敢戰
歷著邊功萬歷四十七年與
大兵戰於薩爾滸歿於陣
遼東總兵官都督僉事馬林蔚州人
大兵至開原力戰死子燃熠俱死之
遊擊喬一琦上海人監朝鮮軍與劉綎並禦
大兵軍敗投崖死
遼東總兵官張承蔭榆林衛人都督臣子積有邊功
萬歷四十六年

[明季殉節官民姓名事畧清冊] 七卷

清抄本

七冊

半葉十行二十一字，紅格，左右雙邊。版框 21.5×15.0 厘米

變投井死

布衣陳文豹　新安人募兵保境從張家玉取新安戰
敗死

陳上庸　南海人同父子壯起兵戰敗死於陣

李泓遠李淑遠揚州興化久和平令信之子城破與
父同死

李升德西充人湖南巡撫乾德弟與乾德同死于嘉
定

布衣李方泌昆陽人為流寇所襲不屈被殺其妻捋
子罵賊投水死

布衣馬生保山人流寇至永郡縱火舉家自焚死

布衣莫貴德宜良人流寇陷城與妻麻氏同赴井死

布衣楊思義昆明人流寇入滇與妻陳氏俱投井
簡成書定番州人州陷殉節

以上桂王殉節士民共九十六人

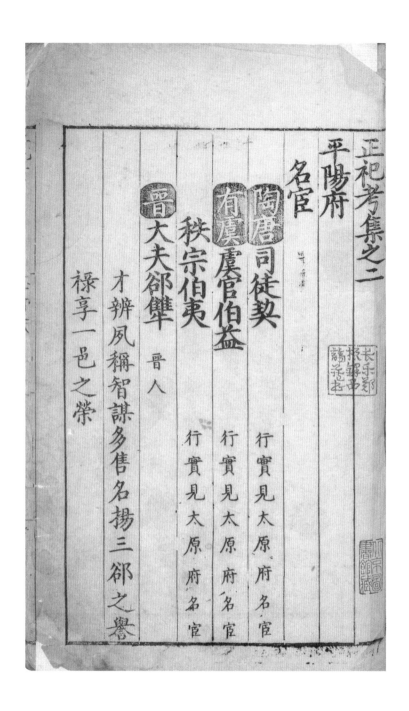

正祀考集□□卷　〔明〕佚名撰

明刻本

一冊　存一卷：二

半葉九行十九字，小字單行同，白口，四周單邊。版框 22.4×14.1 厘米

松陵文獻集卷一

邑人潘檉章力田撰

人物志一

漢

莊忌子助

莊忌會稽吳人也漢與諸侯王皆自治民聘賢吳王
濞招致遊士忌與齊鄒陽淮陰枚乘等俱仕吳皆以
文辭著名而忌尤尊重號曰莊夫子久之吳王以太
子事怨望稱疾不朝陰有邪謀鄒陽奏書諷之不納

松陵文獻十五卷　〔清〕潘檉章撰

清康熙三十二年（1693）潘耒刻本

三冊

半葉九行二十字，白口，左右雙邊。版框 18.8×13.9 厘米

嘉慶道光魏塘人物記六卷 〔清〕汪能肅撰

清道光刻本

一册

半葉十行二十三字，白口，左右雙邊。版框 18.5×13.7 厘米

16989（13963）

嘉慶道光魏塘人物記卷一

　　　　　　　　　　　　山陰汪能肅編

名宦

萬相寶字定之號觀亭江西德化縣舉人挑發浙江署常山
縣有萬書天之稱補嘉善以下委多水患乃取前令梁公徽
法小加疏通增築圩岸連年水不爲害又築石井塘壩伍子
塘大壩長春塘壩用備旱潦隄容水焉又濬三台沙以振文
風力行保甲法設水陸二柵因時啓閉民得安堵修文廟學
宮亞聖祠葺利濟院廣育嬰堂買地爲義園使貧民得葬以
革火化之俗立同善會館條約以垂永久每課書院與諸生

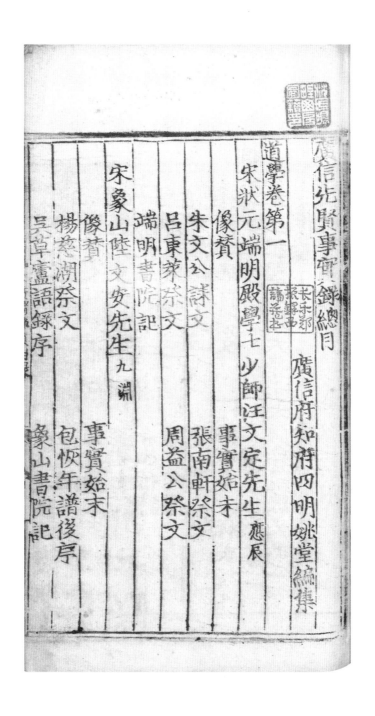

廣信先賢事實録六卷　〔明〕姚堂輯

明景泰七年（1456）廣信府刻本

一册　存二卷：一、二

半葉十二行二十一字，黑口，四周雙邊。版框22.7×14.4厘米

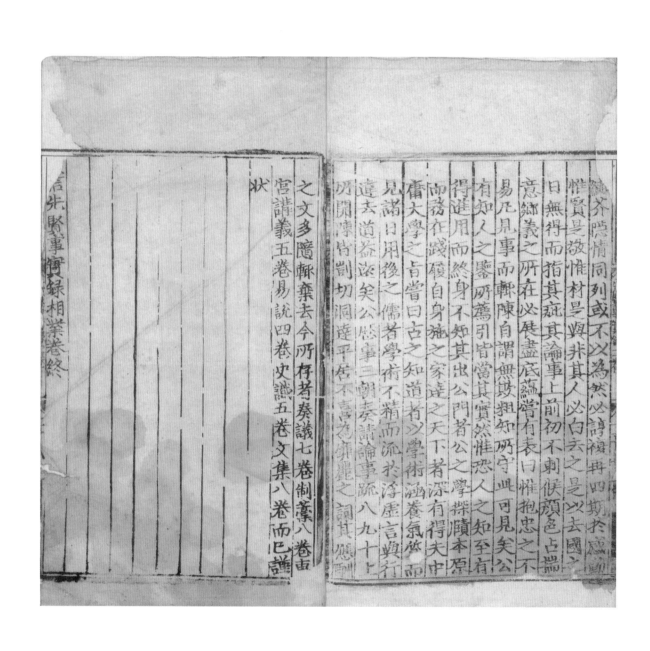

纖芥隱情同列或不以為然必詬誶怪毋四期於感則
惟賢曼發惟材号與非其人必白去之是以白去國之
意飾義之所在必盡底蘊嘗有表曰前初不剌候顏邑占端
日無得而指其疵其論事上前初不剌候顏邑占端
易凡見事而輒陳自謂無毀掛知所守興可見公
有知人之鑒所薦引皆當其實然惟恐人之知至有
得進用而終身不知其出公門者公之學操顨本原
而務在踐覆自身施之家達之天下著深有得夫中
庸大學之旨當曰古之知道者必學術涵養氣象而
見謀日用而後之儒者學術不精而流於浮虛言與行
遠去道益遂矣公懲事三朝奏請論事疏八九十七
所閱凜皆剴切洞達平岌不喜為麗之調其應

之文多隨輒棄去今所存著奏議七卷制藁八卷申
宮講義五卷易說四卷史識五卷文集八卷而已謹
状

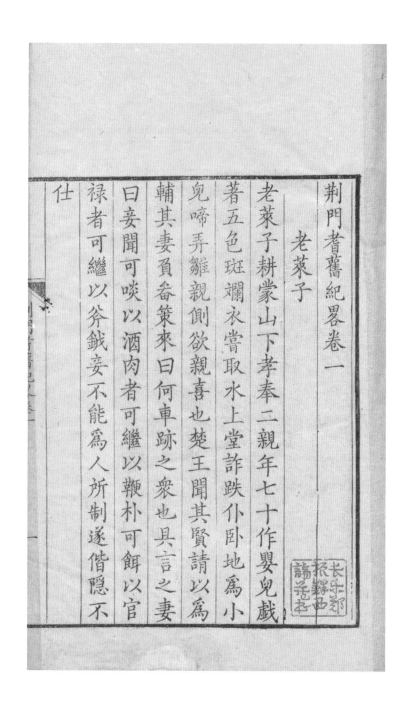

荆門耆舊紀畧卷一

老萊子

老萊子耕蒙山下孝奉二親年七十作嬰兒戲
著五色斑斕衣嘗取水上堂詐跌仆卧地爲小
兒啼弄雛親側欲親喜也楚王聞其賢請以爲
輔其妻貢畚筴來曰何車跡之衆也其言之妻
曰妾聞可啖以酒肉者可繼以鞭朴可餌以官
祿者可繼以斧鉞妾不能爲人所制遂偕隱不
仕

荆門耆舊紀畧三卷烈女紀畧一卷　〔清〕胡作柄撰

清康熙刻本

一册

半葉九行十八字，白口，左右雙邊。版框 17.1×12.6 厘米

莆陽文獻卷之一

賦

媧娃宮賦　以鶯上空壞也施碧草為韻

　　　　　　　黄滔 見本傳

吳王歿地芳吳國燕城故宮莫問芳故事難名門外

飛其王駕座中委其金蛻舞榭高臺朝為宮而暮為

沼英風霸業古人失而今人驚想夫挂殿中橫蘭之

內創丹楹刻桷之殊制卸砌文軒之詭狀如從渤澥

從蓬關於人間若目瑤池落珠宮於地上繡柱雲楣

飛鮫伏縞基局欝葎鈎楯參差碧樹之珍禽夏語綠

窗之瑞景冬曦吳王乃波伍相輦西施珠翠簇來居

莆陽文獻十三卷列傳七十四卷　〔明〕鄭岳輯

明嘉靖刻本

六冊　存七十九卷：文獻十三卷、列傳九至七十四

半葉十行二十字，白口，四周雙邊。版框 20.8×13.7 厘米

孔聖全書上卷卷之三

五經題辭

後學蔡復賞　編述

或謂秦人滅學恐古之六籍親經孔子之所刪定者鮮有存焉
孟未詳考耳漢武帝時嘗其王壞孔子宅而得尚書春秋論語
孝經於壁中則此四經者無一字不存也
時以易為上筮之書而不禁
徵惰則此二經者在秦固無恙也唯禮書惡其妨害己之所為
而為秦頓滅至漢初興幸有石經出於淹中里名之儀禮五十六
篇禮記一百三十一篇孔安國既得之於孔壁而河間王又獻

孔聖全書三十五卷　〔明〕蔡復賞撰

明萬曆金陵書坊葉貴刻本

三十一冊　存三十二卷：三至十二、十四至三十五

半葉十行二十四字，白口，四周單邊。版框 21.7×13.4 厘米

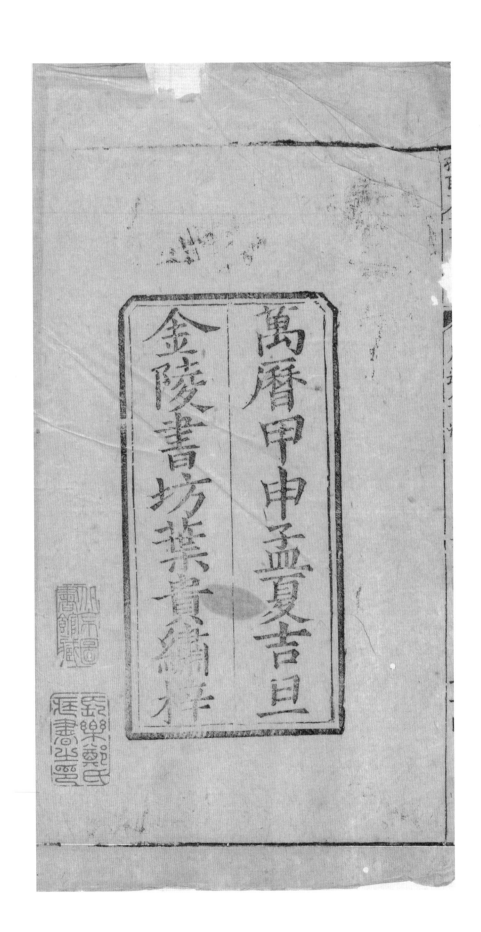

萬曆甲申孟夏吉旦

金陵書坊葉貴編梓

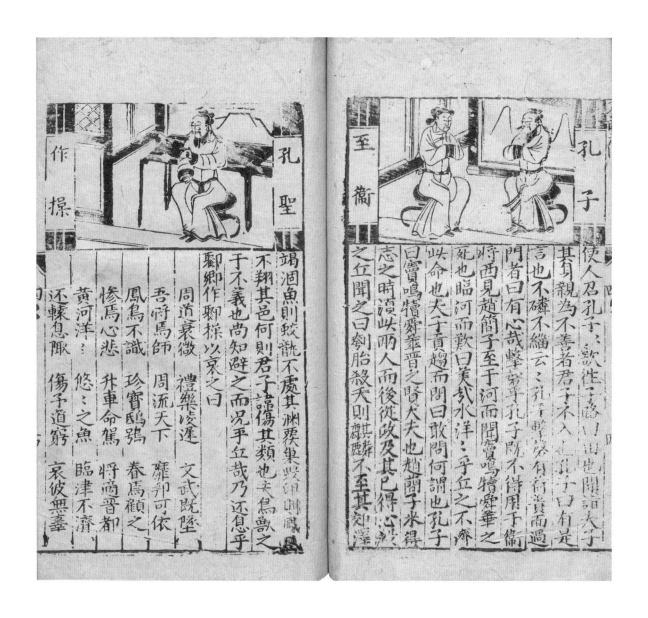

右圖文字（自右向左）：

孔子

至衛

使人召孔子、欲往、子路曰、往也問諸太子
其身親為之不善者君子不入也孔子曰有是
言也不磷不緇云乎孔子轉發有衞靈公過之
門者曰有心哉孔子即而聞之曰果哉末之難矣
將西見趙簡子至于河而聞竇鳴犢舜華之
死也臨河而歎曰美哉水洋洋乎丘之不濟
命也夫子貢趨而問曰敢問何謂也孔子
曰竇鳴犢舜華晉之賢大夫也趙簡子未得
志之時須此兩人而後從政及其已得志殺
之立聞之曰刳胎殺夭則麒麟不至其知澤

作操

竭澤涸漁則蛟龍不處其淵覆巢毀卵則鳳
不翔其邑何則君子諱傷其類也夫鳥獸之
于不義也尚知避之而況乎丘哉乃还息乎
陬鄉作陬操以哀之曰

周道衰微　禮樂浚遷　文武既墜
吾將焉師　珍流天下　雍郢可依
鳳鳥不識　珍寶鷗鶂　春焉雍之
慘焉心悲　升車命駕　將適晉都
黃河洋〱　悠〱之魚　臨津不濟
还棘息陬　傷予道窮　哀彼無辜

新鍥孔聖宗師出身全傳四卷

明刻本

二冊

半葉十行十七字，白口，四周雙邊。上圖下文。版框 21.0×12.8 厘米

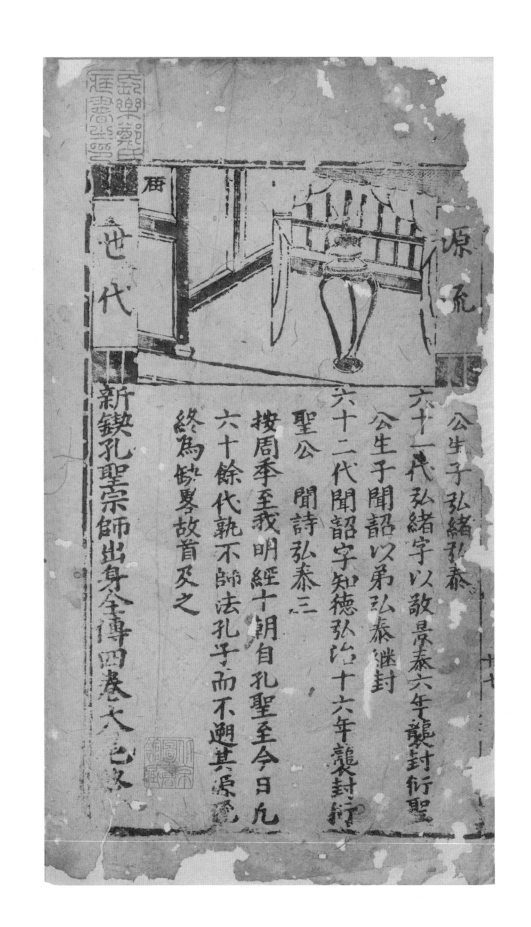

新鎸孔聖宗師出身全傳四卷　大已冬

世代

源流

公生子弘緒弘泰

六十一代弘緒字以敬景泰六年襲封衍聖

公生子聞韶以弟弘泰継封

六十二代聞韶字知德弘治十六年襲封衍

聖公　聞詩弘泰三

按周季至我明經十朝自孔聖至今日凡

六十餘代執不師法孔子而不邇其原流

終為缺畧故首及之

史記世家

漢司馬太史遷譔
宋朱文公熹纂

孔子名丘宇仲尼其先宋人父叔梁紇
毋顏氏以魯襄公二十二年庚戌之歲
十一月庚子生孔子於魯昌平鄉陬邑
為兒嬉戲常陳俎豆設禮容及長為委
吏料量平委吏本作委吏史索隱云一
本作委吏與孟子合今從之　為司職吏
畜蕃息職見周禮牛人讀為職義與柤
同蓋繫義犧牲之方也貟即孟子所謂
乘田　適周問禮於老子餼反而弟子益

進昭公二十五年甲申孔子年三十五
而昭公奔齊魯亂於是適齊為高昭子
家臣以通乎景公有國郡問政一事公
欲封以尼谿之田晏嬰不可公惑之有
李孟吾老二事　孔子遂行反乎魯定公
元年壬辰孔子年四十三而季氏疆僭
其臣陽虎作亂專政故孔子不仕而退
脩詩書禮樂弟子彌衆九年庚子孔子
年五十一公山不狃以費畔李氏召孔
子欲往而卒不行有答子路東周語定
公以孔子為中都宰一年四方則之遂
為司空又為大司寇十年辛丑

聖蹟圖一卷　〔明〕張楷撰

明嘉靖二十七年（1548）瀋藩朱胤栘刻本

一冊

四周雙邊。版框 27.3×28.4 厘米

孔子去魯適衛去衛適陳過匡陽虎嘗暴於匡
孔子狀類陽虎匡人拘孔子五日孔子從者為
甯武子臣於衛然後得去

虎暴於匡　　聖狀偶同

我適北逆　　鳳與鼻音

匪伊其容　　惟聖斯厄

　　　　　　麟殊咒跡

二十九

右孔子世家一通

漢大史公司馬氏所述宋朱文公晦

菴所纂者也文公欲叙聖蹟於魯論

卷首必載諸書所載紛採無統獨

取之首載於史記然其紀該博所顧

有致疑於史記若楚昭王使人聘孔

子將往按是時陳蔡臣服於楚若楚王

絕糧孔子之阨此此之類

來聘孔子皆删之敢圖之阨

不能兼取語孟所載夫子優歷與諸

事問答之間則又詳加註年下以便考證至

於書法之間則又詳加益如孔子反魯

在他國皆不書年若干惟他國反魯

及在魯則歷歷書之以見聖人不忘

本國之意也楷緝是國每事則取史

記所載爲之序讚者以其詳而可考

也至於卷首則全錄文公所纂

者以其約而有斷也億二先正於吾

夫子過化之蹟所以盡心紀載者至

矣愚生小子安敢妄擬於千載之下得

以念鳳禀懵愚洙泗聖教於異端他歧之

以居廣居遵正路弗爲異端他歧之

苟不知報豺獺弗若也故敢忘其

膚淺妄陳一得之愚固知螢爝補太

陽誠慄德而量力然精衛填海水

亦誠慄之所不能已也時

之正統甲子秋七月望日四明張楷式

盥手謹書于西臺公署

述中庸讚

祖述堯舜　憲章文武　上律天時　下襲水土

高明配天　覆幬不徧　博厚配地　持載無外

四時錯運　日月代明　大德敦化　小德川行

文孫子思　極讚先德　敬書卷端　以表聖蹟

先聖小像

四

聖蹟圖一卷　〔明〕張楷撰

明嘉靖二十七年（1548）潘藩朱胤杉移刻本

一册

四周雙邊。版框 27.3×28.4 厘米

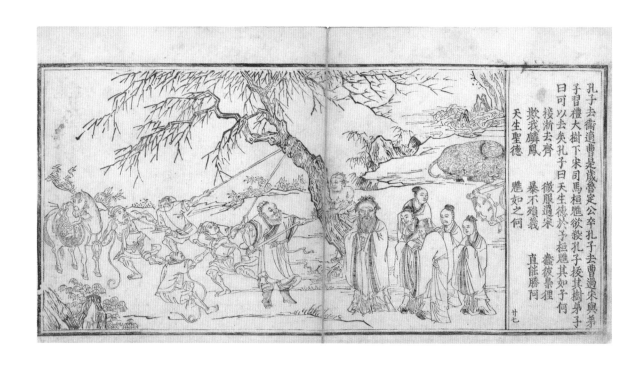

孔子去衞適曹是歲魯定公卒孔子去曹過宋與弟
子習禮大樹下宋司馬桓魋欲殺孔子拔其樹弟子
曰可以去矣孔子曰天生德於予桓魋其如子何

接浙去齊　微服過宋
欺我麟鳳　暴不殉義
天生聖德　蠢彼桑狸
魋如之何　直能勝阿

廿七

史記世家

漢司馬太史遷譔

宋朱文公熹纂

孔子名丘字仲尼其先宋人父叔梁
紇母顏氏以魯襄公二十二年庚戌
之歲十一月庚子生孔子於魯昌平
鄉陬邑為兒嬉戲常陳俎豆設禮容
及長為委吏料量平史索隱云委吏
本作委史一作委之職吏畜蕃息見
牛人頷為犧義伐同益繁此官即孟
子所謂乘田委積所謂委積
周問禮於老子既反而弟子益進昭
公二十五年甲申孔子年三十而
昭公奔齊魯亂於是適齊為高昭子
家臣以通乎景公政二事有囹圄門公欲
以尼谿之田晏嬰不可公惑之有季
老一孔子遂行反乎魯定公元年壬
辰孔子年四十三而季氏彊僭其臣
陽虎作亂專政故孔子不仕而退脩
詩書禮樂弟子彌衆九年庚子孔子
年五十一公山不狃以費畔季氏召
孔子欲往而卒不行東有答問路語
以孔子為中都宰一年四方則之遂
為司空又為大司寇十年辛丑相定
公會齊侯于夾谷齊人歸魯侵地十

聖蹟圖一卷　〔明〕張楷撰

明刻本

一冊

四周雙邊。版框 26.8×27.9 厘米

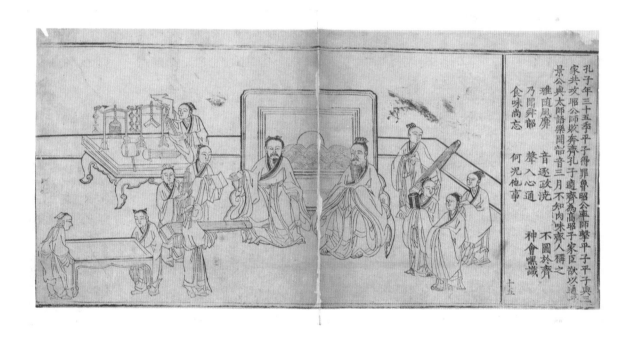

孔子年三十五季平子得罪魯昭公率師擊平子平子與三
家共攻昭公師敗奔齊孔子適齊為高昭子家臣欲以通乎
景公與太師語樂聞韶音三月不知肉味齊人稱之

雅頌風靡　　音逐政流　　不圖於齊
乃閒舜韶　　聲入心通　　神會黑識
食味尚志　　何況他事

十五

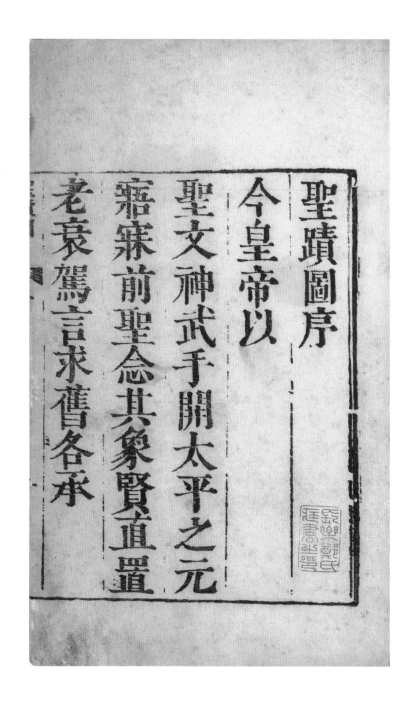

聖蹟圖一卷

明崇禎刻本

一册

四周單邊。版框 18.4×16.2 厘米

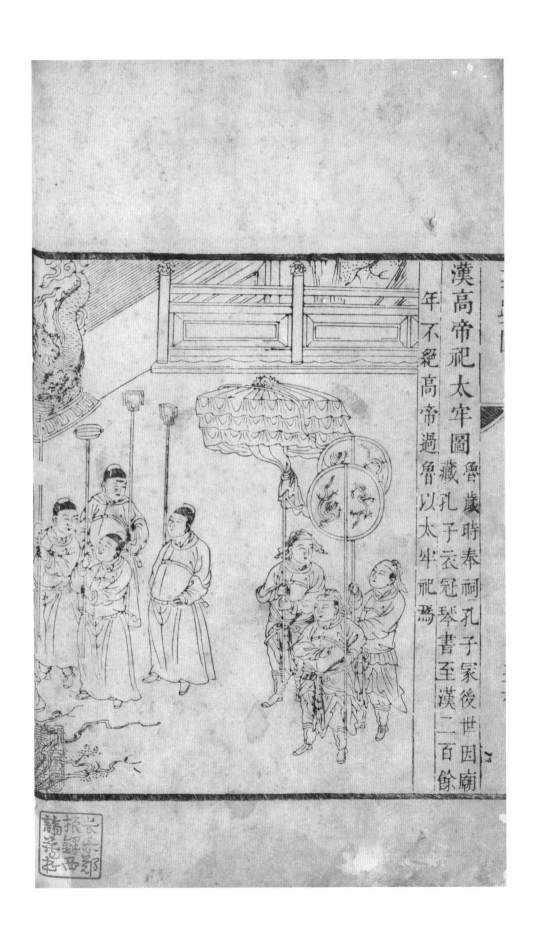

漢高帝祀太牢圖

魯歲時奉祠孔子家後世因廟
藏孔子衣冠琴書至漢二百餘
年不絕高帝過魯以太牢祀焉

尼山致禱
周靈王之十九年實
齊襄公之二十年是
年聖母顏氏禱於魯
尼丘山明年乃生孔
子說生皆上圩頂象
尼丘因名丘字仲尼

聖蹟圖一卷

明刻藍印本

一册

四周雙邊。版框 28.9×26.1 厘米

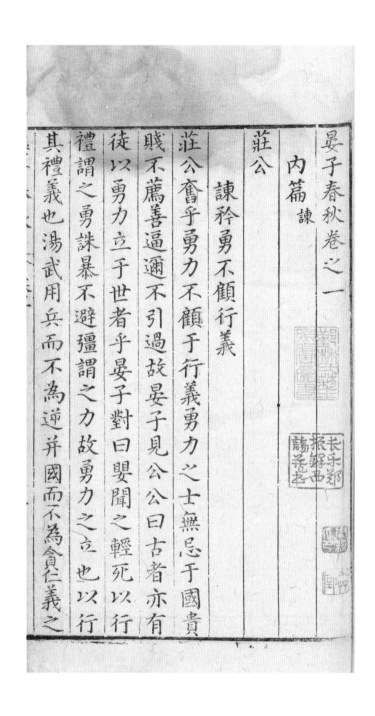

晏子春秋卷之一

內篇諫

莊公

諫矜勇不顧行義

莊公奮乎勇力不顧于行義勇力之士無忌于國貴
賤不薦善逼邇不引過故晏子見公公曰古者亦有
徒以勇力立于世者乎晏子對曰嬰聞之輕死以行
禮謂之勇誅暴不避彊謂之力故勇力之立也以行
其禮義也湯武用兵而不為逆并國而不為貪仁義之

晏子春秋四卷

明萬曆十六年（1588）吳懷保刻本

二册

半葉九行二十字，白口，四周單邊。版框 20.4×13.1 厘米

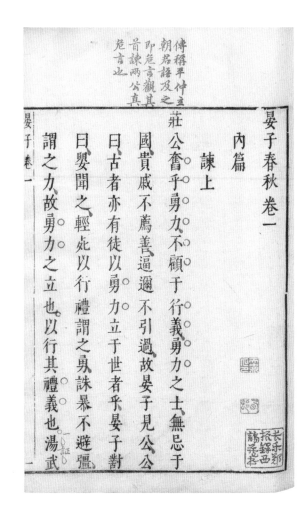

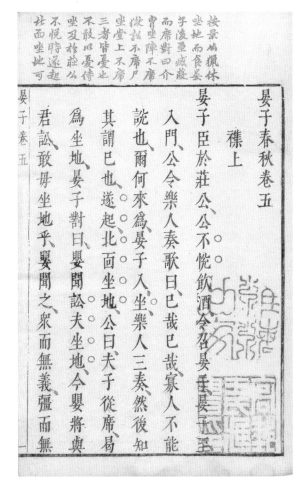

晏子春秋六卷

明凌澄初刻朱墨套印本

四冊

半葉八行十八字，白口，四周單邊。版框 20.2×14.6 厘米

聖蹟圖誌卷一

蒐采羣書

聖帝經文緯武嘗得其吉光片褚如同拱璧郎如箴世
四語紫陽朱夫子披閱篆文每句綴以贊詞風竹詩自
寫其堅貞雨竹詩自鳴其憂患睹碑碣者恍夜聞風雨
聲也至於文告七劄米南宮書之於帖焦太史蒐葺摹
石正陽門關廟迄今宛然若帝戡定武功載在衆書如
常璩華陽國志司馬溫公資治通鑑李燾續通鑑長編
朱紫陽通鑑網目皆班班列他如江表傳米南宮集
謝陞季漢書鄧元錫函史李延壽此史諸葛武侯全書

十

聖蹟圖志十四卷　〔清〕葛崙輯

清雍正十一年（1733）刻本

一册

半葉十行二十一字，白口，四周單邊，無直格。版框 20.4×14.8 厘米

采謝東君意 丹青獨立名

編風竹詩

三五

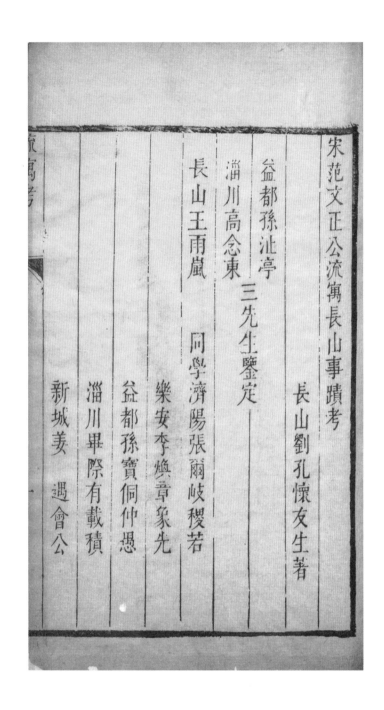

宋范文正公流寓長山事蹟考　長山劉孔懷友生著

益都孫泚亭
淄川高念東　三先生鑒定
長山王雨嵐

同學濟陽張爾岐稷若
　　　樂安李煥章象先
　　益都孫寶侗仲愚
淄川畢際有載積
新城姜　　遇會公

宋范文正公流寓長山事蹟考一卷　〔清〕劉孔懷撰

清康熙刻本

一冊

半葉九行二十字，白口，四周單邊。版框 18.6×12.2 厘米

米襄陽志林十三卷 〔明〕范明泰輯　米襄陽遺集一卷海嶽名言一卷寶章待訪録一卷研

史一卷 〔宋〕米芾撰 〔明〕范明泰輯

明萬曆三十二年（1604）范氏清宛堂刻舞蛟軒重修本

四册

半葉九行十八字，白口，左右雙邊。版框 21.6×14.4 厘米

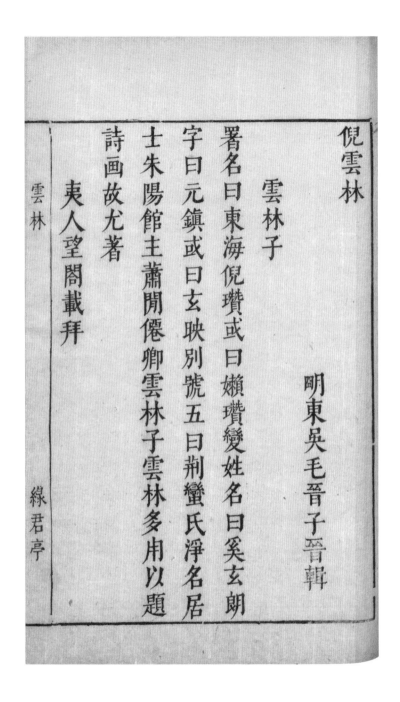

明東吳毛晉子晉輯

倪雲林

雲林子

署名曰東海倪瓚或曰嬾瓚變姓名曰奚玄朗

字曰元鎮或曰玄映別號五曰荆蠻氏淨名居

士朱陽館主蕭閒傲卿雲林子雲林多用以題

詩畫故尤著

夷人望闍載拜

雲林　　　綠君亭

倪雲林一卷　〔明〕毛晉輯　　**題畫詩一卷**　〔元〕倪瓚撰　〔明〕毛晉輯

明末毛氏綠君亭刻本　鄭振鐸跋

一冊

半葉八行十八字，白口，四周單邊，無直格。版框 20.5×14.2 厘米

一九五二年十月二十八日購於

北京富晉書社價一萬元

西諦

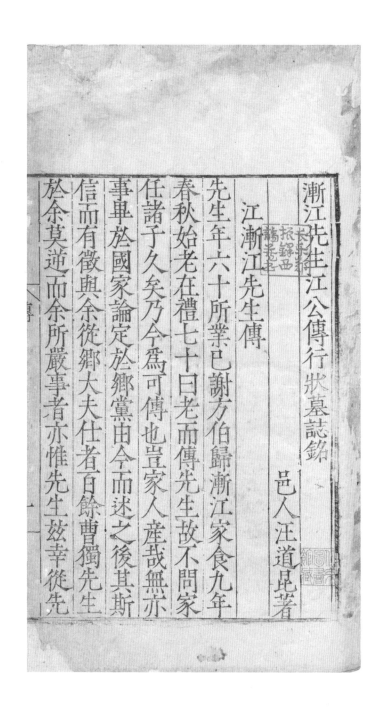

漸江先生江公傳行狀墓誌銘一卷　〔明〕汪道昆等撰

明萬曆刻本

一册

半葉九行十八字，白口，左右雙邊。版框 18.8×13.4 厘米

君之義斯重命　臣出仕少效驅馳近得家書知

子零丁相吊莫此爲甚然以愛子之情逾深忠

廣負今年七十有六毋吳氏今年七十止生一

催糧奉法惟謹未幾糧完解部管納已記臣父

生除授前戢嘉靖元年正月十五日到任　臣即

恩放回終養事　臣原籍直隸徽州府休寧縣人由監

奏爲乞

　臣黃文卓謹

山東等處承宣布政使司濟南府歷城縣縣丞

歸養錄卷一

夫士言豈私家君哉所以勸天下之爲

人子者也亦所以勸天下之爲人臣者

也其言公其心公哉而私之若諸大夫

士何家君默然謹梓焉以傳時

嘉靖七年戊子秋八月望不肖男階頓

首拜書于後

歸養錄九卷 〔明〕黃階輯

明嘉靖黃階刻本

一冊

半葉十行二十字，白口，四周單邊。版框 18.0×13.0 厘米

〔畢自嚴家敕命誥命〕不分卷

明萬曆刻朱藍套印本

一册

半葉五行十字，白口，四周單邊。版框 22.1×15.0 厘米

奕功穆宣主菱茅膺□

於貝翰推雞微於奸

述茲用加封爾爲淑

人六珈之服彌崇四

德之規益勵

制文　誥

萬曆四十七年九月三十日

之　寶

洮岷邊備知參政事畢自嚴生祠志一卷 〔明〕楊恩等撰

明天啓刻本

一册

半葉九行二十四字，白口，四周單邊，無直格。版框 22.4×14.2 厘米

16484（12585）

祠在大道之南面癸而坐丁長護

北闕永鎮西郛喬木參天疊水橫亘為堂五楹額曰功在西

土廠三以委神左右二室以藏衣冠祭品東西各三楹以

安斷役厨爨泉之上為橋為亭額曰其清如許四時丁東

叶人謳吟外為樓三楹額曰畢公生祠左右各土棚二以

居工祝外為屏屏之北為官廳三楹後官住足

烏環植以綠楊紅杏行人得食其實庇其陰祠後官田一

既付二祝以為香火費云

　　　　　　　　　　　督工指擇楊承芳

洮岷邊備知參政事畢公生祠記

今制為

國家綏靜疆圉真安中夏者督撫臺臣撫其綱郡國守相分其

獸至宣德連情察吏安民則監司最稱煩難然莫難于邊道

以併治兵民安攘之難論邊道于秦隴尤莫難于洮岷為熟

制畨虜兩戢之難又邊長兵寡民貧地瘠欲以威外惠中而

得畨歡心蓋亦甚不易矣山東畢公以進士高第歷中外

所至有聲歲丁巳以邊望擢備洮岷邊事甫三載而畨虜帖

然軍民安堵莫不怗恃依之屬榆塞有急晉二階餉兵靜邊

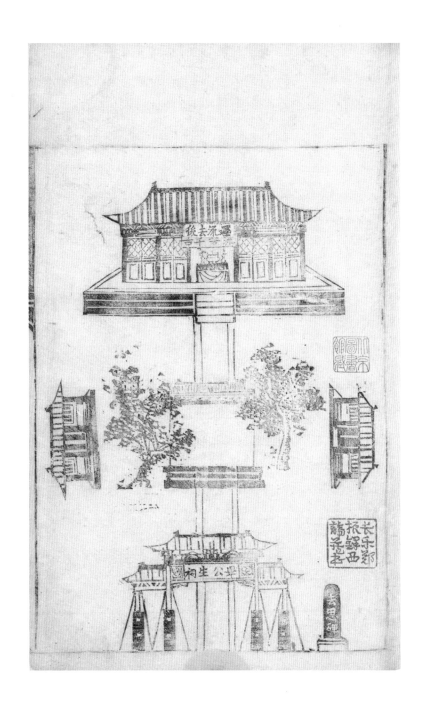

陝西右布政使備兵靖邊道畢自嚴生祠記一卷　〔明〕張廷玉等撰

明天啓刻本

一冊

半葉九行十四字，黑口，四周單邊。版框 22.4×15.3 厘米

陝西右布政使備兵靖邊道畢□公

生祠碑記

延州為秦北戶靖邊又延州北戶

衝連榆夏登戍樓隨鸝鴻入眼者

胡兒胡騎草引寒沙蘇武愁邊人

蓋靡不苦范閫云按宋范文正公

以使相出燕大將賊兵瑕不當范

甲堅賊膽大不當范老小故軍丁

范軍閫曰范閫我

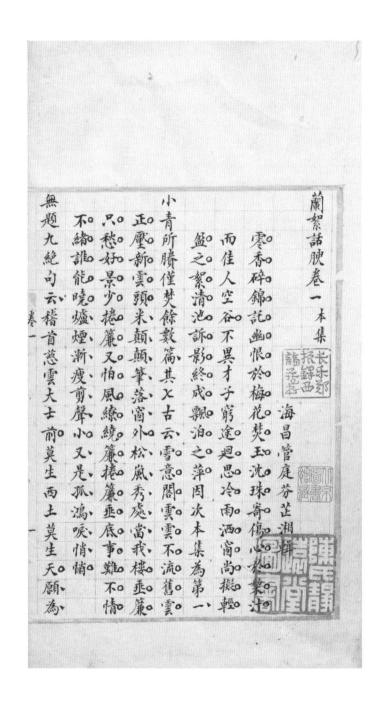

蘭絮話腴四卷　〔清〕管庭芬輯

稿本

一册

半葉十行二十二字，白口，左右雙邊。版框 19.2×13.9 厘米

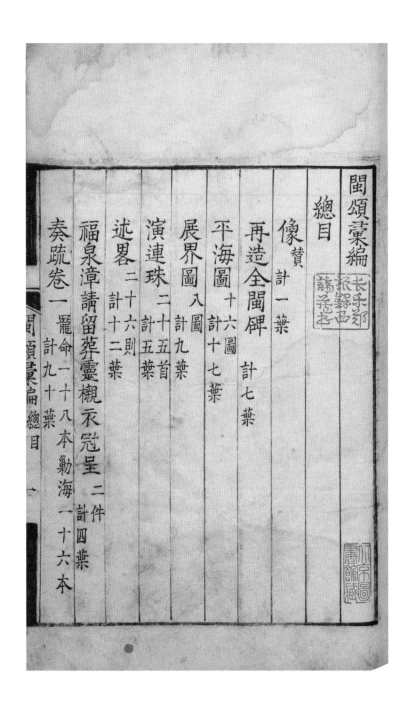

閩頌彙編

總目

像贊　計一葉

再造全閩碑　計七葉

平海圖十六圖　計十七葉

展界圖八圖　計九葉

演連珠二十五首　計五葉

述畧二十六則　計十二葉

福泉漳請留葬靈櫬袞冠呈二件　計四葉

奏疏卷一罷命一十八本　計九十葉　勒海一十六本

閩頌彙編四十卷

清康熙刻本

一冊　存一卷：述略

半葉十行十九字，黑口，四周單邊。版框 18.2×13.8 厘米

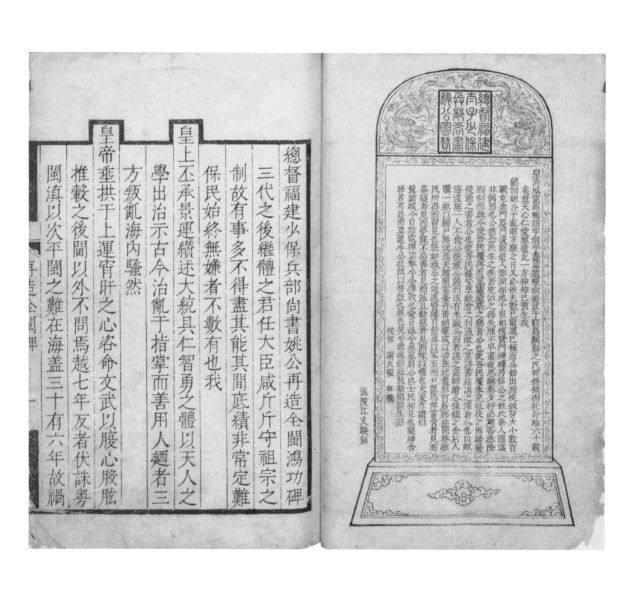

總督福建少保兵部尚書姚公再造全閩鴻功碑

三代之後繼體之君任大臣咸斤斤守祖宗之
制故有事多不得盡其能其間底績非常定難
保民始終無嫌者不數有也我
皇上丕承景運繼述大統其仁智勇之體以天人之
學出治示古今治亂于指掌而善用人廼者三
方叛亂海內騷然
皇帝垂拱于上運宵肝之心咨命文武以腹心股肱
推轂之後閩以外不問焉越七年反者伏誅閩
閩滇以次平閩之難在海蓋三十有六年故禍

侯官　謝天樞　拜撰

溫陵江文映刻

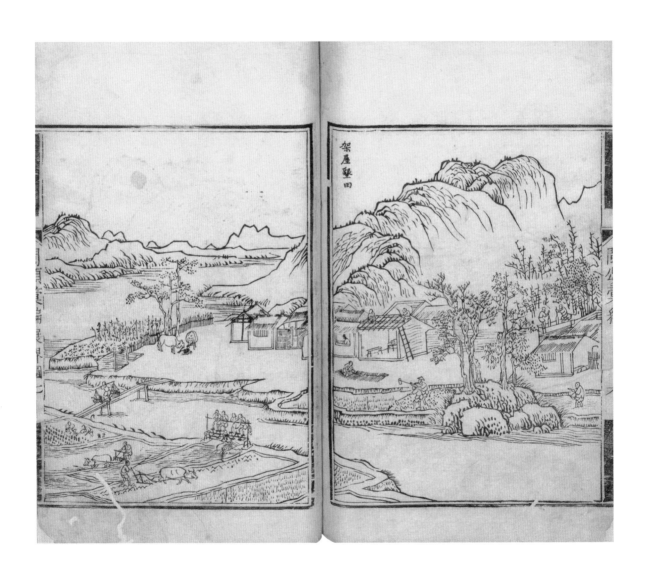

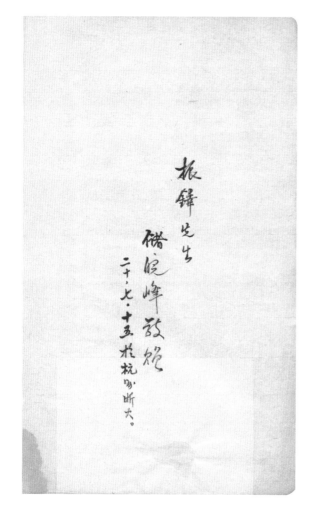

閩頌彙編四十卷

清康熙刻本

一冊　存圖：平海圖、長樂福清二縣展界圖

半葉十行十九字，黑口，四周單邊。版框 18.0×13.8 厘米

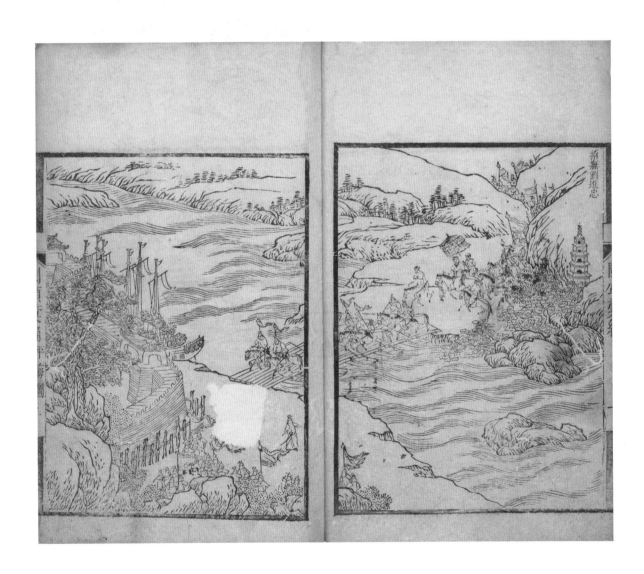

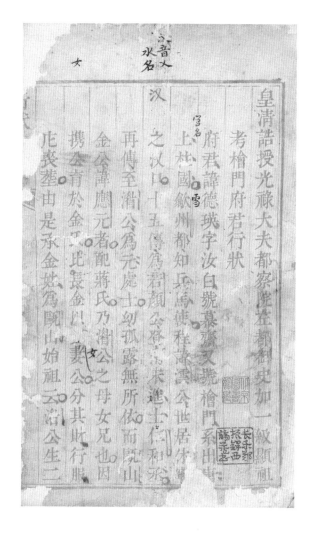

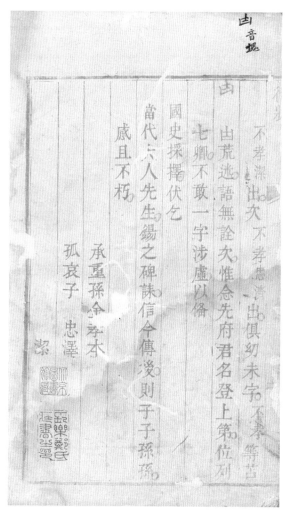

檜門府君行狀一卷 〔清〕金忠澤等撰

清乾隆二十七年（1762）刻藍印本

一册

半葉九行二十字，白口，四周雙邊。版框 23.9×15.0 厘米

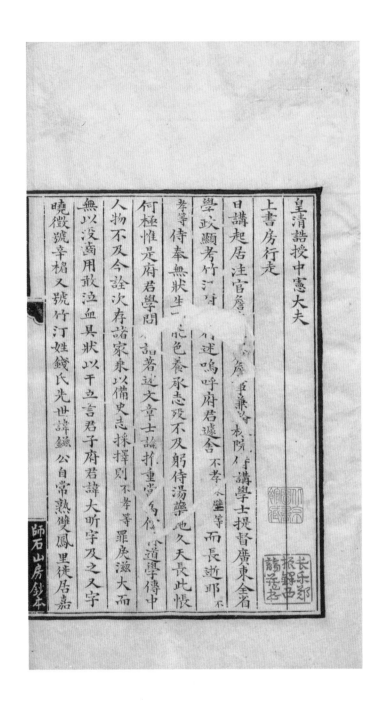

竹汀府君行述一卷　〔清〕錢東壁、錢東塾撰

清姚氏師石山房抄本

一冊

半葉九行二十六字，黑口，四周雙邊。版框 18.8×13.2 厘米

當代文章鉅公矜而察之墓銘神道衰誄輓歌唯命所賜不孝等死
且不朽

不孝孫衰子東墅
東塾泣血稽顙謹述

誥授資政大夫兵部侍郎兼都察院右副都御史巡撫江蘇等處地
方提督軍務兼理糧餉後學汪志伊頓首拜填諱

往歲戊辰予同二三友人薄遊茅山會溪雨連旬兀坐一室老
道以所藏牒供繕閱竟日無可意者最後得史翰林致身録讀
而撫掌曰草除多疑事讀史者羙不央之悲得此足發覆矣詢
其得之由則成弘間史之商孫常携以遊道士窺而竊之者也
袖之歸尋亦失去今闋五十餘年抬救蘆中得之完好如故
曰嘆草余余英難節義而史末有聞讀兹録而藝險不二　建文
君卒有賴焉不齊諸俠烈士矣然史之子孫失之抬前予亦失
之抬後草除之多疑義若有閟而惜之者然今幸　聖天子已

史翰林致身録小引
明贈詹事府右春坊右諭德秣陵焦竑撰

後三歲卒合葬小旬原子五人晟吳昌昂孫十一人珩璜玉
瑜璵璠琳琬瑞珪瑶曾孫二十二人府君嘗曰禮嫡庶異禮袟
吾富推行於家其析産令諸子不得與長子齒且曰後世子孫
可守此法毋廢也其見於治家者又如此其他隱德奇節未易
悉述府君藝阮六十年末有耒其墓者其曾孫鑑始為狀請予
與鑑相知火矣益嘗觀其家世力本輔以禮義文雅恭然為江
南之望意其積之者必深且長不然何其盛至此乃今得府君
之為人而益信焉惟唐李翔汲之於得昌黎韓子銘其祖之墓
合於禮所謂知而益傳之意是以君子與之况由其祖椎而及
其上者鑑其孝也哉嘗成化庚子月日

致身録一卷　〔明〕史仲彬撰　**附編一卷附録一卷**

清康熙八年（1669）史在相刻本

一册

半葉十行二十四字，白口，四周雙邊。版框 20.9×13.7 厘米

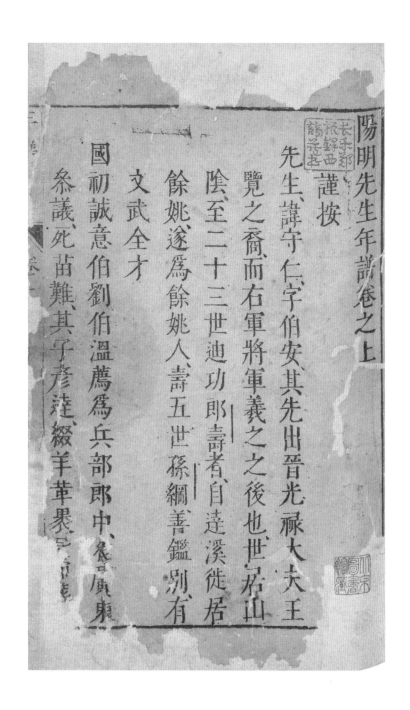

陽明先生年譜一卷 〔明〕李贄撰

明萬曆三十七年（1609）武林繼錦堂刻陽明先生道學鈔本

二冊

半葉九行十八字，白口，四周單邊。版框 21.5×15.1 厘米

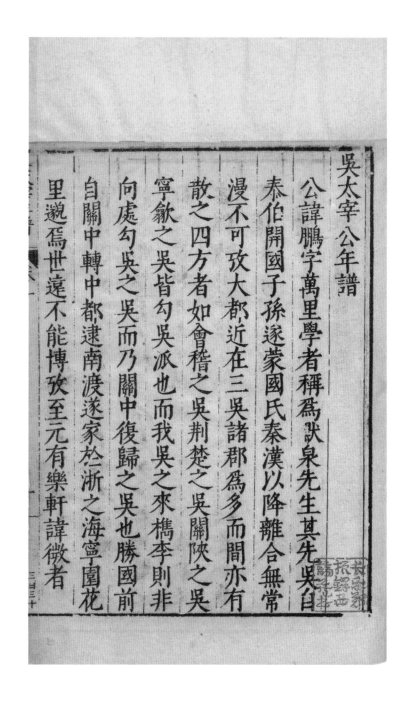

公諱鵬字萬里學者稱爲狀泉先生其先吳自
泰伯開國子孫遂蒙國氏秦漢以降離合無常
漫不可攷大都近在三吳諸郡爲多而間亦有
散之四方者如會稽之吳荆楚之吳關陝之吳
寧歙之吳皆勾吳派也而我吳之來檇李則非
向處勾吳之吳而乃關中復歸之吳也勝國前
自關中轉中都逮南渡遂家於浙之海寧圉花
里遯焉爲世遠不能博攷至元有樂軒諱徽者

吳太宰公年譜

吳太宰公年譜二卷　〔明〕吳惟貞撰

明萬曆刻本

二冊

半葉九行十九字，小字雙行同，白口，左右雙邊。版框 18.8×13.6 厘米

15636（8737）

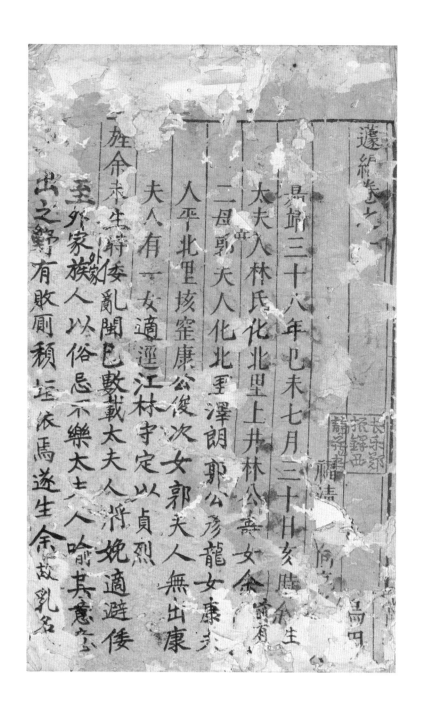

蘐編二十卷　〔明〕葉向高撰

明崇禎刻本

五册

半葉十行十九字，白口，左右雙邊。版框 20.2×14.1 厘米

乾隆三十五年庚寅

元旦舉筆勤修職業禮樂文章鳴

遷喬鹿鳴持尺桃李芝蘭春華秋實　周甲符九

文泰德一富貴康強懋承　慶澤

元旦　旭日曈曨祥煙靄郁已午同瑞雲繽紛慶雲子正二刻起盥洗朝

服飲食畢肩輿玉正陽門後砌闕詣東華門入直

玉圃　駕已於　奉先殿行神還宮久憩南齋

茶果并諠　懋勤殿神寅正出乾清門詣駕

上詣墨子行禮仍玉直次宮殿間香燭煇爛如白晝

爆竹之聲如雷電交作欲未曾見此郭斌業早入因白見之

〔**王文莊日記**〕不分卷　〔清〕王際華撰

稿本

二冊

半葉十行字不等，白口，四周單邊。版框 18.0×11.8 厘米

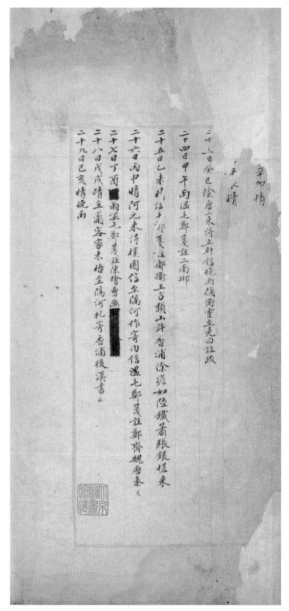

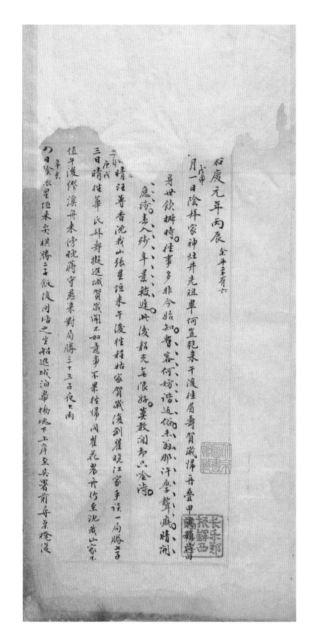

壺中日記不分卷　〔清〕葉鈞撰

稿本

一冊

半葉八行三十餘字，白口，四周單邊。版框 21.5×10.8 厘米

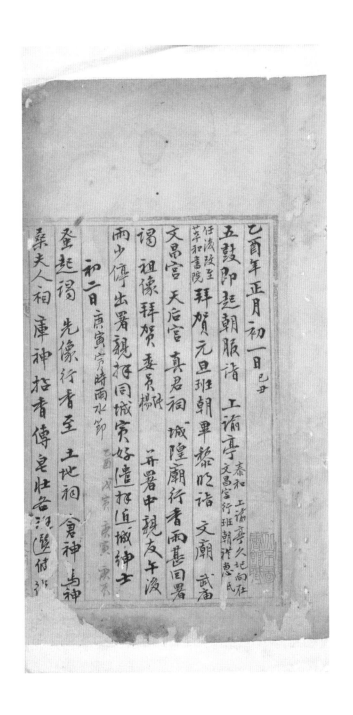

[徐迪惠日記] 不分卷 〔清〕徐迪惠撰

稿本

六冊

半葉九行字不等，紅格，白口，四周雙邊。版框 19.1×12.6 厘米

云先之，記於氣忘積習俱也予竟墨若因問至初此
衣剋署粮厫主進署濁亭何日於完予答以李寅壽
棄此作宰不知抵完且秦邑也城益之科甲仕官共邑宰
賓紳春兩稅郷紳吾生監職責而已若筆故重堪邑宰
吾當先抵賀我不抵完署粮厫主誤而即去予知
彼之事也為食人所使揮秉清息也我不先抵完彼將
即求完兄矣先忘何為乃於粮厫之生也出矣不知即
傳但倦我抵前兩日云來兄都來者不往抵由有
教筆後竟可雖入吾之門似之不遂不憶所先覺云

一諭也二八絕魚玉而優禮正士宋之秉性也在任鄰緫始如一
一秦紅積廢已久最整肘亮莫如漕孫予於九月廿四問
倉收漕社名神單漕書以楊厫於忠上未如千健以陳三
元三工米若干

郘亭日記不分卷 〔清〕莫友芝撰

稿本

一册

半葉十二行字不等，紅格，白口，左右雙邊。版框 19.3×12.4 厘米

咸豐十年十二月二十三日壬午朝飯後發懷寧縣廣
村行十五里至石庫宿捩繩見同閻錫三哥泉日小
靈渡陰道湾小易進
二十四日癸未飯後崔小舟泝漢西南行三十里登岸
莖江家右順風陰洲路三里許經湾以四輪牛牽運
紹發遇馬守愚文縣孝童方已孫邁青寶數霍才閘
局收洲課當晚後同宿
二十五日甲申立春陰崖西石舟泝大江上三十里泊
吉陽鎮課堰艇順風
二十六日乙酉陰順風冒雨泝溝路十五里至吉陽鎮
閩海晴煇縣承還舟泝華陽鎮口登岸訪
泊向晚與錫三及繩晚登岸宿市人家大雨微曉

咸豐十年
辛酉
正月小寅戊　初九日戊戌亥正三雨水
二十起戊寅卯　十四日癸卯辰正三春分
三大起乙卯丑　十七巳未巳正三清明
二十己丑丑寅卯　廿一甲寅寅初十五穀雨
二十三甲辰巳卯酉　廿六戊戌丑正立夏
六小戊子卯申　小滿
七大丁巳卯丑酉末　二十卯夜子初三十芒種
八小丁丑卯丑　廿二甲午未初一夏至
九大戊申午末　廿五甲申申初一小暑
十大戊寅申未　十八辛酉丑正二大暑
十一小己酉丑末　初二丙寅卯正立秋
十二大己卯未戊　廿五己未戊正三處暑
十二大戊申戊末己　初十甲戌未巳正白露

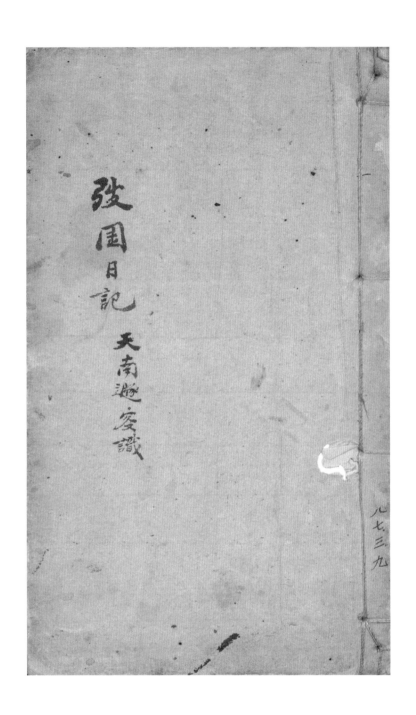

弢園日記不分卷　〔清〕王韜撰

稿本

二冊

半葉八行字不等，紅格，白口，四周單邊。版框 18.3×10.1 厘米

趣窟閒鈔

湫水齊廬主人□題

六月九日馬眷叔觀察招飲同席戴伯衍飼勉夫朱靜山許筑

廿黃水村有威飲皂目與金色州移往吉院見招同坐馬車往時

中國人頗熱閙滬上繁華此爲一斑閒真銷金之鍋包

六月十日禮拜天氣殊熱杜川不出外川事勒蔟殊不可耐

十有一日元赴吉院東瀛先元武磁末訪先元餞其國僅六蒙序鬼英

十有三日在家悶坐買人田嵩嵗招飲村鄭桂舫詞史家未赴

造紙局獻

付梛戶元付長福欽三付那扇戶分付兒二元

付吉市政于丞室租二元付皂�将十二兩元付僕尾刼元

付氣庫二元付還主爹勒付船錢之百文付任官包

許而元中住邊許丞會大付陳馬薄出銀七十文付哭巷卯錢二

人壹百文付拯元二十文楊鳫五百文之付糶卯錢子

付俞永泉堂儿夏付俞永泉廣玉笙界不二元付褚幼夫人

武元付厚節夫人壹元付厚瑯子之弘有順肺侵子孕九嵗色亡

承官付武元付船戶二元文付武元銭七弘文付任官二元之元

付船戶武元付船戶元文付武元鄉序尹人二百文　共用三壹六元

付戶視酬僟二元桃泥武元鄉序尹人二百文　萧後五元

錦祥雲爛為五色仙驪六百日遑

殿者雷利見者龍被身若天孫之

天子朗廷此六字祝題褒然舉首綰

於都休哉章縫士一旦對筴

明狀元圖考序　大學士四明沈一貫譔

明狀元圖考五卷　〔明〕顧鼎臣撰　〔明〕吳承恩、程一楨補

明萬曆三十五年（1607）吳承恩、黃文德刻崇禎增刻本

二冊　存二卷：一、四

半葉九行二十字，白口，四周單邊。版框 20.3×13.8 厘米

明狀元圖考

句吳大學士顧鼎臣孫祖訓彙編

新都後學

程一楨君寧父　校益

黃文德承甫父　全閱

吳脩道敬夫父

黃應澄兆聖父　繪圖

黃應纘嗣宗父　書考

吳承恩君錫父

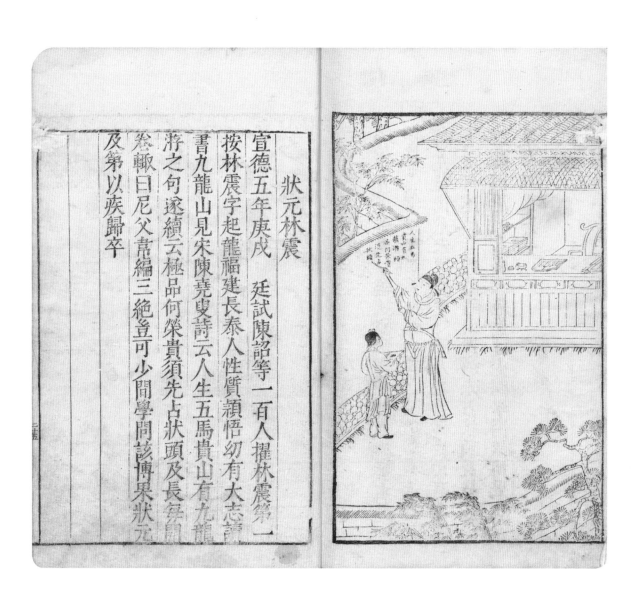

狀元林震

宣德五年庚戌　廷試陳詔等一百人擢林震第一

按林震字起龍福建長泰人性質穎悟幼有大志讀

書九龍山見宋陳堯叟詩云人生五馬貴山有九龍

蔣之句遂續云極品何榮貴須先占狀頭及長業聞

叅輙曰尼父彙編三絕豈可少間學問該博果狀元

及第以疾歸卒

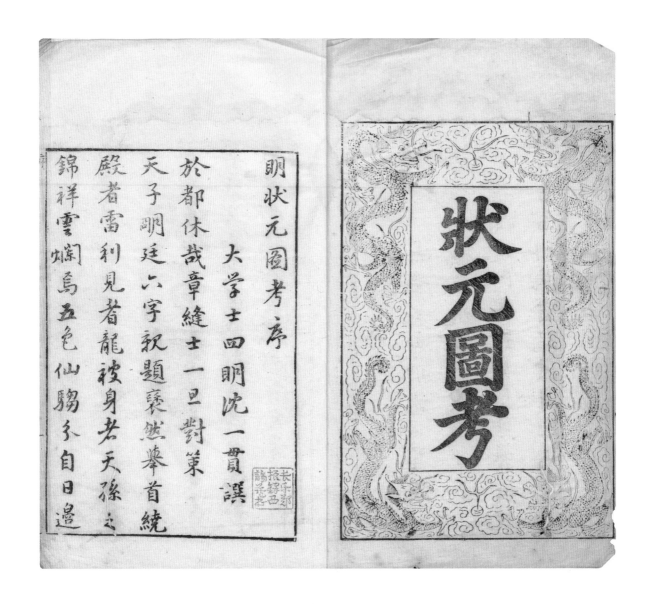

明狀元圖考五卷 〔明〕顧鼎臣撰 〔明〕吳承恩、程一楨補

萬曆三十五年（1607）吳承恩、黃文德刻崇禎增刻本

二冊

半葉九行二十字，白口，四周單邊。版框 20.1×13.8 厘米

狀元圖考六卷　〔明〕顧祖訓撰　〔明〕吳承恩、程一禎補　〔清〕陳枚增訂

明萬曆三十五年（1607）吳承恩、黃文德刻清初陳氏文治堂增刻本

二冊　存二卷：一、二

半葉九行二十字，白口，四周單邊。版框 20.9×13.8 厘米

狀元圖考六卷　〔明〕顧祖訓撰　〔明〕吳承恩、程一楨補　〔清〕陳枚增訂

明萬曆三十五年（1607）吳承恩、黃之德刻清初陳氏文治堂增刻本

六冊

半葉九行二十字，白口，四周單邊。版框 20.4×13.8 厘米

15835（9234）

狀元圖攷一書為寓內珍賞久矣但舊刻
始自洪武辛亥科止于崇禎戊辰科後此
睿闈喬未備玆刻不憚婆心廣為蒐輯考
核詳確圖繪精工不惜重貲壽之梨棗彰
其福報永錫令名誠鉅觀也復增人
國朝鼎甲諸公呂資博覽脧謹據管見止

詳年譜疊歷未及徵應夢占尚有先世隱
德暨躬行善果顯載斯編者幸詳錄郵寄
武林文治堂書坊授梓用成全璧庶有志
未逮跂予望之
　　　　　古杭陳枚簡俣甫謹識

殿狀元圖考目錄卷之一

高祖　孝陵

洪武四　年辛亥吳伯宗　江西撫州府金谿人
一洪武十八年乙丑丁　顯　福建建寧府建陽人
洪武二十一年戊辰任亨泰　湖廣襄陽府襄陽人
洪武二十四年辛未許　觀　直隸池州府貴池人
共武二十七年甲戌張　信　浙江寧波府定海人
一共武三十年丁丑陳　䢷　福建福州府閩縣人
一洪武三十年丁丑韓克忠　山東兗州府城武人

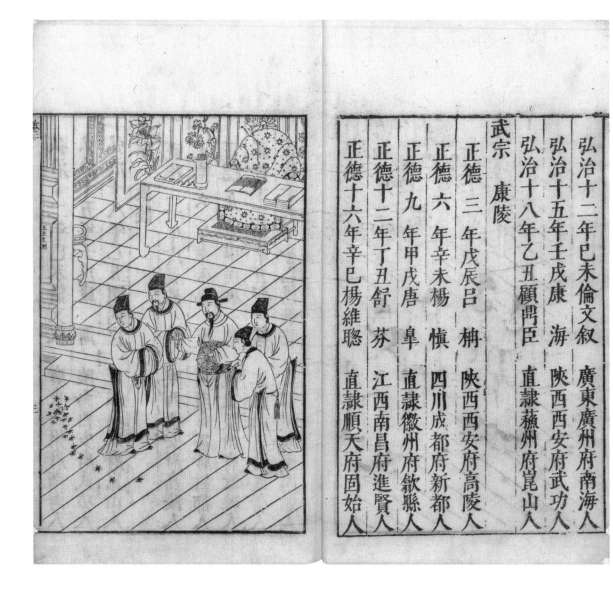

武宗　康陵

弘治十二年巳未倫文叙　廣東廣州府南海人

弘治十五年壬戌康　海　陝西西安府武功人

弘治十八年乙丑顧鼎臣　直隸蘇州府崑山人

正德三年戊辰呂　柟　陝西西安府高陵人

正德六年辛未楊　慎　四川成都府新都人

正德九年甲戌唐　皋　直隸徽州府歙縣人

正德十二年丁丑舒　芬　江西南昌府進賢人

正德十六年辛巳楊維聰　直隸順天府固始人

右半葉（自右至左）：

恥之於人〇全章　　趙衍

舜之居深〇一節　　薛芟

有安社稷〇三節　　沈亂成

聖人治天〇四句　　秘于反

形色天性〇一節　　黃士塏

知者無不〇一節　　徐秉義

晝信書則〇二節　　徐潮

聖人百世〇全章　　張正書

縶縶曰楷〇全章　　趙衍

齊餓陳臻〇全章　　祝萬樞

口之於味〇全章　　汪鶴孫

孟子曰逃〇全章　　趙衍

有布縷之〇一節　　成德

言近而指〇二節　　徐秉義

左半葉：

學而時習　一節　韓菼

學以時進極形其不自己之心焉、夫非時習而後說而說卽在時習中
也〇學之所以蓋不已也且吾薏夫知其事而為之者初無固苦之一
說也強之必所不安迫之以其貯慧難必不能以終日而獨知之而能
為之則必有得焉者矣故夫一事而可以終身為者其必非作而致其
情可知也〇夫學矣天下美好之端為恒情所甚慕而或或
若為情不屬則無如何也而獨有志于學則固將以是為吾身之物而
非有所矜將于其間然古今事理之致其聯數每多而或否為情不深
亦無如何也而獨益精于學則又將以是為吾心之物而自不禁流連

新刊詳註縉紳便覽不分卷

明崇禎洪氏劊劇齋刻本

一冊

半葉十三行字不等，黑口，上下雙邊或單邊。版框 24.2×16.7 厘米

夫縉紳之後以尊
朝廷明職守辨高卑實仕局之統金窮達之數條也
學人官抱才達年弱冠而登彡彡書掄青紫列縉紳
如拾芥然乃又有學究家睹首而終彡躅一命艱如
縉紳如登天然故曰家令統條烏目縉紳者術乃
晉階于朝縉紳江佩服其學士大夫能不顧名硯義
居其位勤其事清其操期其不負報許也邪至於尊
之崇卑地之遠近治之煩簡民之淳頑與夫局之
冷熱大造向有黙數
朝廷自有宣制銓曹前有衡鑑非人意所得遷就而
觀覦也者易曰君子思不出其位又曰王臣蹇蹇
匪躬之故吾於縉紳家云無三致意云
　　　　泰衡居士索于剏朔洪氏齋中

內閣

中極殿　大學士志傅燕太子太傅吏部尚書周延儒　宜興人癸

建極殿　大學士志傅燕太子太保戶部尚書張至發　山東淄川人

文淵閣　大學士太子太保戶部尚書張至發

文淵閣　大學士太子太傅戶部尚書賀逢聖　楊州

武英殿　大學士少傅燕太子太傅吏部尚書張四知　山東

建極殿　大學士少傅燕太子太傅吏部尚書

文淵閣　大學士少傅戶部尚書謝陞　山東德州人

文淵閣　大學士太子少傅戶部尚書魏炤乘　直滑縣

文淵閣　大學士　禮部尚書陳演　四川井研人

文淵閣　太學士　禮部

東閣

東閣

詹事府掌府事禮部右侍郎兼侍讀學士雷躍龍　應天上元人

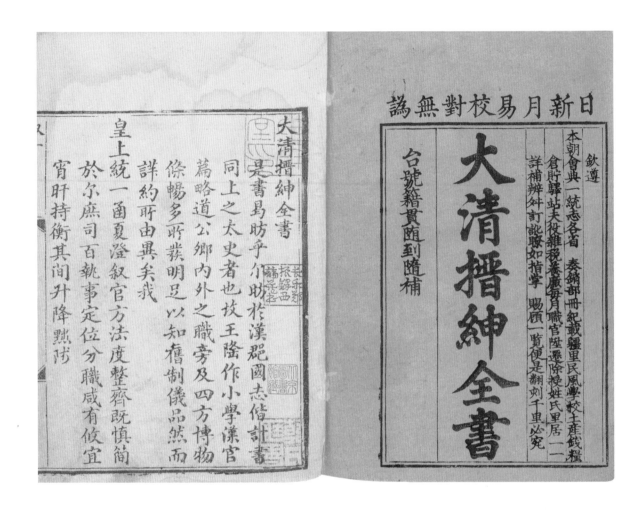

乾隆縉紳全書不分卷

清乾隆刻本　鄭振鐸跋

四冊

半葉十六行，大小字不等，白口，四周雙邊。版框 21.1×15.8 厘米

仁懷廳　永進　江西上猶人　監四四年四月題　知縣借楚來朝　河南宜陽人　甲二十五年閏五月補　養

恭學義縣　衝繁難附府地丁銀萬六千八兩○島江馹○相川馹○松坎馹○相川馹

智縣加級一　黃朝棟　堂社　廣東長樂人　敘義四三月選　養廉四百兩　教諭　喻彥聖　修文人　舉四十三年九月題

桐梓縣　鐵簡府　李元極　舉府北一百二十里地丁銀三千六十八兩○養廉四百兩　教諭　王士譪　石圩府人　舉三十九年選

訓導　袁昂　都勻人　貢四十二月題　典史　江濤　山東濟州人　舉三十六年二月題

訓導　王賢　平越人　貢十四月選　典史　李正鴻　山西岳陽人　俊七十一月題

智縣加級一　沈世增　舉府東一百三十里地丁銀四千四百五十一兩○養廉四百兩　教諭　王正鴻　山西岳陽人　秀七月選

綏陽縣　鐵簡府　浙江仁和人　舉四十三月題　教諭　羅麟　都勻人　舉三十六年選

訓導　汪若談　銅仁人　貢四十四月選　典史　姚鵬　浙江錢塘人　生二十七年選

正安州　鐵簡府東木七百六十里地丁銀二千五百六兩　學正　蔣親曾　麻哈人　舉三十二月選

智加級一　佟提　奉天旗人　貢四十月歷　典目　郭德溥　湖北漢陽人　生五十月題

訓導　王國璜　開泰人　貢六四月選　銀二千一百三十九兩○養廉五百六兩

三環縣　鐵府西北百八十里地丁銀二千一百四十兩　教諭　陳名龍　泉人　舉七十月補

智縣加級一　程正坤　堂原四川墊江人　舉九四月選　典史　孟產　浙江會稽人　生七月補

訓導　張緯明　甕安人　舉五月選

前見湯喜齋潘氏有康熙縉紳錄詫為宇見跋
之者頗多三年前于於杭州得崇禎縉紳錄則
當為今知的最早的一部了頃於琉璃廠遂雅齋
見遺乾隆戊戈（四三年·公元一七七八年）的縉紳全
此為时代較晚而内容包羅甚廣於輿圖外每
府均註發缺中缺簡缺以及風俗學校土產
和養廉銀数每縣更有地丁銀数雜稅銀数倉穀
石数和办公銀数是大好的清代中叶的經濟史
料也不僅々記载戢官姓氏而已因啞收之
典業禎一部並度於架上時一九五七年二月
二十日色大佳漸遠春意久鬱的情懷變也
殊是暢適西諦記

一〇〇五

華氏傳芳集卷之一

華孝子傳　齊史

李延壽

華寶晉陵無錫人也父豪晉義熙末戍長安寶年八
歲父臨行謂曰須我還當為汝上頭長安陷寶年至
七十不冠婚或問之寶輒號慟彌日不忍荅也齊建
元三年表門閭

華孝子故址記

高　明

惠山寺之西偏當泉水之上有三賢祠按志書今祠
址華孝子所居也初祠久廢吳人王彬始復倡建既

華氏傳芳集八卷　〔明〕華允誼、華毓琮等輯

明末刻本

四册

半葉九行二十字，白口，四周單邊。版框 21.9×14.8 厘米

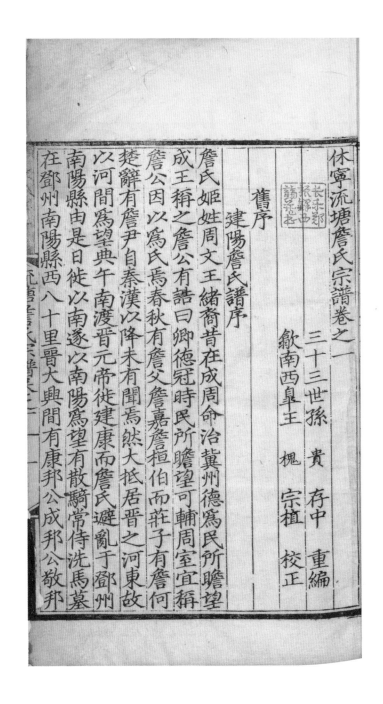

休寧流塘詹氏宗譜卷之一

三十三世孫　貴　存中　重編

歙南西皐王　槐　宗植　校正

舊序

建陽詹氏譜序

詹氏姬姓周文王緒裔昔在成周命治冀州德爲民所瞻望
成王稱之詹公有諱曰卿德冠時民所瞻望可輔周室宜稱
詹公因以爲氏焉春秋有詹父嘉詹桓伯而莊子有詹何
楚辭有詹尹自秦漢以降未有聞焉然大抵居晉之河東故
以河間爲望典午南渡晉元帝從建康而詹氏避亂于鄧州
南陽縣由是日徙以南遂以南陽爲望有散騎常侍洗馬墓
在鄧州南陽縣西八十里晉大興間有康邦公成邦公敬邦

休寧流塘詹氏宗譜六卷　〔明〕詹貴纂修

明弘治十二年（1499）刻本

一册

半葉十二行二十三字，黑口，四周雙邊。版框 22.9×16.2 厘米

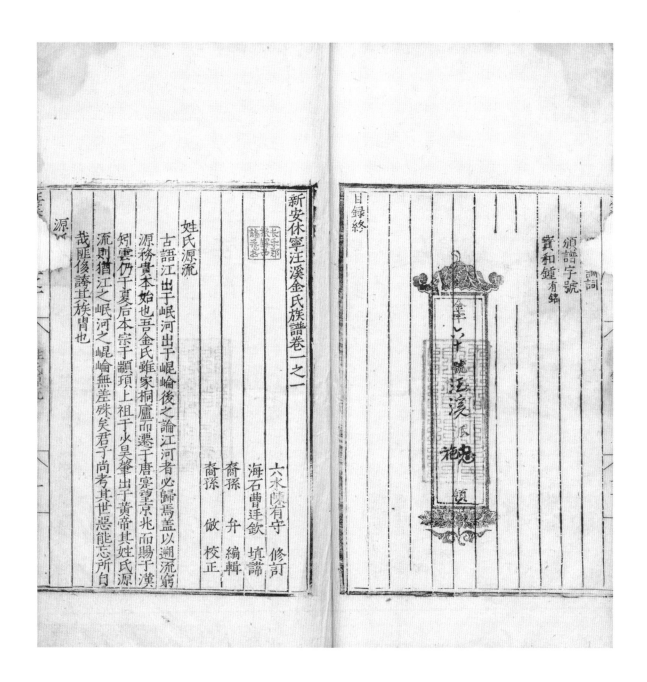

目録終

頒譜字號

寶和鍾有銘

新安休寧汪溪金氏族譜卷一之一

六水陳有守　修訂

海石曹廷欽　填諱

裔孫　弁　編輯

裔孫　做　校正

姓氏源流

古語江出于岷河出于崐崘後之論江河者必歸焉盖以遡流窮

源務實本始也吾金氏雖家桐廬而遷于唐寔望京兆而賜于漢

剡雲仍千夏后本宗于顓頊上祖千火昊肇出于黄帝其姓氏源

流則猶江之岷河之崐崘無差殊矣君子尚考其世惡能忘所自

哉匪後誇其族胄也

源

新安休寧汪溪金氏族譜五卷附錄一卷　〔明〕金弁、陳有守等纂修

明嘉靖三十二年（1553）刻本

二册

半葉十二行三十二字，細黑口，四周雙邊。版框 27.1×18.5 厘米

兄于形渥之虞奂抑豈并所獨成哉其

始鵶金庀工則天鑰公浩公汝學公以

及茳弟袍其復協志贊理則瀾公崑生

公遷公璨公以及從兄冠其前供事則

族祖鈇公後乃族弟行可其校正則弟

傲云矧昔歐譜成而廬阜改色蘇譜成

而眉山增高人文氣運黙與之相通夫

曰必黙之理也雖然詩有曰假以溢我

頋其收之駿惠我文王魯孫蔦之假溢

之收吾諸人已求塞其責矣而惠蔦之

責後世之為子孫者尚思所以繼序之

而不忘也哉是在於諸後人也於乎是

在於諸後人也

嘉靖癸丑夏裔孫弁書

程典序

余故知新安程巢父者有良史才弦覈詳
密叙辭淹雅似司馬遷班固韓愈乃不究
于用也及今
國家開史局時而巢父死父美惜哉然巢
父竟以不得志而蘊其才無所表見則始
試之于一郡一邑一家郡邑有志家有典
史之流耶而巢父所爲典者愈難遽深沉

程典三十二卷　〔明〕程一枝纂修

明萬曆二十六至二十七年（1598－1599）刻本

一冊　存三卷：譜録一卷、集録一卷、附録一卷

半葉十行二十五字，小字雙行同，白口，左右雙邊。版框 22.3×14.7 厘米

集錄弟二　　　　　　　　　　　公平公房斯武次

一校曰三宋先正所箸述皆易淪中謨唐補紀頗爲博廣率皆

散侠諸有繫於姓姓與諧謀爲表裏相與並行則世忠錄貽範

集且徵錄諸書是巳紀系載數莫箸於諧論本事而近文莫書

於集總出其梎具于集序大任者出所造也

先宗集敍一

世忠錄爲公英武高世當梁時以布衣起義禦襲景之亂境內頼

以保全陳高祖平定海宇公爲佐命上將殁而配享廟庭其功烈

固巳顯矣鄉人追感其義乃相與祠之神踪上閣詔賜廟額

應建今九百餘禩不懈益虔來嘉定間郡以守土長吏始得薦豝

曰世忠歷代遵之求垂祀典正統更申予以文名天下予讀碑記三

事于祠下廟門有碑羅寧州所撰也鄂州所撰文

復之顧瞻黃墩而嘆曰非山川之勝也以發人物之偉非文章之

集錄第二　　　　　　　　　　　　　　　　　　先宗集二

新安有地曰黃墩忠壯程公之祠在

給領族譜字孫

祖宗名諱事蹟皆載族譜子孫萬宜
寶藏每年清明前日各房長先自稽
考至清明會祭日帶付宗祠房長記

字號給宣仁支二十二世兆奎收據

首衆共查騐如有損壞及鬻非族者
罪坐不孝定加攻宪祠譜先削其名
示戒祖宗靈爽寅之中實共鑒之

休寧宣仁里王氏譜序

萬物本乎天人本乎天春親
上本乎祖者人多親其親天則亦惟
各親雲礿故天下平焉洹追心爲治
多術矣而子與氏乃以親之長之考狙
乎之而且曰並此事易而世反求之

休寧宣仁王氏族譜十二卷　〔明〕王宗本纂修

明萬曆三十八年（1610）刻本

四冊

半葉十行二十四字，白口，四周單邊。版框 25.8×17.2 厘米

休寧宣仁王氏族譜一

宣仁支二十一世裔孫宗本脩誤

孫文垣恭訂

譜圖

自世人誇張門藉徃徃胡越爲親多有冐引之孃要之族不
孃遠唐虞夏商周間水源木本歷歷可遡者則推一人爲鼻
祖族六不孃近下逮唐宋支流派別時地可尋者則推始遷
爲一世祖吾王氏自周靈王太子晉以及一世自唐公翃由
太原遷遷宣仁自一世以及今二十五世其間子姓森々爨
若指掌非匪區區冐引者比用悉次之簡端羹墻其如見乎

休寧宣仁王氏譜

二一

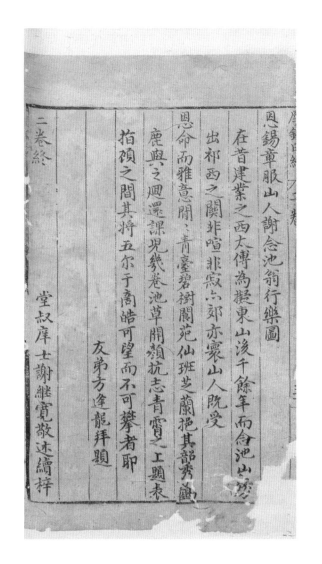

厚銘日記四卷　〔明〕謝朝元撰

明天啓刻本

四册

半葉九行二十二字，白口，四周單邊。版框 21.8×14.2 厘米

紫陽朱氏統宗世譜

文公長支世系

序曰韋齋公尉尤溪假館鄭氏生文公遷韋齋公歿于
建之水南遺命文公師事籍溪草堂屏山三先生以家
屬之少傅劉公子羽少傅爲築室崇安五夫里文公奉
母祝夫人遷而居焉遂爲崇安人文公晚年遷韋齋公
治命卜居建陽之考亭又爲建陽人居建陽八年而歿
歿後二十七年是爲寶慶三年其季子侍郎公佐其兄
子中散公相宅建寧城闉復爲建安人迄今長支世居
建安以侍郎深源公尚理宗公主所居稱駙馬街世廕
翰博居之

九世　十世　十一世　十二世　十三世

紫陽朱氏統宗世譜十卷

明萬曆二十七年（1599）刻本

一冊

半葉十二行二十三字，白口，四周單邊。版框 23.3×17.4 厘米

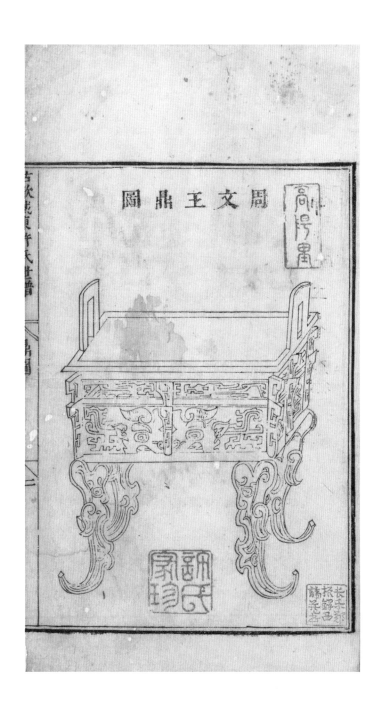

重修古歙城東許氏世譜八卷 〔明〕許光勳纂修

明崇禎七年（1634）刻本

十六册

半葉十行二十六字，白口，四周雙邊。版框 24.3×17.1 厘米

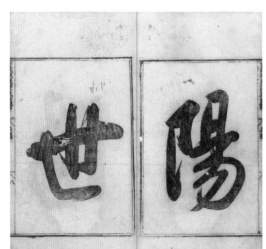

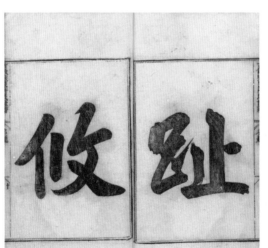

禮部尚書兼
翰林院學士

董其昌書

歙城東許氏文譜卷之一

遷公

十五世孫養

十六世孫素巖

十七世孫還春

下園徐氏族譜一卷　〔明〕徐官纂修

明隆慶元年（1567）刻本

一册

半葉行字不等，白口，左右雙邊。版框 16.6×12.4 厘米

自顕寄顔

志欲盡讀天下書。以力之微而購索
之難。更欲盡交海內士。以處之畢而
結納之不易。敬承父師遺訓居廉處
約。混跡樵漁自適其適求無愧於心
而巳　　　　　榆菴主人徐官

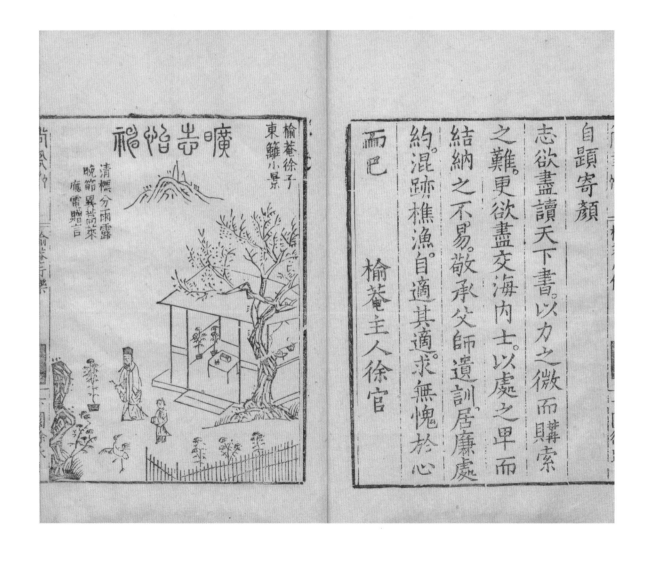

榆菴徐子
東籬小景

曠岩怡裕

清樾分雨露
晚節異蒿萊
廇霄贈言

族

儡曰隹宗邑也必在宗主宗衆之所屬也別子
爲祖繼別者爲大宗大宗者百世不遷同姓之
所共宗也繼高祖者繼曾祖者繼禰者
曰小宗小宗者五世則遷者也同衆者宗之宗
有主道焉故宗主之義無所不通書曰汪漢朝
宗于海海川之宗也於乎熟玩宗字意味水
本本原之思其可一日忘乎

族之爲言簇也取團聚意從於旗屬喜者以旗
致萬民從矢夆鋒收束其形若簇古人好生之心
觸事而發設而不用也同姓曰族實取聚意遠則
疏近則親尊祖故敬宗故收簇

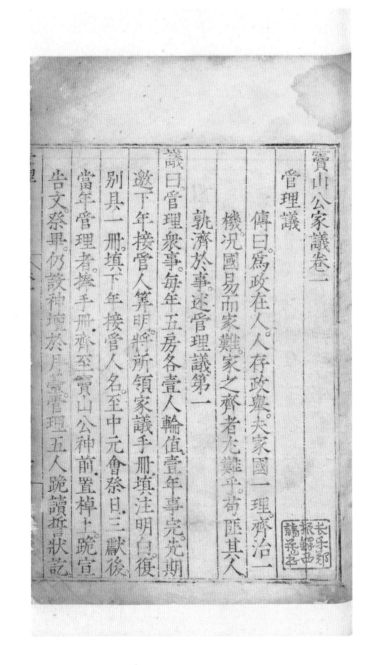

寶山公家議七卷附録一卷 〔明〕程昌撰 〔明〕程鈁增補

明萬曆三年（1575）刻本

五册

半葉十行二十一字，白口，四周雙邊。版框 19.4×14.0 厘米

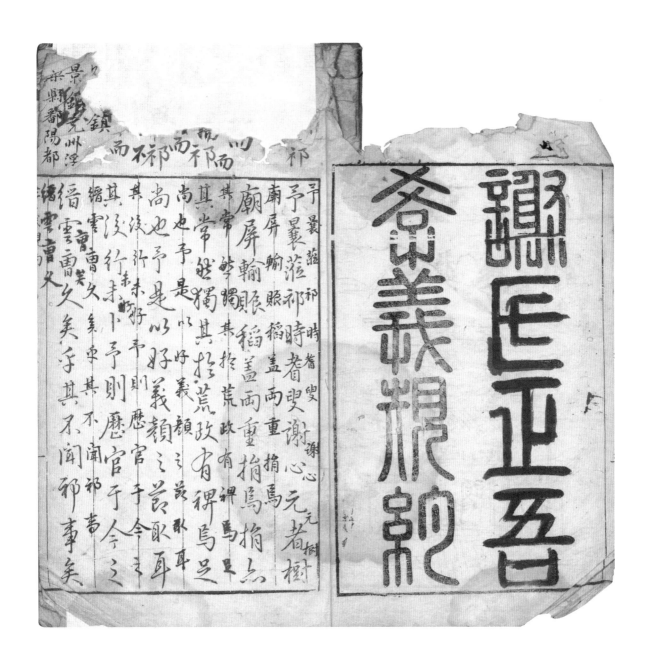

謝氏正吾孝義規約一卷　〔明〕謝心元撰

明萬曆刻本

一册

半葉八行十六字，白口，四周單邊。版框 22.2×15.1 厘米

餙廟垣輸賑稻舉賓延種～懿嫩則書于

田以供歲時俎豆戶部余公記之悉美其

當代盛美大條謝公碑之詳美其主倉置

一言于遑暇閱歡巔末其代石樹坊以章

仲伯正吾先生孝義規約見示更歙予

舍休文仕行以稅試來京師過喭予出其

單闕之歲予承重讀禮于家遷桑梓謝上

敘登仕佐郎正吾謝次君孝義

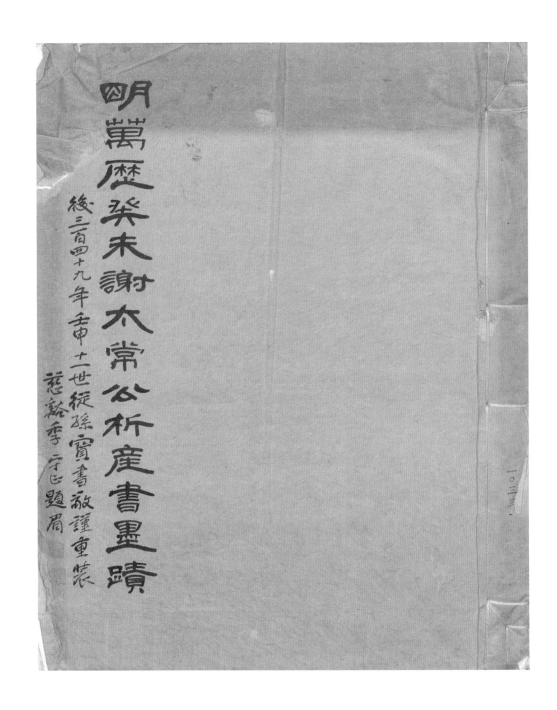

萬曆癸未謝太常公析產鬮書不分卷

明萬曆抄本

一冊

半葉十二行，字不等，無欄格

夫人之生子欲其承宗祧以繼本體也為人

以盡人子之心然有滅絕彝倫忤逆

心也予每見富貴之家子孫多有不孝祖父母而陷於憲者資　理者皆因縱私　忘區

孫多有孝養祖父母而致表揚者此皆因良心之存與不

崇辱為間或予年及七旬有八痼疾纏綿三子或存或亡或其主

或庚今春始授其業既受之後皆當恪守先業務學曾閱之志孝養

父母生事死葬豈特飲食哀戚而已哉母以嫡庶而各立其門亡世

居而不相顧眄毋以小利而即生妬忌予將瞑目矣是為序

萬曆十一年歲次癸未二月穀日蘭軒居士書

史

史部 —— 地理類

000

大明清類天文分野之書卷之一

吳分野

斗牛在丑。自斗三度至女一度屬吳越分。揚州

今淮南自廬州〔今廬州〕舒〔今安慶府〕濠〔今鳳陽府〕和〔和〕滁州〔並真州〕眞〔今儀真縣〕

揚州〔揚州淮安並常州〕楚〔安泰通無爲兩浙蘇府〕蘇州府嘉興府

府湖州杭州府杭常〔常州〕潤〔鎮江〕明〔寧波府〕秀府〔嘉興府〕湖

溫台衢〔並金華〕婺府〔金華府〕江南之江寧。〔應天府〕越〔紹興府〕嚴〔處〕

府洪南昌府撫〔撫州瑞州〕筠府〔瑞州〕袁〔泰州〕慶〔贛州〕府饒〔饒州〕信〔信廣〕

府撫府〔撫州〕筠府〔瑞州〕袁府〔泰州〕慶府〔贛州〕吉府〔吉安〕

大明清類天文分野之書二十四卷 題〔明〕劉基等撰

明初刻本

九册 存二十一卷：一至十九、二十三、二十四

半葉八行二十字，小字雙行同，黑口，四周雙邊。版框28.2×15.6厘米

直隷名勝志卷之一

　　　　閩中曹學佺能始著

順天府領州五縣二十二

易曰湯武順乎天而應人益

文皇帝靖難時龍興于此因以之自命一云寔　國

初之北平藩司而遼金元之別都也曰廣陽曰范

陽曰析津曰大興漢元狩以後迄于勝國益嘗郡

之其大要不出于幽燕二名周禮職方東北曰幽

州釋名在北幽昧之地故曰幽也又曰燕之爲言

燕也其氣内盛而燕宛也郡國志云箕星散爲幽

直隷名卷志　卷之一　　　　　　　一

大明一統名勝志二百八卷 〔明〕曹學佺撰

明崇禎三年（1630）曹學佺刻本

五十冊　存一百八十一卷

半葉十行十九字，白口，左右雙邊。版框 20.2×14.0 厘米

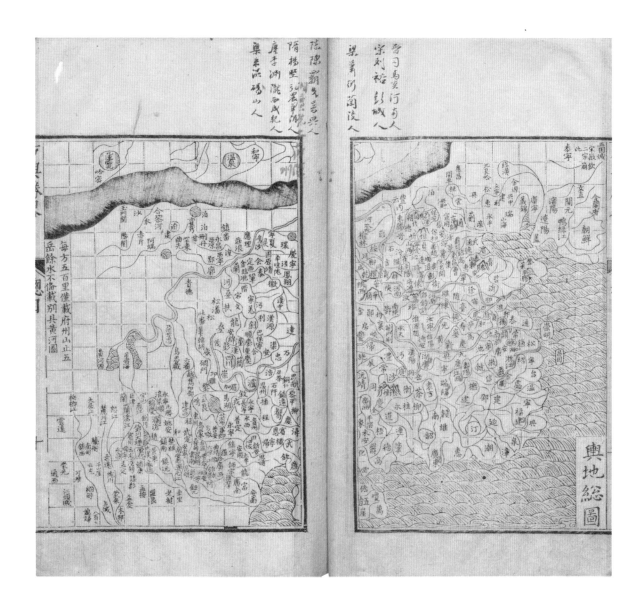

方輿勝略十八卷外夷六卷　〔明〕程百二等撰　**又一卷**　〔明〕唐時升等輯

明萬曆三十八年（1610）程百二刻本

八冊

半葉十行二十字，白口，四周雙邊。版框 19.6×13.7 厘米

右頁：

少保桂蕚曰謹法周禮職方氏取内京十三省四
夷約所爲圖者十六稍加叙次蓋蕚詳略而冠曰
墨圖要肌見別五服等華夷審方官人任土作貢
戢農兵謹封守興地利飭八卅斜邊逆敦北恊
鳳土時勢江亘軍罘遠能遞之沼皆不出此衞又
將曰明我
皇上所巳光昭丕業克成
天心眷惟蠱好生一念庶天下百司悴衞知所礪而
不忝没畀志云

金華張翺清書

左頁：

方輿勝畧卷一

新安程百二輯

北京

京師

古幽薊之地左環滄海右擁太行北枕居庸南襟
河濟形勝甲於天下所謂天府之國也遼金元雖
嘗於此建都然皆以夷狄入中不足以當形勝之
勝至我
太宗文皇帝乃龍潛於此及纘成大統遂建爲北京
而遷都焉于以統萬邦而撫四夷真足以當形勢

京師順天府

云蠱神熠燿若曰以昏暮飛入人家為祟事之作蠱
害人即有利益不則反被其害有不用其術者以釵
釧等物置之道旁俾他人得焉名嫁金蠶畏帽取帽
入其家則蠱神擕矣凡川湖閩粵皆有此事不特猺
獞為然聚而成村曰峒峒各有長婚姻先結草屋外
居謂之入寮自入寮後多殺牲畔則妻黨畏之不尔
謂之懦怯餘俗五溪三江諸猺相同

方輿勝略外夷六卷終

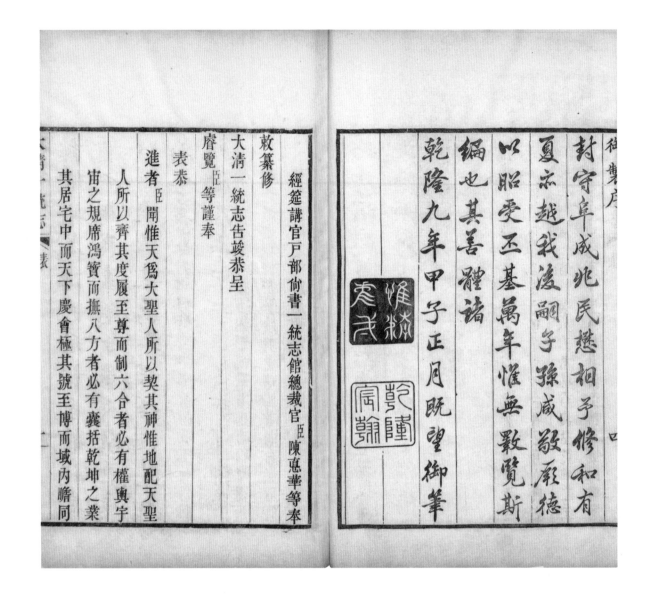

大清一統志三百五十六卷 〔清〕蔣廷錫、王安國等纂修

清道光二十九年（1849）薛子瑜活字印本

一百四十册

半葉九行二十一字，小字雙行同，白口，四周單邊。版框 21.7×15.0 厘米

16577（9570）

大清一統志卷之一

京師

京師形勢雄固，土地深厚，滄海環其東，太行擁其西，

喜峯古北諸關衛其北，南面而臨天下，兗豫荆揚

皆在襟帶，自古都會之勝，無過於此，在周為燕，名

公封國，漢為要郡，唐為重鎮，遼會同初升為燕，

始建都焉，金為中都，元為大都，明初為燕王封國，

永樂元年，建北京，稱行在，十九年，稱京師，洪熙初，

復稱行在，正統中，始定為京師，我

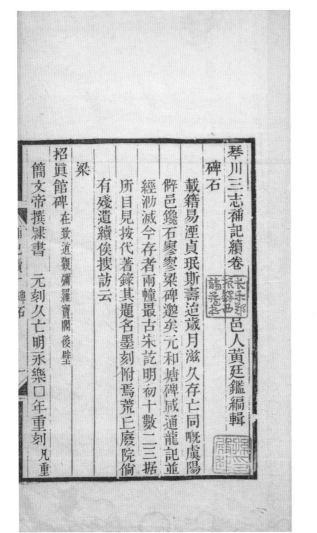

琴川三志補記續八卷 〔清〕黃廷鑑撰

清道光十四年（1834）漱藝齋刻本

二冊

半葉十行二十一字，黑口，左右雙邊。版框 17.5×12.5 厘米

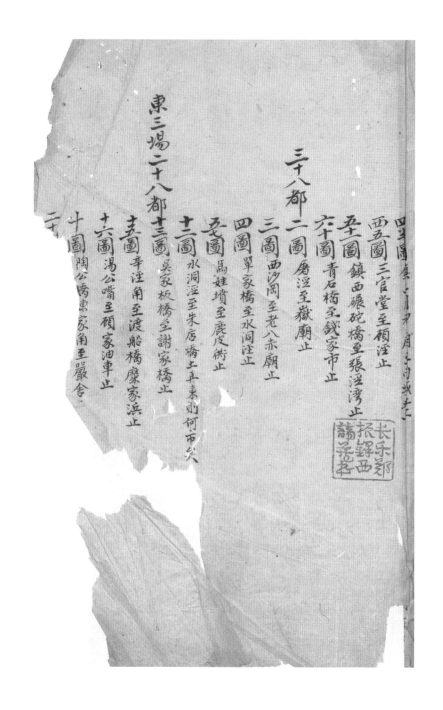

支塘小志不分卷 〔清〕周昂撰

清抄本

一册

半葉十四行三十七至四十字，無欄格

不同君秋中秋看已過向人猶皓月對客且高歌把酒忽無語開愁凄又多花淚衣袂冷徘徊桂影薄如□

懷抱惨不樂離羣余闌何半年踪形影□望陽山河淪茫人在吾生吾多頭顱紛各白忽後斬經過

周子若將〈郡賦詩別余以此答之

太湖鄉園露理不麦草来徘徊感一馬羽翼聽分半亦何恤出羞感因互行行君遠程是我踦時踏黃河
涙不流恭出蘆州天地是高溪人生那先炙金闌報國心清荊蓑家流既怒爲子難爲且蓝獨易多余云
吾顧晚亦傷於長安店有道一意柳券諫行藏合努刀我是草元吾明月雖雨心遊雲去無根

　　　　　　　　　　　　　　　　　　　　　　　周　　陳晴坡

甲午春抄白雲莊遺集

　　前題　　　　　　　　　　　　　　　　　　　　姚齊宗　舌選

飛如藏多君藝圃慈重泉爲吾三復吾我爲鳴咩爲君三復義篇

晴雲春吾空濛竹香引客來清氣別聖新聞與半里二桁斜陽低碧水軒窗珠翰樣爲門三逕迂
迴避俗喧含威鶴化翔雲路菡蒿佳氣器留仙墓縞羽十年昨日歸庭茏遲草有親培晶初開
大荰榄土薛下蕪龍抽玉版營果延蓺引雞飛貼水穿花喙紫泥荻来憐過含桃蕩紙錢蝴蝶
更務霸座閒多詞人班管珊瑚架拓頟探吴業揮毫晚亭樹風来兩歌吴吟羅酿果羅諸君榴院傳
賤子賞劉亞宣受俗人情享遇醉射馬濛梁住觀魚京野詩學檬風義勉相師教名序久假共

哭蔟星盧以絕句弁序
余興星盧居同里卷犮記雲霞擬康樂文款詩益陳祖後園河沙南敬業共湖師氶蕡味
泛其羞池將騰忘于彼此勤拿义蒲夢君三月之思晚荥楡悦我十年之長情無聞交好
育加爲乃衛琝多悲偏嬰羸疾和王濛風隨末罕縣斷股痛迴率暑晉言猶在心傷
掛劍他年宿韻償逗不成聲詩以言志悲應撥瑟庶蕞朱玉之頻拈欲登怀莫嚴唐律之意
縞行論犮嵗月餘戴以兹至殘乗車臨風隄澫重回首如我無如鮑叔芽
辦香擘草晚薰師墓草枯若瀑近可憐餘子尚綺紛　　　　三框橫飛與蕞豪家送
程開三雪不解勤一

堪別渾如兩獨對清樽感二玉　　蘭兼已恨掩泉局君又華屑夢不醒闌坠辰穀欽存没
故人從此衡凋零　　懷頭閊疾勉加餐猶記披衣話萬端惆悵柙鷗軒別久紫藤死矣

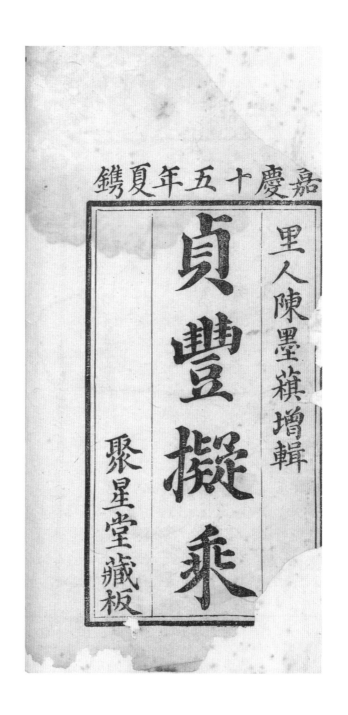

貞豐擬乘二卷 〔清〕章騰龍撰 〔清〕陳勰增輯

清嘉慶十五年（1810）聚星堂刻本

二冊

半葉八行二十字，白口，左右雙邊或四周單邊，無直格。版框 20.2×10.8 厘米

貞豐擬乘卷上

里人章騰龍覲韓原本

陳勰墨旟增輯

地界

周莊鎮。一名貞豐里。有三畺。在南二十六都。一畺嚴

字圩二畺中江南江字圩三十六畺下江字圩向屬

長洲縣。雍正四年分為元和。鎮西過一水為吳江縣。

東垞過東一水為松江府之青浦縣鎮不及五千户

地不及三里許界三縣跨兩府有司頗難為理。

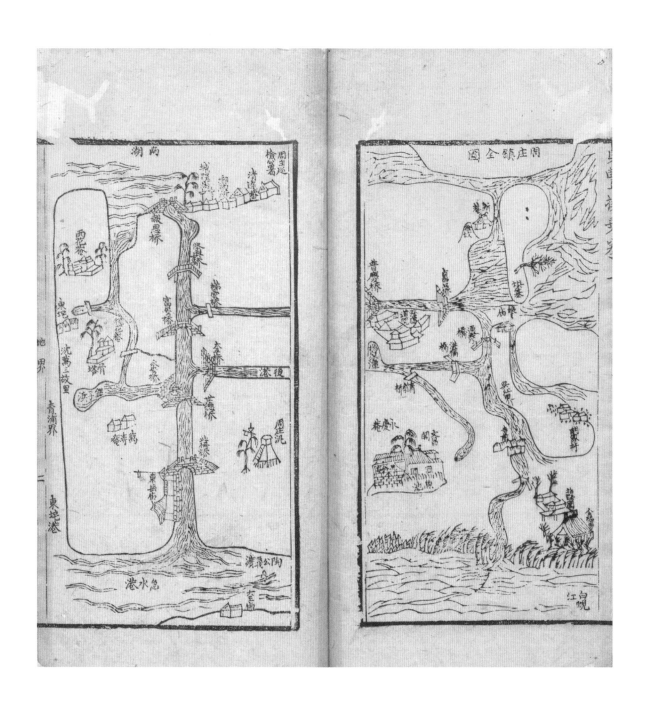

真如里志四卷　〔清〕陸立撰

清乾隆三十七年（1772）陸鎮等後樂堂刻本

一册

半葉九行二十字，小字雙行同，白口，左右雙邊。版框 19.0×13.7 厘米

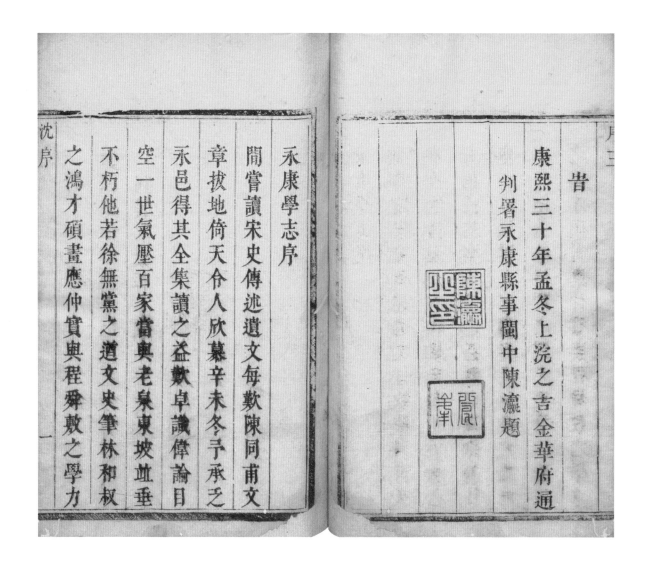

康熙三十年孟冬上浣之吉金華府通

判署永康縣事閩中陳瀛題

昔

永康學志序

間嘗讀宋史傳述遺文每歎陳同甫文

章拔地倚天令人欣慕辛未冬予承乏

永邑得其全集讀之益歎卓識偉論目

空一世氣壓百家當與老泉東坡並垂

不朽他若徐無黨之道文史筆林和叔

之鴻才碩畫應仲實與程舜敷之學力

沈序

永康縣儒學志八卷　〔清〕沈藻纂修

清康熙刻本

一冊　存四卷：一至四

半葉九行二十字，小字雙行同，白口，四周雙邊。版框 20.7×14.5 厘米

學志目錄

第一卷

　聖賢像贊

　　聖像　　　　　碑辟

　　歷朝贊　　　　四子贊

　　四配像贊

　　兩廡先賢像贊　十哲像贊

第二卷

　廟制

天下系□墨志　目錄

俾多士得觀瞻而肄業焉抑又聞樂者樂也君

子樂得其道小人樂得其欲以樂制欲則樂而

不亂以欲忘道則惑而不樂惟動以聲歌教之

舞蹈斯惰慢邪僻之氣不設於身心而升降周

旋屈伸俯仰之中其有不與天地同和者與記

曰先王愼所以感之者其謂此也可不勉旃

祝文

維

康熙某年歲次某甲子八月某甲子朔越某日丁某

柳庭輿地隅説四卷圖説一卷　〔清〕孫蘭撰

清康熙刻本

二册

半葉九行二十字，白口，左右雙邊。版框 18.8×13.2 厘米

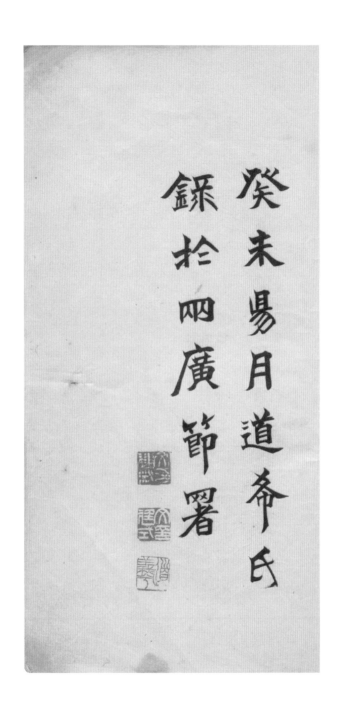

知過軒隨録不分卷 〔清〕文廷式輯

稿本

九册

半葉八行字不等，紅格，白口，四周雙邊。版框 18.9×11.3 厘米

右山林樹木花半等葉品卷十六　終

戴廣覽

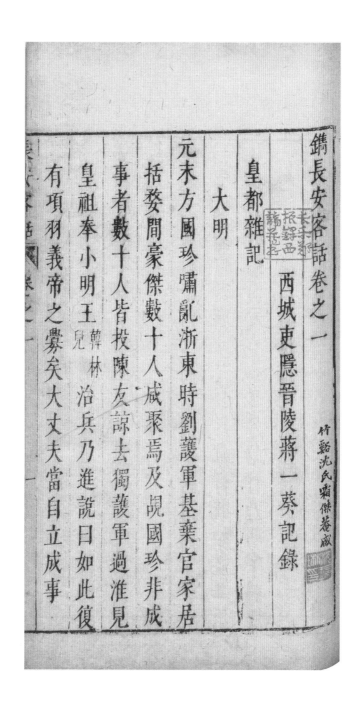

鐫長安客話八卷　〔明〕蔣一葵撰

明刻本　鄭振鐸跋

四册

半葉九行十八字，白口，四周單邊。版框 21.1×13.4 厘米

此書明刊本絕罕見　常州先哲遺書

曾翻刻之　今遺書亦只可得一

九五六年春予南歸於舊日居

亂書堆裏檢得之即攜以北

上亦論述此掌故之一助也

蔣石原長安客話

霜傑盦盛　六月十七日

西諦

泛太湖游洞庭兩山記

始游西山次濤東山

吳郡王世貞元美著

太湖踞吳郡之壯晉陵而南吳興西方者五百里中
為山大小七十二兩洞庭者冠之然其山去吳不百
里而近吳去余海上百里而遙前是汪中丞伯玉以
丙寅之四月要余偕往弗果伯玉乃從吳諸少年游
自有記居七年而秋九月余與弟敬美憂居且禪矣
謀挾從季瞻美曹甥子念李生時養以游里人張生

笠澤遊記不分卷　〔明〕王世貞、李維楨等撰

明萬曆刻本　鄭振鐸跋

一冊

半葉八行二十字，白口，四周單邊。版框 19.8×12.7 厘米

莫釐峯

日登莫釐峰峰以隋將軍莫釐得名其高讓于縹緲
三之一望吳門諸山則浮屠草木纖悉可辨但望西
山則如西山之望蒼弁晉陵諸山也是其為東偏者
乎登莫釐之三日俱阻風不能渡胥口越次月朔後
一日乃渡吳門有光福玄墓諸山梅花最盛亦俱可
望湖水以梅落遂不登蓋湖中洞庭兩山梅花開稱
較遲云

予去冬遊洞庭東西山其得山水之趣從龍
頭寺到包山寺十里之間皆梅林也如遇
花時一白如雪芳馨觸鼻必大勝鄧尉
之梅東山之濱更多荷田荷叶田々
綿延數十里者遇盛夏荷花大闢
則其清芳远送必更令人心醉
惜皆未得其對讀此篋澤遊記弖
篇似重溫舊遊一遍也
　　　　　　五六年十
　　　　　　月五日西諦記

閩小紀四卷　〔清〕周亮工撰

清康熙六年（1667）周氏賴古堂刻本

二冊　存二卷：一、二

半葉九行十八字，白口，四周單邊。版框 17.1×13.5 厘米

閩小紀第一卷

尤物

尤物必不産一地荔閩楊梅三吳蘋婆范地同
能不如獨勝故各散處以自異耳三君相見必
莫逆于心乃世人紛紛必欲執彙光太眞較量
其孰勝愚亦甚矣揄揚過當香火情深于斯不
取也

唱龍眼

閩　　　卷之二　　　　　　　　　賴古堂

樅下　周亮工　　　　撰

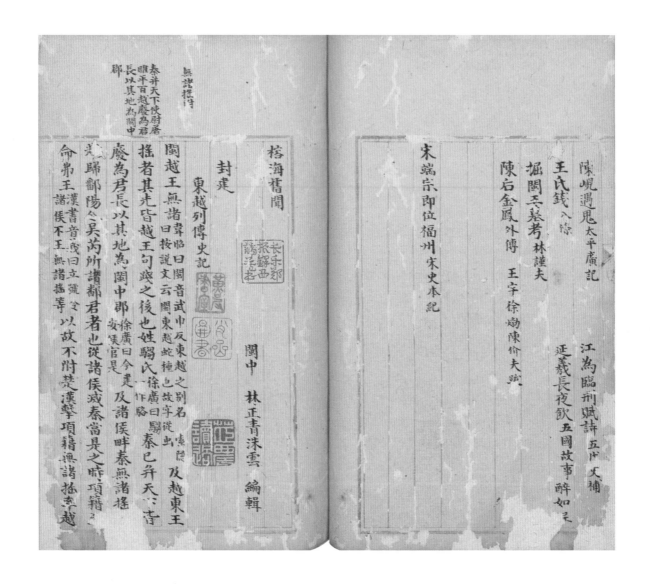

榕海舊聞不分卷 〔清〕林正青輯

清抄本

十二册

半葉九行二十五字，藍格，白口，四周雙邊。版框 19.8×13.0 厘米

遊宿猿洞記

出寧越門西折不里許小阜半截城中巨石昂然席顧俗所謂豹
頭山也其地在仁王寺之趾有洞焉三山志稱其怾石森篲藤蘿
幽翳昔隱者當一猿其中故名宿猿洞云宋熙寧中湛郎中仲謨
辭官歸隱於此有二十五咏羅源林迥詩所謂荔枝影裡安吟榻
茲蒓香中繫釣舟者是也是時郡守程公關運使張伯常等重其
高尚往還無間賡和諸什勒上石三面俱有題刻南面篆宿
猿洞三大字及會宿四絕句西面刻公關贈湛一他
酬三律而末考姓名與詩半刓不可辨北面刻錢仲譚及功德院

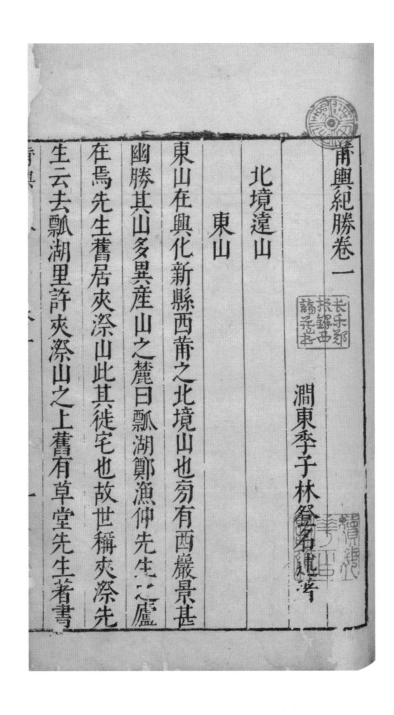

莆輿紀勝九卷　〔明〕林登名撰

明萬曆刻本

二册

半葉八行二十字，白口，四周單邊。版框 20.1×14.0 厘米

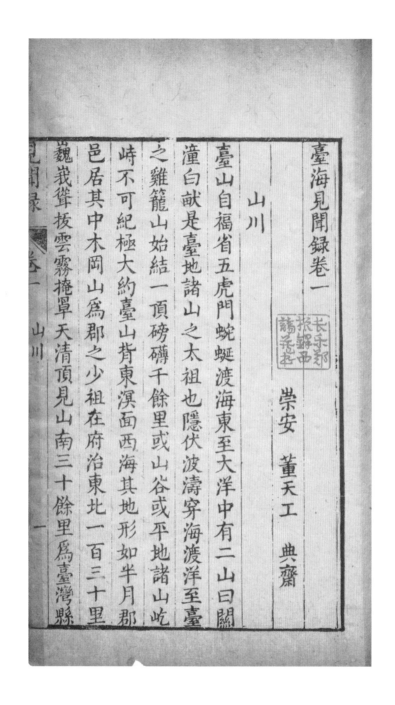

臺海見聞錄四卷 〔清〕董天工撰

清乾隆十六年（1751）琢玉軒刻本

二冊

半葉九行二十二字，白口，左右雙邊。版框 19.4×12.5 厘米

臾聞錄／卷四

曳底高毛曰（怪鳥）哎目哎芇宰老描峇（飛倦了宿末力希）

呂妖見悶毛嘆哎幽唧林嘮（想起我在樹上）回家

目歇哎鉞即去看

仔者麼飲呂哎酒稞悶（請諸親飲）

淡水各社祭祀歌

遥晚自居留什虞請遥晚眉（祖毋請街乃窰乃濃爾酒）

乃窰乃司買單悶爾來（祖公）（飯共菜）請爾打梢打梢樸呦薩嚕塞嘆佑（庇）（爾來請街）

年年好樸呦薩嚕朱馬唶嚼唶好妆成（自東自西）麻查哎斯麻老

禾稼

麻薩拉速擒獲（捕鹿亦）

卷終

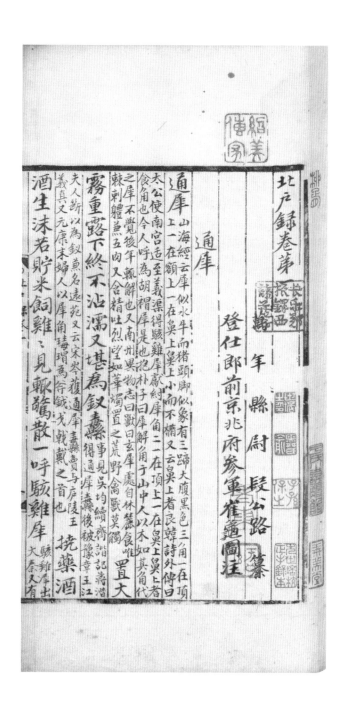

北户録三卷 〔唐〕段公路撰 〔唐〕崔龜圖註

明抄本

一册

半葉十行二十一字，小字雙行二十八字，細黑口，左右雙邊。版框 18.7×12.4 厘米

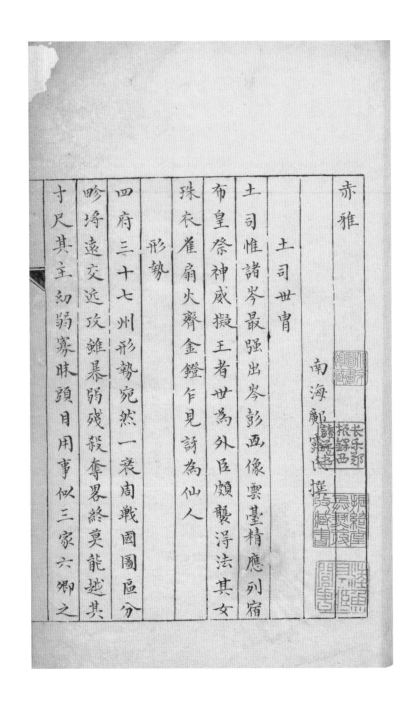

赤雅不分卷　〔明〕鄺露撰

清趙氏小山堂抄本

一册

半葉十行十八字，白口，四周單邊。版框 20.2×15.2 厘米

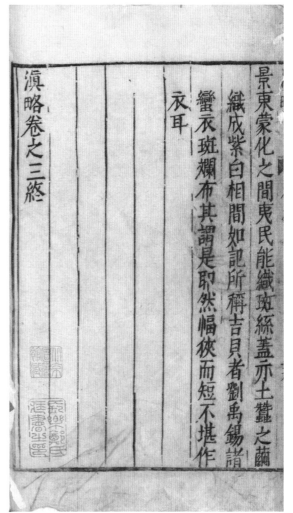

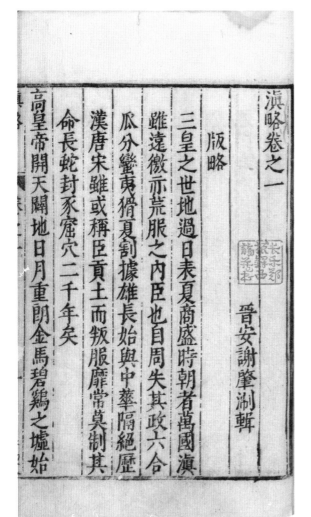

滇略十卷　〔明〕謝肇淛撰

明萬曆刻本

一冊　存三卷：一至三

半葉九行十八字，白口，左右雙邊。版框 19.5×13.5 厘米

籌海圖編十三卷　〔明〕胡宗憲撰

明天啓四年（1624）胡維極刻本

八冊

半葉十二行二十二字，小字雙行同，白口，四周單邊。版框 20.0×15.1 厘米

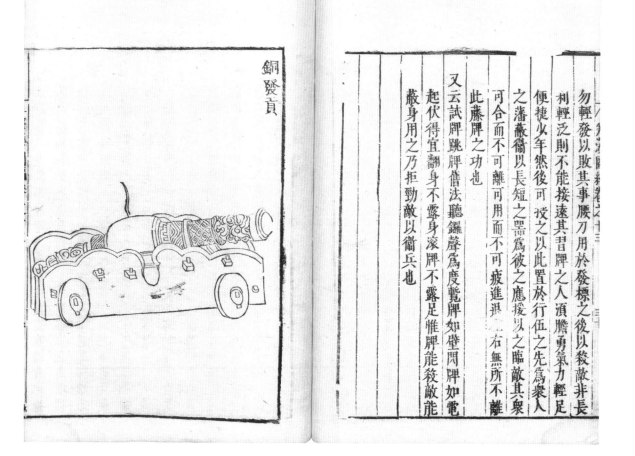

銅發貢

勿輕發以敗其事腰刀用於發標之後以殺敵非長
利輕泛則不能接遠其習牌之人須膽勇氣力輕足
便捷少年然後可授之以此置於行伍之先爲衆人
之藩蔽徇以長短之器牌彼之應援以之臨敵其殺
可合而不可離可用而不可疲進退左右無所不離
此藤牌之功也
又云試牌跳牌舊法聽鑼聲爲度覽牌如壁閅牌如電
起伏得宜翻身不露身滾牌不露足惟牌能殺敵能
蔽身用之乃拒勁敵以衞兵也

予按古人之戰有三有大戰者有地戰者有人戰者善

兵器不外乎金木水火土五器之用五器之中各藏

三戰之妙其製器之法製藥之方雖見於武經總要

多不切於禦倭紀効新書所載似切矣而亦惜其不

多愚見學士大夫談經濟者多有不傳之秘如無形

渡之類隨時變化出奇制勝尤為將者之所當知也

但不可顯言以示敵故書之所已刋者愚擇而錄之

書之所未刋者愚不敢錄惟提其端以俟將官之自

訪而自悟云

舟山論

信國公湯和經略海上區畫周密獨於舟山
似有未妥者葢洪武間倭犯中界犯玉環犯
小濩寨皆浙東海濱信國所親見也其來也
自五島開洋衝冒風濤困眩精神者數日至
下八陳錢而始少懇然孤懸外海曠野蕭條
必更歷數潮泊普陀烏沙門之類而後得覘
我兵虛實以爲進止若定海之舟山又非普

海防圖論

海防圖論□□卷　〔明〕胡宗憲輯

明刻朱墨套印本

一册　存三卷：海防論一卷、遼東軍餉論一卷、日本考略一卷

半葉八行十八字，白口，四周單邊。版框 20.7×14.8 厘米

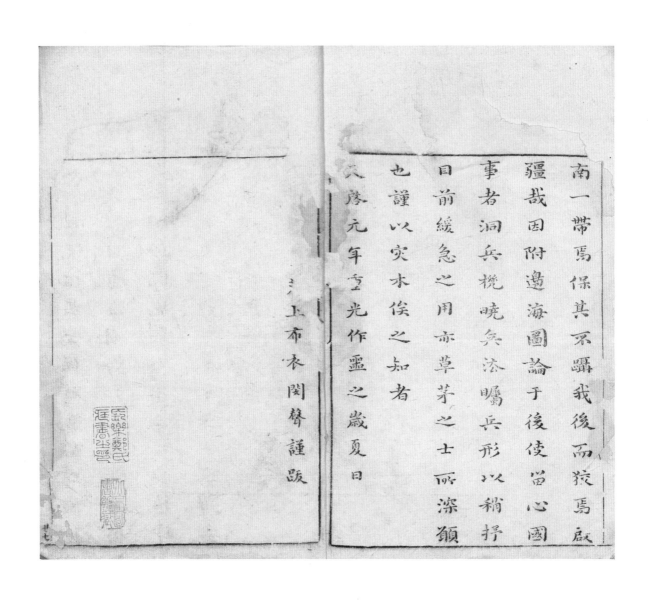

南一帶爲保其不虞我後而筴焉歟

疆哉因附邊海圖論于後使當心國

事者洞兵機曉兵浹矚兵形以稍抒

目前緩急之用亦草茅之士所深頫

也謹以災木俟之知者

崇禎元年重光作噩之歲夏日

　　上布衣閔聲謹跋

蓊水流汹兮滇池錢塘黑水混同兮高郵吳淞余獨重夫四海

四瀆之水兮何源遠而流長浮天地而浴日月兮泄尾閭而濫

觴吾乘長風而破巨浪兮盍有似乎遊聖門而望洋其他疊嶂

層峰千流萬派兮或鉅或畢或小或大　國志所書禹貢所載莫

得其詳姑述其槩此天下一統之山河也

新鐫海內奇觀卷一

嵩嶽圖說一名中嶽

錢唐　臥遊道人　楊爾曾　輯

新安　遊五岳人　方慶來　校

嵩山亘數百里元立登封城之北而少室從西崎大都巌石蓊

翠相間峭壁環崖列抱如芙蓉城而三十六峰則爨爨如吐葐

遠望之共成一山寺皆隋唐以前建而淞王一刹則建于漢永

平佛泫初入時在達磨四百年之先碑刻窣堵蓋十百道右

今名賢手跡而唐碑則刻佛像于上與令製異樹多檜柏卽泰

五品漢三將軍外古木蘸天亦多與寺俱起經千百年此豈他

新鐫海内奇觀十卷　〔明〕楊爾曾撰

明萬曆三十七年（1609）夷白堂刻本　李一泯跋

十冊

半葉十行二十四字，白口，四周單邊。版框 23.2×14.8 厘米

16107（10148）

岸九百里四面烈焰亘天海水爲之騰沸飛鳥亦不敢度上有
大鼠毛長數尺仙人採毛爲布名火浣布又産風生獸青色如
狸積薪燒之雖众其毛如故觸風卽活漢時曾通中國　鳳麟
渚在西海中地方二千五百里四面有弱水毛羽不浮上多麒
麟鳳凰故名上有青華之宮丹林素府　聚窟渚在西海中地
方三千里去岸二十四萬里上有大仙形似人鳥因名人鳥仙
生返魂香樹大如桐栢花香聞數百里煉液爲香一曰驚精香
二曰震靈香三曰返生香四曰鎭檀香五曰精鳳香六曰却众
香此六香實神仙異物人众聞氣卽活

以向僅得自四諦携素竹光擬仿鈔藏本
故葉毋日得藏書隨校之訊不禁惘惘之
弐的草率搏鈔畢事魚以原本送京
緊還師祭萬卷惜無主者回憶新門
豆寶善本之事已成作夢多率記
辛後用詰悼念　成都李一泯五八年
十月廿六日於竹光

九華志卷之一

文林郎知青陽縣事江陵蘇萬民脩

邑人太學生孫樴輯

山水

九華在邑西南高數千仞延袤一百八十里蓋江

左勝蹟也其峰巒之峭援嚴壑之幽邃溪澗之瀠

洄恣尺殊形儵怱異狀雨晴晦宴各極妙意雖善

揄揚豈能一一而殫述之哉姑撮其大者以載於

志云

山之屬一曰峰

九華山志六卷圖一卷 〔明〕孫樴輯

明萬曆七年（1579）蘇萬民刻本

二册　存五卷：一至四，圖一卷

半葉十行二十二字，白口，四周單邊。版框 21.2×13.8 厘米

普陀山志卷二

郡人　吏部侍郎周應賓纂輯

尚寶司丞沈泰鴻校正

邑人　刑部主事邵輔忠同校

文安御用監太監張　隨梓行

圖考

古九州之域蓋鑄諸郡今白華固海上

靈境將必有天造地設者非圖何以傳

普陀山志六卷　〔明〕周應賓撰

明萬曆張隨刻崇禎增修本

一册　存一卷：二

半葉八行十六字，白口，四周單邊。版框 19.9×14.1 厘米

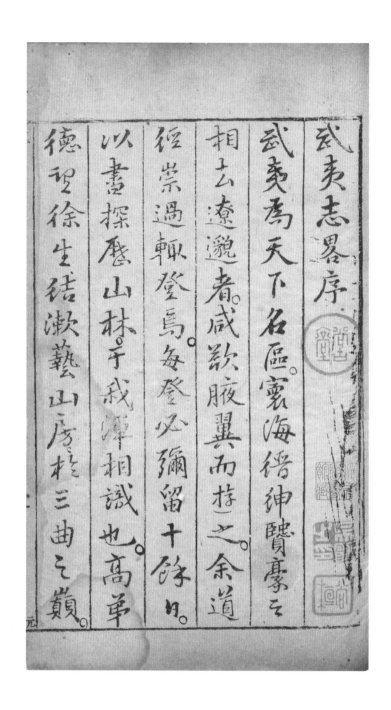

武夷志略四卷 〔明〕徐表然撰

明萬曆四十七年（1619）孫世昌刻本

四册

半葉九行二十字，白口，四周單邊。版框 20.6×13.8 厘米

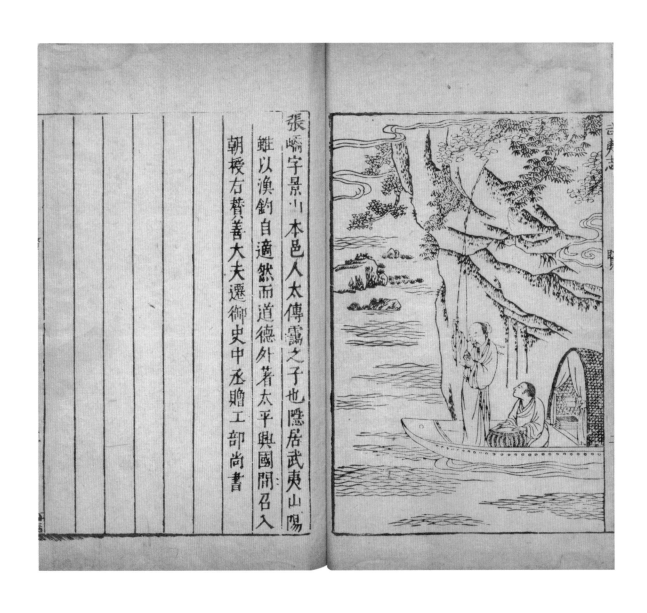

張嶠字景山 本邑人太傅霦之子也隱居武夷山陽

雖以漁釣自適然而道德外著太平與國間召入

朝授右贊善大夫遷御史中丞贈工部尚書

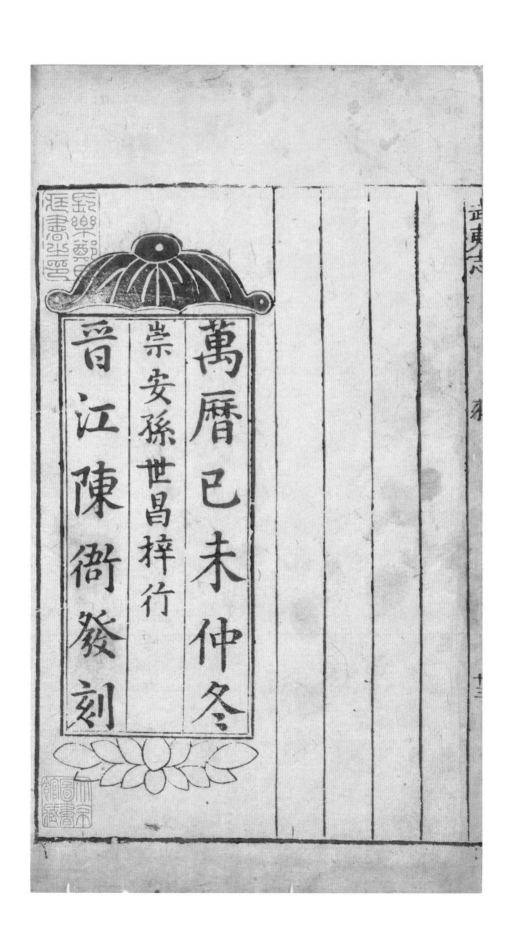

萬曆己未仲冬

崇安孫世昌梓行

晉江陳衢發刻

武夷山志卷之一

名勝編

東魯衷仲孺訂修

武夷以奇勝名寓內說者謂詭幻百出人工

毋論卽鬼工爲之政亦未易幽人韻士往往

獨窮其奧然或康樂之屐殊域爲囍志斛之

舸屍匛禾劇不免索圖經以當臥遊耳于是

作名勝編

一曲　凡二十一條

武夷山志十九卷　〔明〕衷仲孺撰

明崇禎十六年（1643）刻本

八册

半葉九行二十字，白口，四周單邊。版框 20.2×14.7 厘米

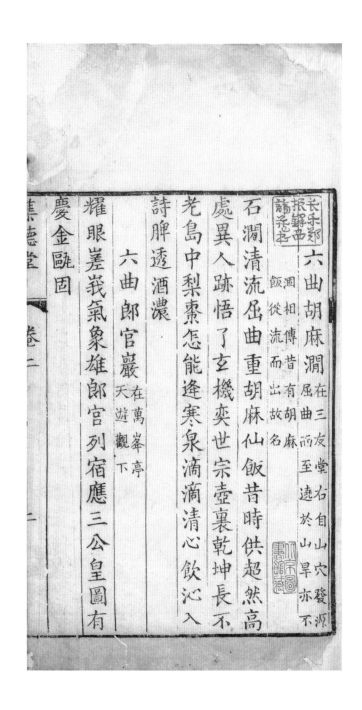

[武夷山九曲溪詩詠] □卷

清集德堂刻本

一冊 存一卷：二

半葉九行十七字，小字雙行同，白口，左右雙邊。版框 19.5×13.4 厘米

羅浮志略二卷　〔明〕韓鳴鸞撰

明萬曆刻本

二册

半葉九行二十字，白口，四周單邊。版框 19.4×13.0 厘米

郘津涉涯汇本簡……藏山之秘寶……

萬掃衣從先生後編成而屬萬校輯以寫琬琰萬籟

名念游聖門者難為言庸敢措辭柳觀諸易大蓄之象

曰天在山中君子以多識前言往行以蓄其德夫天

高矣而蓄於山中此藏天于小之喻孔子所以登泰

山而小天下者也始之於立埵也維見羅浮之大今

之干羅浮也又以見宅尘之所以大敢錄其所得干

先生者以附於編末云寶慶丁亥六月既望門人九

解進士鄭萬謹跋

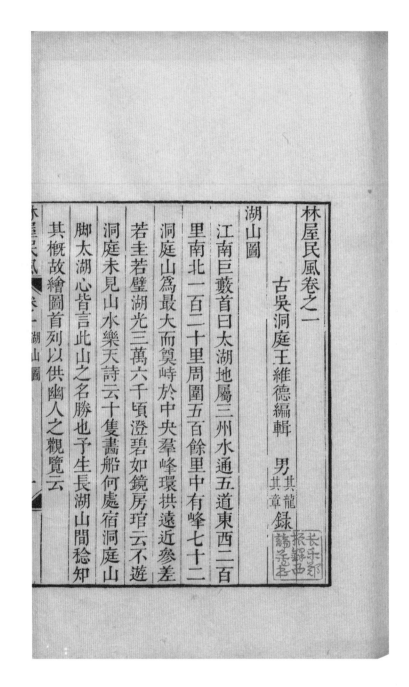

江南巨藪首曰太湖地屬三州水通五道東西二百
里南北一百二十里周圍五百餘里中有峰七十二
洞庭山爲最大而窵峙於中央羣峰環拱遠近參差
若圭若璧湖光三萬六千頃澄碧如鏡房琯云不遊
洞庭未見山水樂天詩云十隻畫船何處宿洞庭山
脚太湖心皆言此山之名勝也予生長湖山間稔知
其概故繪圖首列以供幽人之觀覽云

湖山圖

林屋民風卷之一

古吳洞庭王維德編輯

男其龍
其章　錄

林屋民風十二卷見聞錄一卷　〔清〕王維德撰

清康熙五十二年（1713）王氏鳳梧樓刻本

四册

半葉十行二十一字，白口，左右雙邊。版框 16.8×13.2 厘米

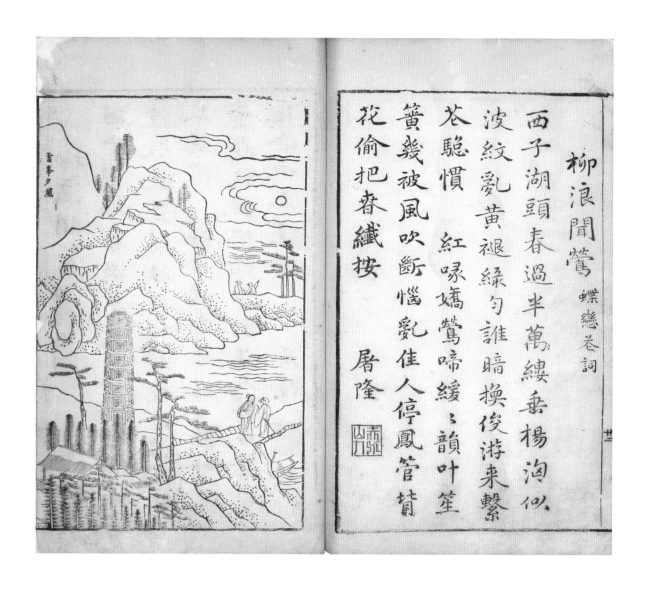

柳浪聞鶯　蝶戀巷詞

西子湖頭春過半萬縷垂楊沟似

波紋亂黃褪綠勻誰暗撲俊游來繫

蒼驄慣　紅喙嬌鶯啼緩ニ韻叶笙

簧幾被風吹斷惱亂佳人停鳳管瞥

花偸把眷纖按　曆隆

西湖遊覽志二十四卷　〔明〕田汝成撰

明萬曆四十七年（1619）商維濬繼錦堂刻本

八册

半葉十行二十一字，白口，四周單邊。版框 22.4×14.3 厘米

西湖遊覽志第一卷

錢唐　田汝成　輯撰

會稽　商維濬　重訂

西湖總叙

西湖故明聖湖也周繞三十里三面環山谿谷縷注下
有淵泉百道瀦而爲湖漢時金牛見湖中人言明聖之
瑞遂稱明聖湖以其介于錢唐也又稱錢唐湖以其輪
委于下湖也又稱上湖以其貟郭而西也故稱西湖云
西湖諸山之脉皆宗天目天目西去府治一百七十里
高三千九百丈周廣五百五十里蜿蜒東來凌深拔峭

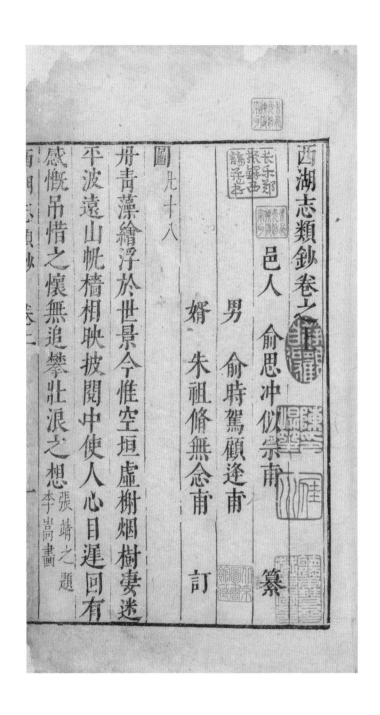

西湖志類鈔三卷首一卷 〔明〕俞思冲輯

明萬曆刻本

二冊　存二卷：上、下

半葉八行十八字，白口，左右雙邊。版框 21.2×13.4 厘米

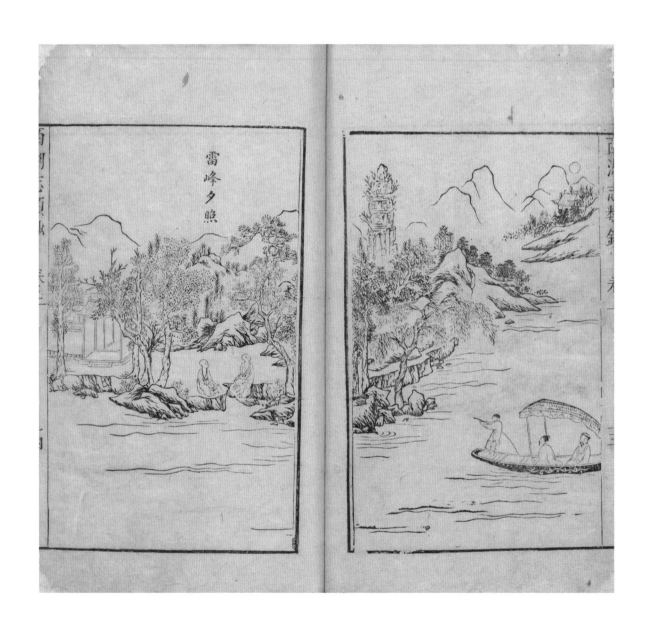

勸君識取主人公單方只一味盡在不言中

南鄉子云人有幾多般富貴榮華總是閒自

古英雄都是夢爲官寶玉妻兒宿業纏年事

已衰殘鬚鬢蒼蒼骨髓乾不道山林多好處

貪歡只恐癡迷悞了賢王

西湖志類鈔卷之下　終

河防一覽榷卷之一

勅諭

敕都察院右僉都御史潘季馴近年沛縣迤北漕河
屢被黃河衝決已經差官整理但恐河勢變遷無常
漕河不時淤塞有妨糧運今特命爾前去總理河道
督率管河管洪管泉管閘郎中員外郎主事及各該
三司軍衛有司掌印官守巡分管河副使臨清沂州
大名曹濮等處兵備等官時常往來親歷多方經畫

河防榷

〈卷之一〉　十一

河防一覽榷十二卷　〔明〕潘季馴、潘大復撰

明刻本

六册

半葉八行二十字，白口，四周單邊。版框 22.3×12.7 厘米

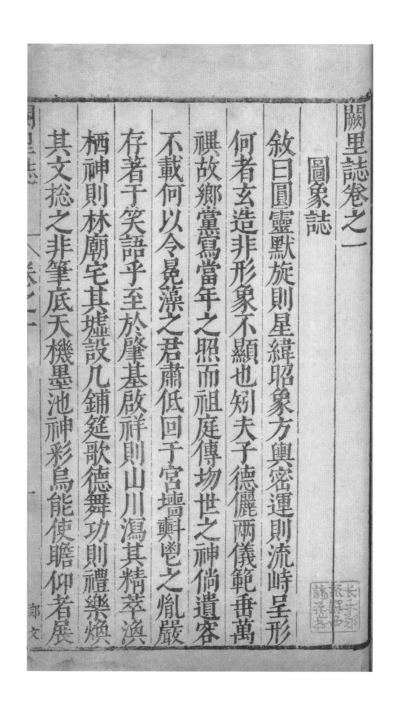

闕里志十二卷　〔明〕孔貞叢撰

明萬曆三十七年（1609）刻本

六冊

半葉九行二十一字，小字雙行同，白口，四周單邊。版框 23.3×15.0 厘米

陋巷志八卷　〔明〕顔胤祚撰

明萬曆二十九年（1601）刻本

四册

半葉九行二十字，小字雙行同，白口，四周單邊。版框 22.7×15.4 厘米

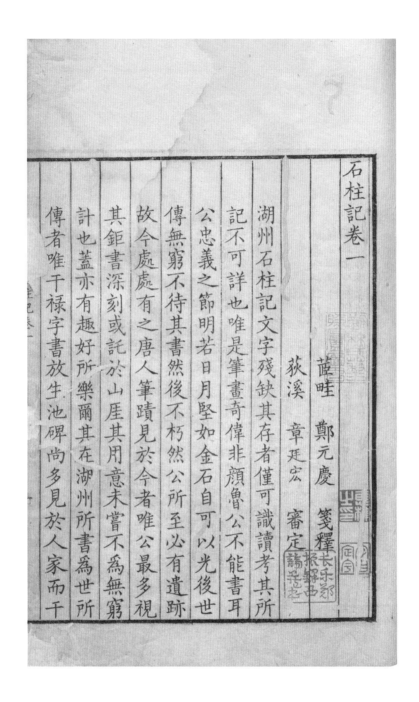

石柱記卷一

薜畦　鄭元慶　箋釋

荻溪　章廷宏　審定

湖州石柱記文字殘缺其存者僅可識讀考其所

記不可詳也唯是筆畫奇偉非顏魯公不能書耳

公忠義之節明若日月堅如金石自可以光後世

傳無窮不待其書然後不朽然公所至必有遺跡

故今處處有之唐人筆蹟見於今者唯公最多視

其鉅書深刻或託於山厓其用意未嘗不爲無窮

計也蓋亦有趣好所樂爾其在湖州所書爲世所

傳者唯干祿字書放生池碑尚多見於人家而干

石柱記箋釋五卷　〔清〕鄭元慶撰

清康熙四十一年（1702）鄭氏魚計亭刻本

一冊

半葉十一行二十一字，白口，左右雙邊。版框 19.1×14.4 厘米

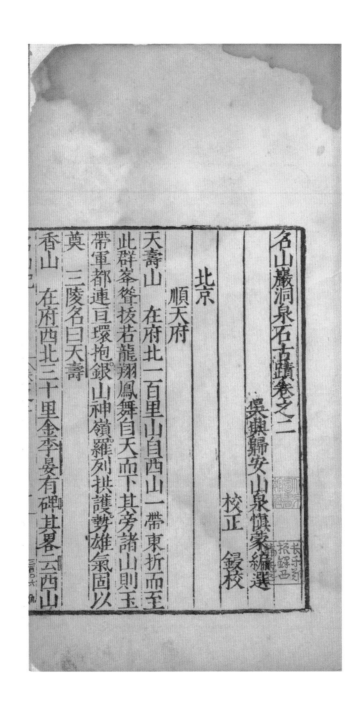

名山巖洞泉石古蹟十六卷 〔明〕慎蒙輯

明刻本

十二冊　存九卷：二至四、五下、六、十、十一、十三、十四

半葉十行二十字，白口，左右雙邊。版框 19.2×14.1 厘米

鼎湖山慶雲寺志卷之一

肇高廉羅道加三級天中丁易學田甫總修

鼎湖慶雲寺住持釋成鷲跡刪甫纂述

鼎湖山總論

考道書所載海內名山爲洞天者二十有四爲福

地者三十有六後世好道之士往往深信其言謂

大下名山盡平是矣孰知宇宙之大山澤之奇孕

靈毓秀何地無之苟非其人不敢輕以相假寧埋

沒於荒榛斷梗中爲鬼神之所訶護虎豹龍蛇之

鼎湖山慶雲寺志八卷 〔清〕丁易、釋成鷲撰

清康熙刻本

四册

半葉九行十九字，白口，左右雙邊。版框 19.4×13.7 厘米

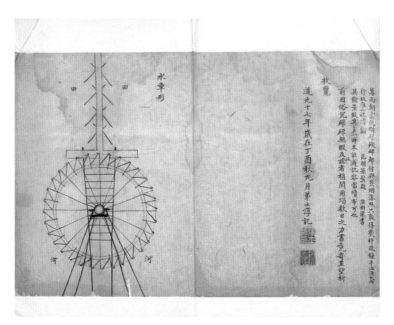

赴滇紀程一卷

清抄本

一冊

無欄格

累世難之也迫乎今日吳粵人材甲於海內而滇南
之地緯有華風於都蓋固皇家之福祐使然母亦風
氣漸開故人文漸著有以超軼萬古耶維時獠獞諸
蠻生而未嘗接縉紳識禮義亦猶洪蒙之民曷怪其
俗之鄙俚也顧氣運昌熾浸浸乎自北而南矣倘得
一二良吏綏以恩惠匡以教化則其荒蕪而郡縣之
倬之制農桑通文字識君臣上下威儀之節則安知
黎獠諸蠻不如今日之吳粵滇南乎余備列之益有
厚望至意云

咸賓錄南夷志卷之八　終

錢世鎮
鄺邦淶　校

韃靼北胡也昔三代之熏粥獫允漢之匈奴魏之蠕
蠕唐之突厥宋之蒙古種類迭熾大抵皆夏后氏之
苗裔也昔夏桀無道湯放之居於中野士民犇湯桀
南徙千里止於不齊不齊民犇湯北徙薌魯士民犇湯
犇湯桀曰海外有人乃與甘屬五百人從北荒沙漠
間築穴處其千獯粥妻桀之妻隨畜遷徙因以成俗謂
之匈奴公居爾獯粥攻之遂去爾居岐山武王卽

韃靼

明豫章羅曰聚伯之父著

咸賓錄北虜志卷之一

咸賓錄八卷 〔明〕羅曰聚撰

明萬曆十九年（1591）劉一焜刻本

八冊

半葉十行二十字，白口，左右雙邊。版框 21.5×14.4 厘米

皇明象胥錄一

朝鮮

歸安茅瑞徵伯符撰

朝鮮直遼東南古箕子國初箕子胥餘旣陳洪範

避地朝鮮商衆從者五千人武王因封焉乃教民

禮義田蠶爲約八條俗貞潔夕戶不閉飲食以籩

豆其號朝鮮以日東出鮮潤或云境有汕水故名

周衰地邊燕燕自立爲王欲東略地朝鮮侯亦稱

王將起兵逆擊燕尊周室大夫禮諫使西說燕罷

皇明象胥録八卷　〔明〕茅瑞徵撰

明崇禎茅氏芝園刻本

四册

半葉九行十九字，白口，四周單邊。版框 21.7×14.5 厘米

職方外紀首

西海　艾儒略　增譯

東海　楊廷筠　彙記

五大州總圖界度解

天體一大圜也地則圜中一點定居中心永不移

動蓋惟中心離天最遠之處乃爲最下之處萬重

所趨而地體至重就下故不得不定居於中心稍

有所移反與天體一邊相近不得爲最下處矣古

賢有言試使吾身可通以一物縋下至地中心必

〔　　　總說

職方外紀六卷首一卷　〔義大利〕艾儒略撰　〔明〕楊廷筠記

明天啓刻本

六册

半葉九行十九字，白口，左右雙邊。版框 20.8×14.6 厘米

異域錄

原任內閣侍讀調補兵部員外郎又

特恩陞授職方司郎中圖麗琛本葉合人阿顏覺羅氏始祖

在葉合國時行高望重其國主待以賓禮東北方乃龍

騰鳳翔之地

大清而

天命屬與

大聖人出焉統馭寰區撫乂六合於未定鼎之前緣

盛京諸部落人民酋長輸誠向化歸仁恐後之際遠沾

雍正元年歲次癸卯九月

睡心主人製

異域録一卷 〔清〕圖麗琛撰

清雍正刻本

二冊

半葉九行二十三字，白口，四周雙邊。版框 18.9×12.2 厘米

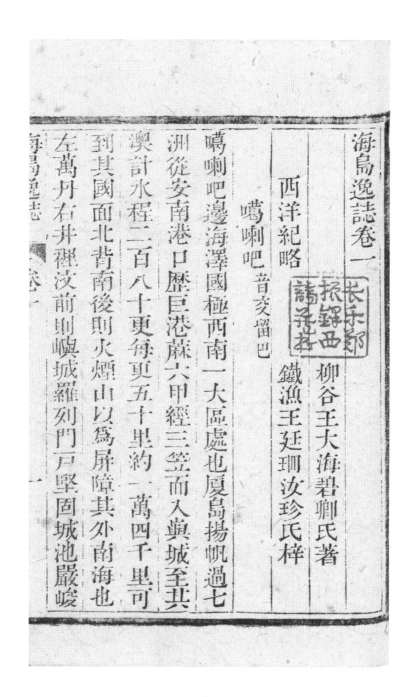

海島逸誌卷一

西洋紀略

　　　　　　　　　　柳谷王大海碧卿氏著

　　　　　　　　　鐵漁王廷珊汝珍氏梓

噶喇吧
　噶喇吧音交留巴

噶喇吧邊海澤國極西南一大區處也廈島揚帆過七

洲從安南港口歷巨港蘇六甲經三笠而入與城至其

澳計水程二百八十更每更五十里約一萬四千里可

到其國面北背南後則火煙山以爲屏障其外南海也

左萬丹右井裡汶前則峴城羅列門戶堅固城池嚴峻

海島逸志六卷　〔清〕王大海撰

清嘉慶十一年（1806）漳園刻本　鄭振鐸跋

四冊

半葉九行二十一字，白口，四周雙邊。版框 13.6×9.9 厘米

16983（10266）

甲申冬十二月二日以
○百金得於上海肆
古齋興書所送皆得
未見闡圖涖山海奇渡
必故宰見其收入略夫
澎島逸老二卷

中山傳信録六卷　〔清〕徐葆光撰

清康熙六十年（1721）二友齋刻本

六冊

半葉九行二十一字，黑口，左右雙邊。版框 19.8×14.6 厘米

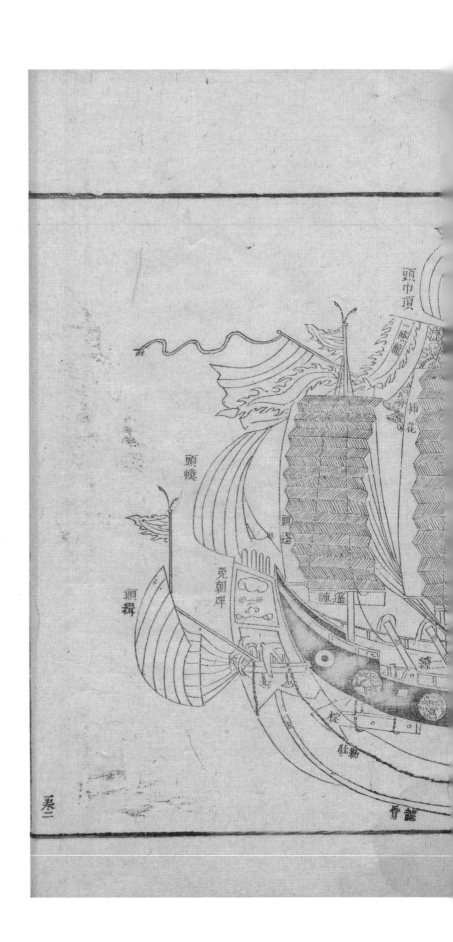

封舟圖

中山傳信錄卷第一

冊封琉球國王副使　賜正一品麒麟服翰林院編修加二級臣徐葆光纂

封舟

從前冊封以造舟爲重事歷考前冊採木各路騷動

夫役開嚴監造糜費官帑奸吏假手爲獎無窮經時

累歲其事始舉自前明以至

本朝冊封之始其煩費遲久前後一轍也康熙二十一

年使臣汪楫林麟焻卽取現有二戰艦充之前獎始

絕至今三十餘年區宇昇平海濱利涉沿海縣鎮巨

史

史 部——職官類

000

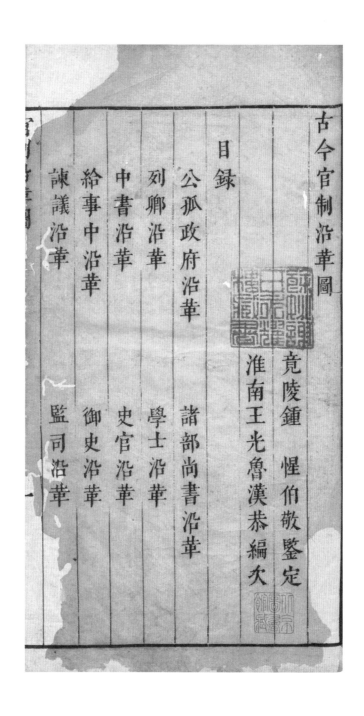

古今官制沿革圖一卷　〔明〕王光魯撰

明末刻本

一冊

版框 20.9×12.4 厘米

官制沿革圖

北周　四輔　兩省　隋　五省

前疑　　　中書省　改內史

後丞

左輔　　　門下省　改納言隋因之

右弼　　　內侍省　煬帝改長秋監

罷尚書不置　殿內省　舊屬門下省煬帝更立

師　三　　尚書省

屬官　無事　不事　　門下省　時重門下政本多歸納言

　　　　　　　秘書省

　　　　　　　內史省

唐　六省

三師

太傅上
重太尉位
鎮加官特
為親王藩
有位無官
如歷代制

三公

以上三省
為政府

尚書省　統裹務　高宗改中臺　武后改文昌臺

門下省　主封駁　高宗改東臺　武后改鸞臺　高宗改東臺長為左相

中書省　獻納制冊　高宗改西臺長為右相　武后改鳳閣　玄宗改紫薇省

殿中省　供修膳服　高宗改中御府

秘書省　監錄圖書　高宗改蘭臺　武后改麟臺

內侍省　政府

唐制以三省長官為宰相
地位既崇乃以他官攝之
杜淹以吏部尚書參議朝政
秘書監李靖以辭疾詔書有
疾病者至平章事之語李
勣官太子詹事有同中書
門下三品之名謂同侍中
中書令之二官皆三品也自
是二名皆入銜送為故事
中書門下更務遜重將有
軍旅則兼節度尚文章則
兼大學士急泉賦則兼度
支鹽鐵轉運使而宰相之
名替矣
崇階多寄藩真而至其衰
名替矣

史

史 部 —— 政書類 000

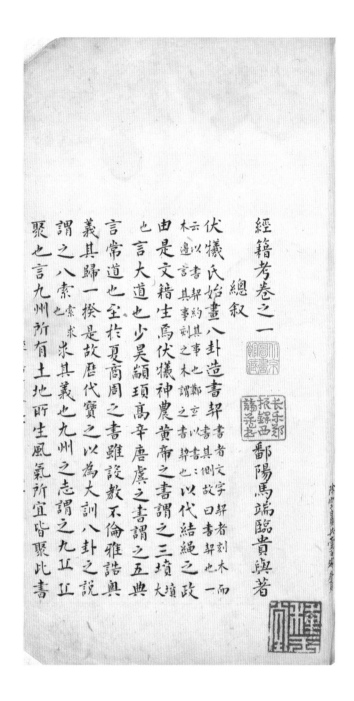

經籍考七十六卷 〔元〕馬端臨撰

明弘治九年（1496）黃仲昭、張汝舟刻本

十六冊

半葉十行十九字，白口，四周雙邊。版框 18.5×12.2 厘米

來者知昔之君子見書之難而今之學者有
書而不讀爲可惜也
　右歷代收書之所備見前志而
　葉氏王氏所言之數藏書之大
縣也坡翁一記可以警言蓄書而不讀者故
幷載焉

經籍考卷之一

經籍攷卷之二

經　易

　　　　　鄱陽馬端臨貴與著

昔代犧氏始畫八卦以通神明之德以類萬物之
情蓋因而重之爲六十四卦及乎三代是爲三易
夏曰連山　言伏山
發曰歸藏　於其中柱
周文王作卦辭謂之周易
周公作爻辭謂之
孔子晚而好易讀之
固曰孔子晚而好易讀之常編三絶而爲之傳即

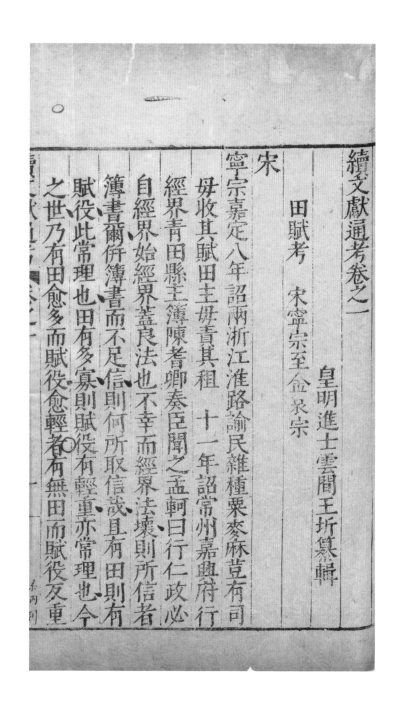

續文獻通考卷之一

皇明進士雲間王圻篡輯

田賦考　宋寧宗至金哀宗

宋

寧宗嘉定八年詔兩浙江淮路諭民雜種粟麥麻荳有司
毋收其賦田主毋責其租　十一年詔常州嘉興府行
經界青田縣主簿陳耆卿奏臣聞之孟軻曰行仁政必
自經界始經界蓋良法也不幸而經界法壞則所信者
簿書爾併簿書而不足信則何所取信哉且有田則有
賦役此常理也田有多寡則賦役有輕重亦常理也今
之世乃有田愈多而賦役愈輕者有無田而賦役反重

續文獻通考二百五十四卷　〔明〕王圻撰

明萬曆三十一年（1603）曹時聘、許維新等刻本

六十四冊

半葉十一行二十二字，白口，左右雙邊。版框 20.1×14.6 厘米

大明太祖高皇帝寶訓卷之一

光祿大夫柱國少傅兼太子太傅禮部尚書武英殿大學士臣呂　本謹校

南京禮部祠祭清吏司郎中臣陳治本

南京兵部職方清吏司主事臣朱　錦謹閱

南京工部虞衡清吏司郎中臣呂龍昌

論治道

○戊戌十二月癸巳辟儒士范祖幹葉儀既至祖幹持大
學以進

太祖問治道何先對曰不出乎此書

太祖命祖幹剖析其義祖幹以為帝王之道自脩身齊家
以至於治國平天下必上下四旁均齊方正使萬物各

大明太祖高皇帝寶訓序終

永樂十六年五月初一日

哉尚敬之哉

先王之法而過者未之有也冗為子孫臣庶者尚敬之

成憲則夫永無懲詩曰不懲不忘率由舊章蓋孟子所謂遵

皇考則夫精一執中之要孰有逾於斯乎書曰監於先王

乎遠法於古近法於我

世用之則治弗用則亂此治亂之機在於用不用耳於

詰誓命之名史臣錄之訓於當時而垂於萬世天下後

有違則非所謂道矣此堯舜禹湯文武之書有典謨訓

皇明寶訓四十卷　〔明〕呂本等輯

明萬曆三十年（1602）秣陵周氏大有堂刻本

十五册　存十六卷

半葉十一行二十二字，白口，四周單邊。版框 20.7×14.1 厘米

T00896（10131）

大明孝宗敬皇帝寶訓目錄終

大明孝宗敬皇帝寶訓卷之一

光祿大夫柱國少傅兼太子太傅禮部尚書武英殿大學士臣呂　本謹校

南京禮部祠祭清吏司郎中臣陳治采

南京兵部職方清吏司主事臣朱　錦謹閱

南京工部虞衡清吏司郎中臣呂朧昌

敬天

○弘治元年五月丁丑内閣大學士劉吉等言天人感應
之際其理甚微其機甚著蓋災異之來有因人事差失
而感召者亦有人事未形而其幾先見天出災異以為
之朕兆者惟在人君察識而審圖之修德以禳除之語
云天心仁愛人君又云妖不勝德此之謂也洪惟

皇明寶訓　　弘治一卷

卷三　仁政
　　聽言
　　表節義
　　襃忠節
　　報功
　　正風俗
　　斥異端
　　恤民
　　恒軍士
　　重農
　　荒政
　　水利
　　鹽法
　　兵政
　　馬政
　　修省
　　節財用
　　謹貢獻
　　卹珍異
　　郵刑
　　正法
　　革奸弊
　　禁請託
　　恒遠人
　　馭夷狄

皇明寶訓四十卷　〔明〕呂本等輯

明萬曆三十年（1602）秣陵周氏大有堂刻本

七册　存七卷：大明孝宗敬皇帝寶訓三卷、大明武宗毅皇帝寶訓二卷、大明穆宗莊皇帝寶訓二卷

半葉十一行二十二字，白口，四周單邊。版框 21.3×14.1 厘米

緬甸及宣慰土官衙門例用三年一貢今皆不通宜移

文鎮巡等官以時促之

上曰土官貢賦自有舊制其勿紛擾仍行各省鎮巡等官

知之

○正德九年九月戊辰先是巡撫貴州都御史沈林等奏

乘西苗賊阿雜等之叛由宣慰宋然激之今既罷職

復使其子姓承襲恐夷民不安宜將貴竹平伐等七長

官司并洪邊十二馬頭地方金筑安撫二司總設為府

洪邊貴竹各設縣皆以流官撫理然姪儲及長官宋然

改授軍職兵部請下鎮巡等官詳議至是巡撫都御史

陳天祥等復奏各長官司夷民不願開設府縣況貴竹

一司舊隸水西宣慰安萬鍾金筑等司舊隸程蕃龍里

府衛初非然所部儲及齋宜各襲授原職兵部覆奏詔

曰夷俗有不可盡以常法治者儲齋准仍襲原職令與

萬鍾等俱用心管束夷民毋得科害激變再有違犯者

鎮巡官劾奏罪之

○正德十二年三月巳丑海西嘔罕河衛夷人褚養吟等

八貢道永平樓害驛逓遼東伴送舍人傳鐸奏之禮部

議覆詔大通事譯審明白嚴加撫諭禮部仍量差通事

送歸既而海西兀者等衛夷幹黑能等歸伴送舍人亦

請遣通事護送遂著為令

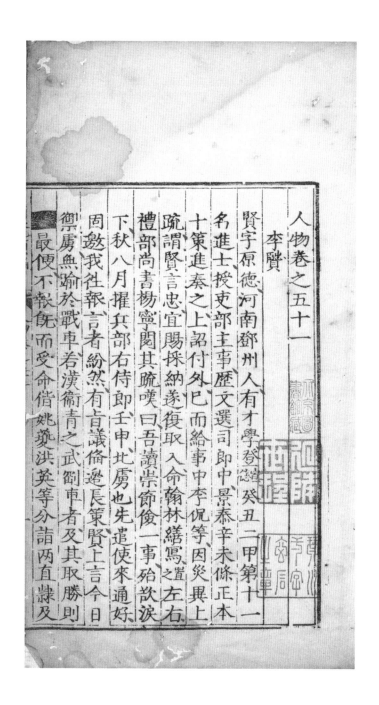

皇明泳化類編一百三十六卷續編十七卷　〔明〕鄧球撰

明隆慶刻本

三冊　存七卷：五十一、八十四至八十八、一百二十八

半葉十一行二十二字，白口，四周雙邊。版框20.0×13.2厘米

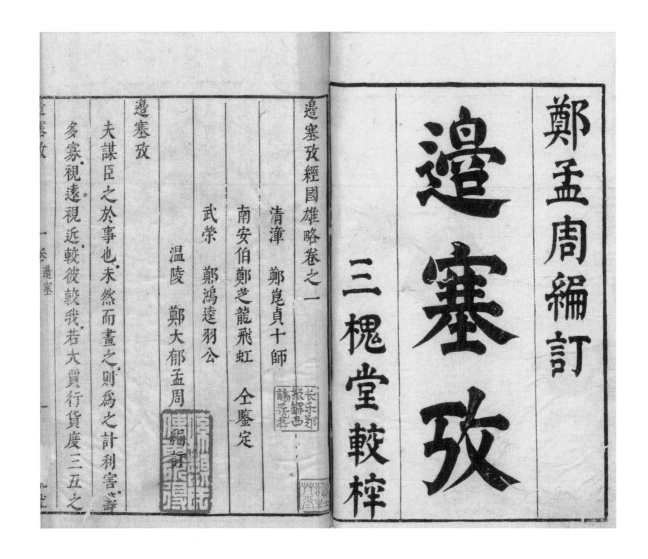

夫謀臣之於事也未然而畫之則爲之計利害之壽
多寡視遠視近較彼較我若大賈行貨慶三五之

邊塞攷

武榮 鄭鴻逵羽公
溫陵 鄭大郁孟周
南安伯鄭芝龍飛虹 仝鑒定
清漳 鄭崑貞十師

邊塞攷經國雄略卷之一

鄭孟周編訂
邊塞攷
三槐堂較梓

經國雄略四十九卷 〔明〕鄭大郁撰

明末三槐堂刻本

十冊　存二十六卷：皇輿紀一卷，賦徭考二卷，賦稅考二卷，屯政考二卷，邊塞考六卷，四夷考二卷，奇
門考三卷，武備考存八卷：二至九

半葉八行二十字，白口，四周單邊。版框 19.9×14.2 厘米

當事者，竟莫能效一謀爲

國家極溺亨屯計，以佐我

聖天子中興之治者乎。是皆關中長安之利病可昭

聞於人之耳目中者，愚爲是編圖以發未必無

小補云爾。

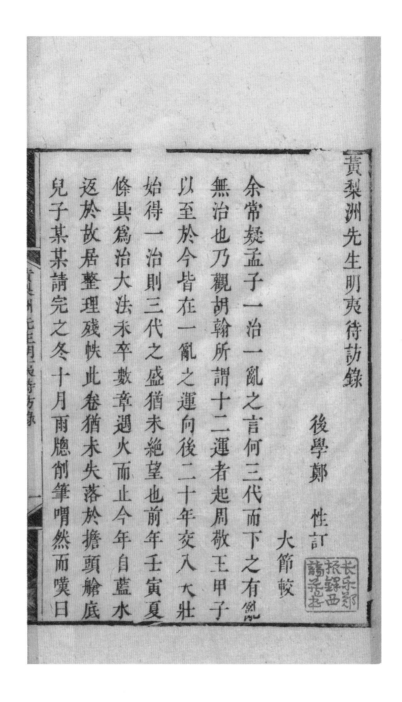

黄梨洲先生明夷待訪録一卷　〔清〕黄宗羲撰

清初刻本

一册

半葉十行二十字，黑口，四周單邊，無直格。版框18.8×13.8厘米

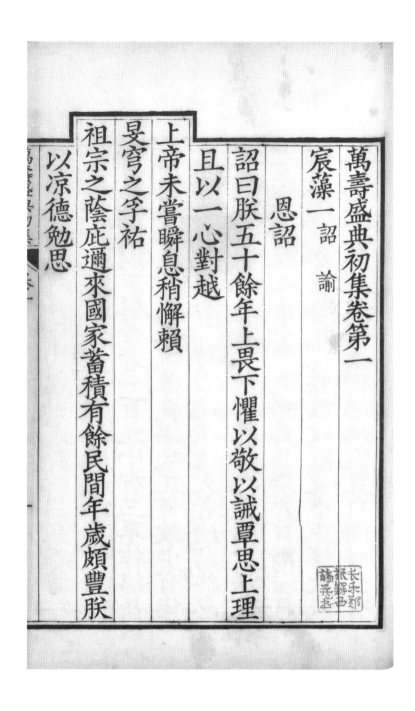

萬壽盛典初集一百二十卷　〔清〕王原祁、李紱等纂修

清康熙五十四至五十五年（1715—1716）趙弘燦、趙之垣刻本

二十六册

半葉九行十九字，白口，四周雙邊。版框 23.1×17.0 厘米

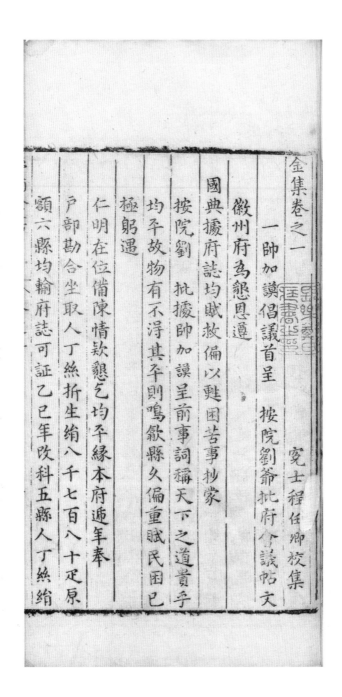

絲絹全書八卷 〔明〕程任卿撰

明萬曆刻本

一冊 存二卷：一、二

半葉十行二十二字，白口，左右雙邊。版框 18.9×11.8 厘米

北新關商税則例不分卷

清雍正刻遞修本

一册

半葉九行二十字，白口，四周單邊。版框 21.2×14.7 厘米

花梨雙六盤　桌上小香几　每拾個　　　　　該銀壹錢貳分

花梨檢粧鏡架　每拾個　　　　　　　　　該銀捌分

花梨茶盤硯匣筆筒　每拾個　　　　　　　該銀貳分

花梨桃匣象棋　每百個　　　　　　　　　該銀貳分

花梨棋盤象棋　每百副　　　　　　　　　該銀貳錢

花梨棋盤　每百個　　　　　　　　　　　該銀貳錢

花梨小鏡小鏡匣　每百個　　　　　　　　該銀肆錢

花梨尺戥子　每百把　　　　　　　　　　該銀肆分

花梨箸觥算盤　每百個　　　　　　　　　該銀肆分

花梨紫檀壺頂　每百個　　　　　　　　　該銀壹分貳厘

花梨床大香几　每張　　　　　　　　　　該銀壹錢貳分

花梨大厨　每口　　　　　　　　　　　　該銀捌分

花梨書厨　每口　　　　　　　　　　　　該銀肆分

花梨桌　每張　　　　　　　　　　　　　該銀肆分

花梨椅　每張　　　　　　　　　　　　　該銀貳分

花梨橈馬杌　每張　　　　　　　　　　　該銀壹分貳厘

香素珠　每拾串　　　　　　　　　　　　該銀肆分

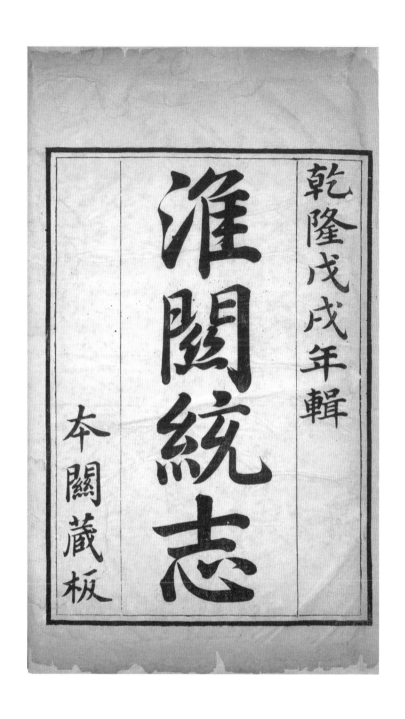

淮關統志十四卷 〔清〕伊齡阿、吳霈纂修

清乾隆四十三年（1778）淮關刻本

六册

半葉十行二十字，白口，左右雙邊。版框 20.7×15.0 厘米

淮關統志卷之一

圖攷

關志之有圖其来舊矣蓋以關山川谷形勢有分

合之殊界限有彼此之別筆諸紀載者既巳務詳

其實而求諸迹象者苟不儞指其處則持籌稅務

者何從而得其脉絡分明瞭如指掌乎淮關自歸

併宿海以来繡壤錯出幾及千里辨識尤非易易

用是合三關而總為一圖復分三關而各為一圖

不厭詳審著明總期便於泰閱考訂耳至大關雄

踞通津制度適得其宜公署既遭淹沒規模為之

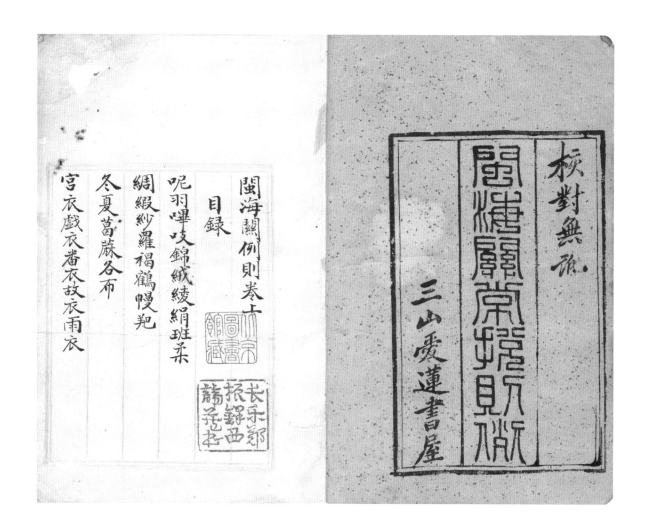

閩海關常税則例二卷

清愛蓮書屋抄本

二冊

半葉六行字不等，紅格，白口，四周雙邊。版框 9.2×7.0 厘米

閩安關例則

杉水邊　　　　　　每根　　厘

木段連　　　　　　每節　　厘

二連段　　　　　　每節　　厘

三連段　　　　　　每節　　厘

桶柴　　　　　　　每塊　　毛

緒二十有六年歲次庚子嘉平之朔桐鄉陸費垓頌陔甫
並識於揚州之惠迪吉齋

淮鹺分類新編凡例

一是編專記現行事例其由舊而更新者則並誌之以
明原委若從前舊章業經停止概不編入惟官收重
淋之類雖係現停慮將復辦間載一二俾閱者易辨
得失

一作意務尚簡明各項例案但載其辦法而已一切支
牘概不全錄以免兄繁

一例案靭停年分及院司分場各官名姓因時日迫促
不及一一詳攷僅就原有者誌之餘俟續查

一淮南淮北章法不同恙為分列間有不甚懸殊者則
以淮北附於淮南

淮鹺分類新編六卷 〔清〕陸費垓撰

稿本

六冊

半葉十一行二十二字，小藍格，四周單邊。版框 18.9×14.1 厘米

真梁場分

正梁場分

頂梁場分

全和場分

尖和鹼三分

真正頂三分

真正頂三梁統名之曰尖鹽

通泰各場鹽色

通泰兩屬各場鹽色名目不一。既分真正頂三梁又分尖

和鹼三色如通屬呂四餘東。西二場所產之鹽最為上

色謂之真梁又如通屬豐利金沙石港三塲及泰屬廟灣

一塲亦屬上色謂之正梁餘如通屬之掘港栟茶角斜三

塲泰屬之富安安豐丁溪草堰伍祐新興六塲鹽色稍次

謂之頂梁惟泰屬梁垜東臺何垜劉莊四塲之鹽最為下

色謂之全和綜而論之尖和鹼三項乃鹽色之分別真正

頂三梁乃尖鹽之等差大抵色白者為尖色次者為和鹼

塊者為鹼鍋俗呼為尖鹽之中上等為真梁中等為正梁下

等為頂梁以故真正頂梁統名之曰尖鹽除真梁之呂四

通泰各場鹽色　真梁場分……正梁場分……頂梁場分……全和場分……

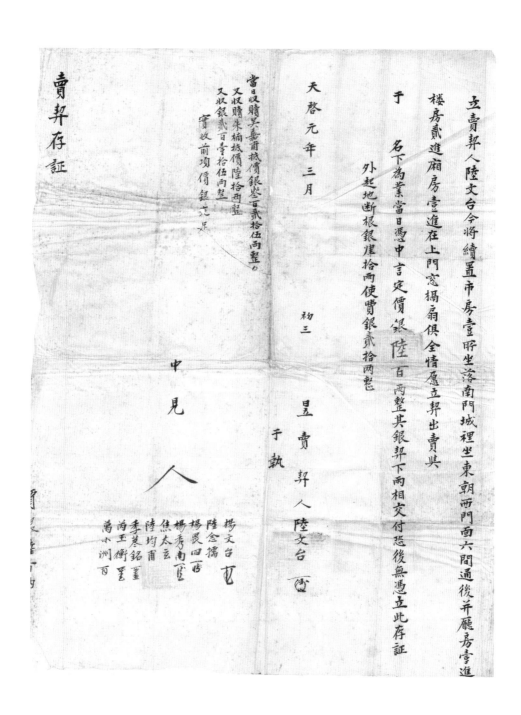

立賣契人陸文台今將續置市房壹眄坐落南門城裡坐東朝西門面六間通後并廂房壹進

樓房貳進廂房壹進在上門窗搖扇俱全情願立契出賣與

于　名下為業當日憑中言定價銀陸百兩整其銀契下兩相交付恐後無憑立此存証

外起地斷根銀崖拾兩使費銀貳拾兩整

天啟元年三月　　初三

昰　賣契人陸文台

于執

賣契存証

當日收贖吳嘉甫抵價銀叁百貳拾伍兩整

又收贖朱楠抵價陸拾兩整

又收銀貳百壹拾伍兩整

實收前項價銀定足

中見人

楊文台
陸念攜
楊晨四哂
楊秀南呈
焦太玄
陸均甫
季鉴銘甫
尚玉衡呈
萬小洲百

天啟元年于志舒陸文台買賣房契紙

明天啟元年（1621）寫本

二張

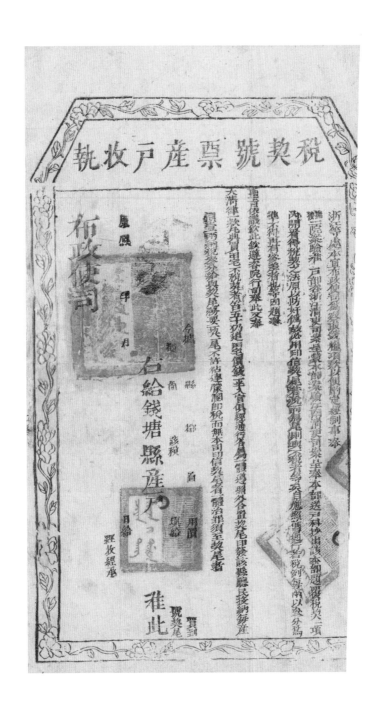

浙江布政司稅契號票及收執

清康熙十年（1671）、十三年（1674）刻本

三張

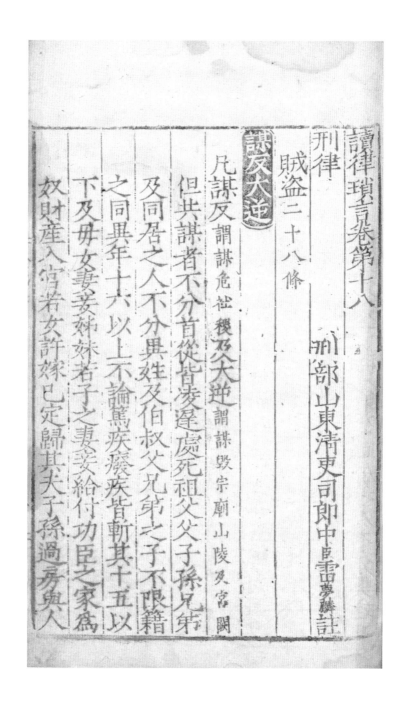

讀律瑣言三十卷附録一卷　〔明〕雷夢麟撰

明嘉靖三十六年（1557）汪克用刻本

二册　存七卷：十八至二十一、二十九、三十，附録一卷

半葉十行二十二字，白口，四周單邊。版框 22.1×15.5 厘米

杖

一直犯死罪強竊盜克軍逃軍逃囚逃匠口外為民逃

回抄劄人口俱免紙文武官監生生員吏典知印承

差僧道欽天監天文生太醫院醫士里長糧長老人

職官正妻總旗應襲奢人俱納官紙其餘軍民人等

有狀者俱納告紙無狀者俱納民紙無罪供明者納

紙省殘者兔紙

附錄終

嘉靖丁巳五月廬州府知府臣汪克用刊

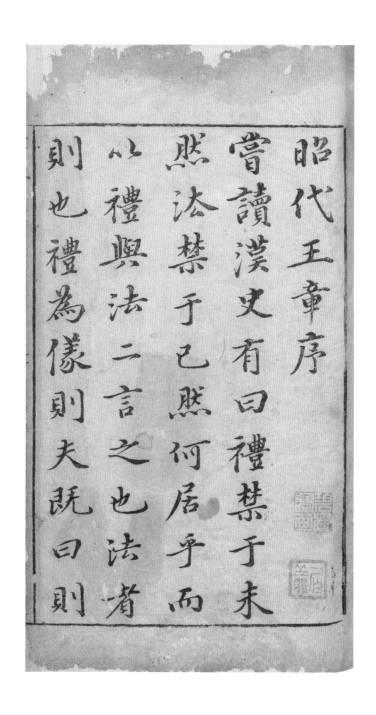

鼎鐫欽頒辨疑律例昭代王章五卷首一卷　〔明〕熊鳴岐輯　〔明〕錢士晋正訛

明師儉堂蕭少衢刻本

四册　存四卷：二至四、首

上下兩欄，上欄半葉十五行十二字，下欄半葉十行十六字，白口，四周單邊。版框 22.8×13.8 厘米

律例要括

嘗謂經者聖賢道統之傳律者
治世安民之要蓋律以明經則
所以驗其學者益廣經以通律
則所以資其仕者益深嗟夫凡
觀政事務在評論律條有限事
變無窮准者事理也犯有間以者
與真犯相同盜臨勞要借貸為
准出碟鈔同於盜臨各者彼
此同科皆不分首從借者與
者各得其罪監守自盜職役同
情其者變於先意即者意盡而
復明事在逃即同獄成其犯十
惡不在奏　請及者事情連後

御製大誥

○君臣同遊第一

昔者人臣得與君同遊者其竭忠成全其
君飲食夢寐未嘗忘其政者何惟務為民
造福拾君之過撐君之過補君之缺顯祖
宗於地下歡父母於生前榮妻子於當時
身名流芳千萬載不磨專在竭忠守分智
人悟之有何難哉今之人臣不然薄君之
明張君之惡邪謀黨比機無暇時凡所作
為盡皆殺身之計趨火赴淵之籌

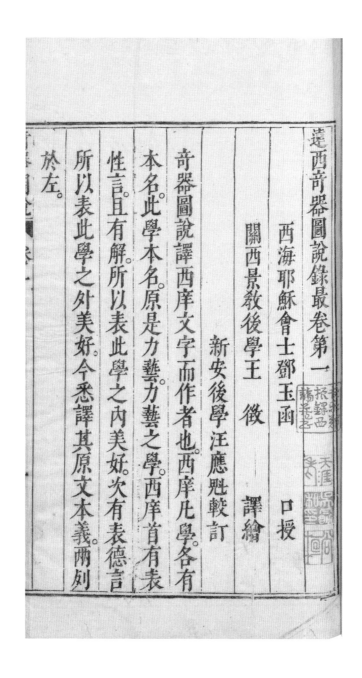

遠西奇器圖說錄最卷第一

西海耶穌會士鄧玉函　口授

關西景敎後學王　徵　譯繪

新安後學汪應魁較訂

奇器圖說譯西庠文字而作者也西庠凡學各有

本名此學本名原是力藝力藝之學西庠首有表

性言且有解所以表此學之內美好次有表德言

所以表此學之外美好今悉譯其原文本義兩列

於左。

遠西奇器圖説録最三卷　〔瑞士〕鄧玉函口授　〔明〕王徵譯繪　**新製諸器圖説一卷**　〔明〕王

徵撰

明汪應魁刻本

二冊

半葉九行二十字，白口，四周雙邊。版框 21.3×14.2 厘米

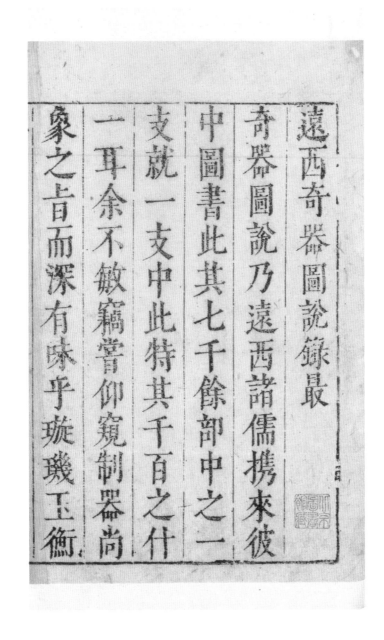

遠西奇器圖説録最三卷　〔瑞士〕鄧玉函口授　〔明〕王徵譯繪　**新製諸器圖説一卷**　〔明〕王徵撰

明崇禎元年（1628）武位中刻本

六冊

半葉九行二十字，白口，四周雙邊。版框 20.7×14.2 厘米

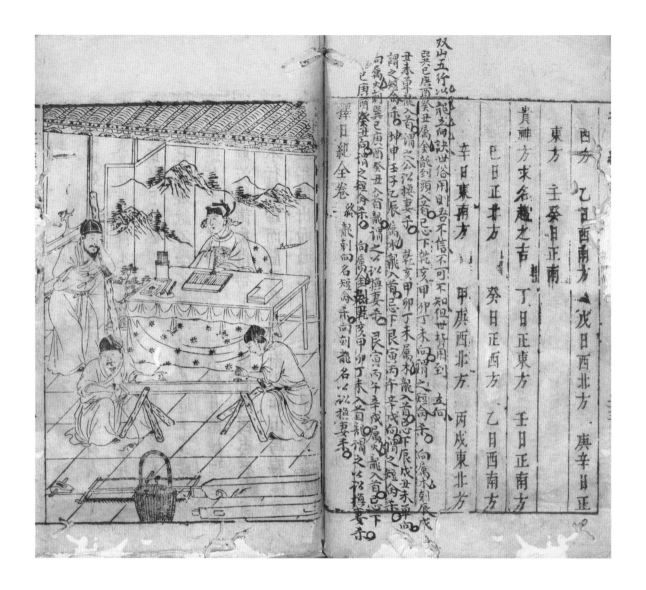

新鐫京板工師雕斲正式魯班木經匠家鏡三卷附秘訣仙機一卷 〔明〕午榮、章嚴撰 靈
驅解法洞明真言秘書一卷新刻法師選擇紀一卷

明末刻本

一冊

半葉九行二十字，白口，四周單邊。版框 20.3×13.7 厘米

魯班仙師源流

師諱班姓公輸字依智魯之賢勝路東平村人也其
父諱賢母吳氏師生於魯定公三年甲戌五月初七
日午時是日白鶴羣集異香滿室經月弗散人咸奇
之甫七歲嬉戲不學父母深以為憂迨十五歲忽幡
然從遊於子夏之門人端木起不數月遂妙理融通
度越時流憤諸族借稱王號周遊說列國志在尊周
而前不行廼歸而隱于泰山之南小和山焉晦迹幾
一十三年偶出而遇鮑老輋促膝諮譚竟受業其門

注意雕鏤刻畫欲令中華文物煥爾一新故嘗語人
日不規而圓不矩而方此乾坤自然之象也規以為
圓矩以為方實人官兩象之能也刻吾之明睜足以
盡制作之神亦安得必天下萬世咸能師心而如吾
明耶明不如吾則吾之明窮而吾之技亦窮矣爰是
餓竭目力復繼之以規矩準繩俱公私欲經營宮室
駕造舟車與置設器皿以前民用者要不超吾一成
之法巳試之方矣然則師之緣物盡制緣制盡神者
額不意且鉅哉而其淑配雲氏又天挺一段神巧所

魯班仙師源流　沈流

師諱班姓公輸字依智魯之賢勝路東平村人也其
父諱賢母吳氏師生於魯定公三年甲戌五月初七
日午時是日白鶴羣集與香滿室經月弗散人咸奇
之甫七歲嬉戲不學父母深以爲憂迨十五歲忽幡
然從遊於子夏之門人端木起不數月遂妙理融通
慶越時流憤諸矦僭稱王號因遊說列國志在尊周
而計不行廼歸而隱于泰山之南小和山馬峨迹幾
二十三年偶出而遇鮑老輩促膝諆譚竟受業其門

新鐫工師雕斲正式魯班木經匠家鏡卷之

北京提督工部御匠司司正午榮彙編

局匠所把總章嚴全集

南京逵匠司司承周言校正

魯班仙師源流

人家起造伐木

〔入山伐木法〕凡伐木日辰及起工日切不可犯穿山
殺匠人入山伐木起工且用看好木頭根數其立
平坦處所伐不可老草此用人力以所爲也如或

新鐫工師雕斲正式魯班木經匠家鏡三卷　〔明〕午榮、章嚴撰

清刻本

一册

半葉九行二十字，白口，四周單邊。版框 19.2×13.0 厘米

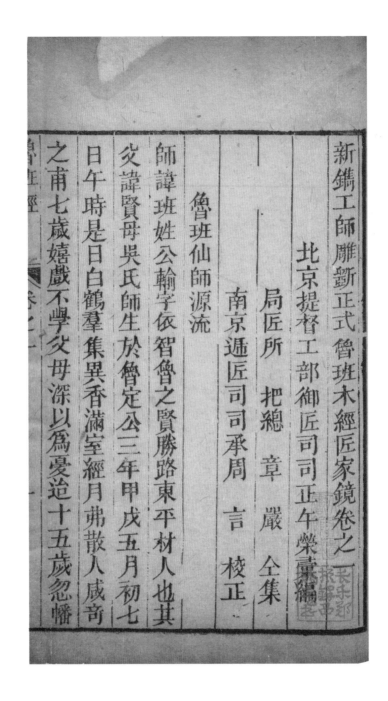

新鐫工師雕斲正式魯班木經匠家鏡三卷　〔明〕午榮、章嚴撰

明末刻本

三册

半葉九行二十字，白口，左右雙邊。版框 19.3×13.2 厘米

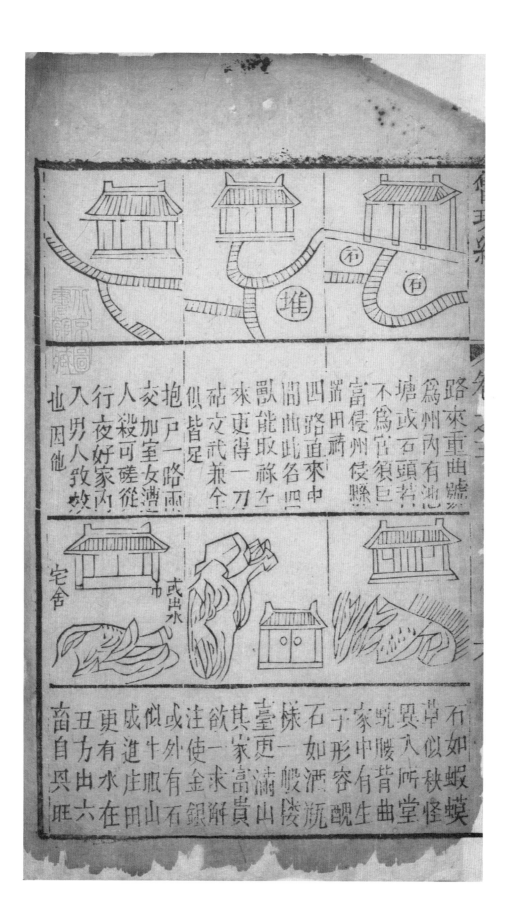

路來重曲號
為州內有池
或石頭若
不爲官須巨
塘侵州侵縣
富田祸

間曲此名四
四路直來中
獸能取祿么
來更得一刀
站交武兼全
供皆足

抱戸一路雨
交加室女灣
人殺可磋從
行好家內
入男人致嫁
也困他

宅舍　武出水

石如蝦蟆
似秋怪堂
號入所曲生
罢腰背醜
家中容醜生
于形洒
石如般陵
樣一滿山
臺家更富貴
其欲一金銀解
注外有石
似牛眼山
成進止在田
更方出水六
丑自因旺
畜

園冶三卷　〔明〕計成撰

明崇禎刻本

二册　存一卷：一

半葉九行十八字，白口，四周單邊。版框 20.0×13.0 厘米

圓鏡式

園冶一卷終

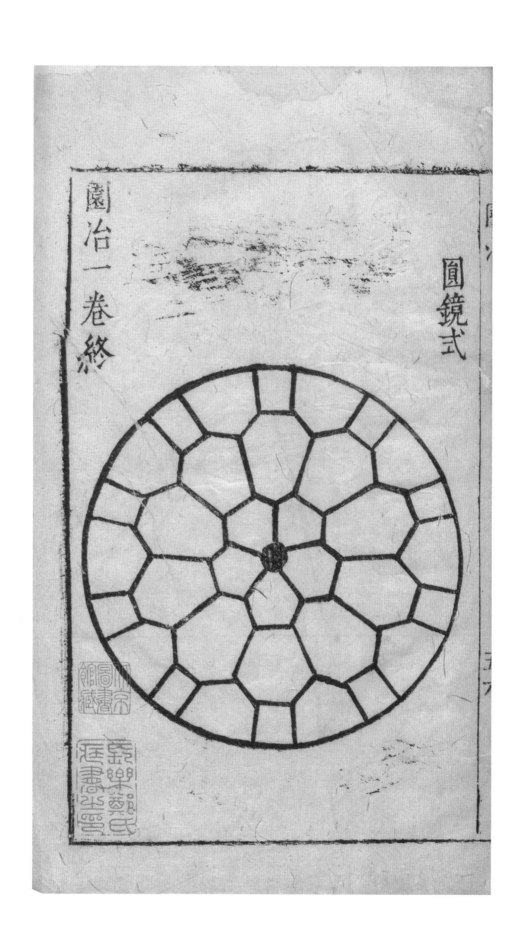

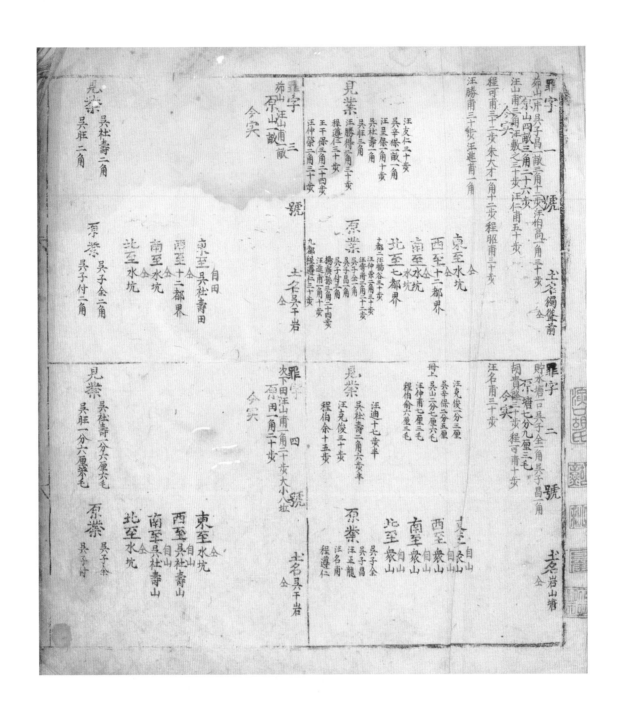

明洪武十九年拾都陸保罪字保簿不分卷

明抄本

一册

版框 29.0×27.0 厘米

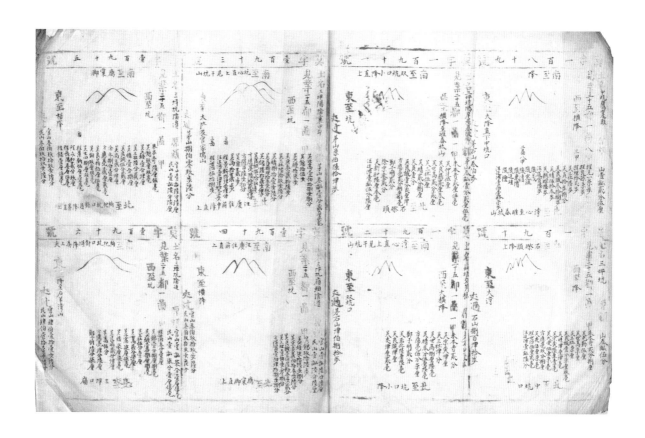

明丈量魚鱗册不分卷

明抄本

一册

版框 30.7×26.0 厘米

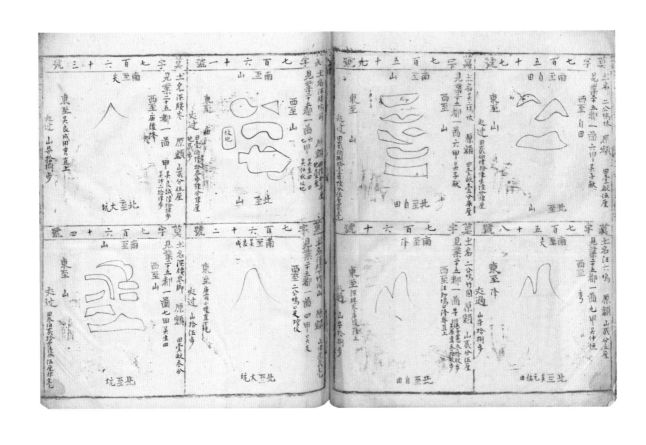

史

史 部 —— 金石類 000

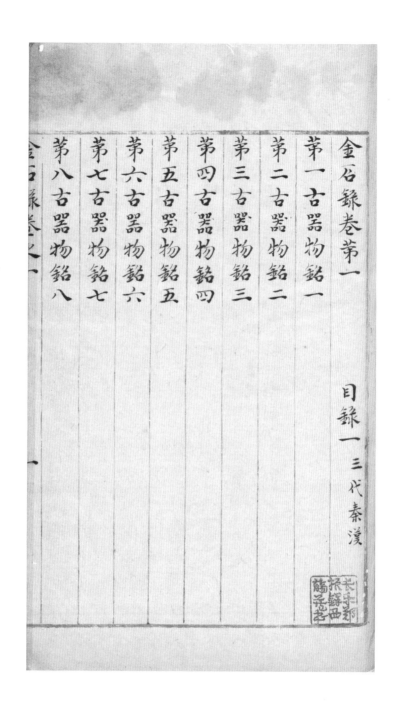

金石録三十卷　〔宋〕趙明誠撰

清初抄本

二册　存二十二卷：一至十、十九至三十

半葉九行二十字，藍格，白口，四周單邊。版框 22.0×15.4 厘米

金石古文十四卷　〔明〕楊慎輯

明嘉靖三十三年（1554）孫昭、李懲刻本

三冊

半葉九行十六字，白口，四周單邊。版框 19.9×14.6 厘米

金石古文卷一　　　　　　　成都升菴楊慎輯次

　　　　　　　　　　　　　　　　　天集

倉頡陽虛山丹甲青文石刻

上天垂命皇辟迭王

按河圖玉板云倉頡爲帝南巡登陽

虛之山臨于玄扈洛汭之水靈龜貢

書丹甲青文以授之文梔二十八字

景刻于陽虛之石室李斯止識八字

曰上天垂命皇辟迭王今已不可尋

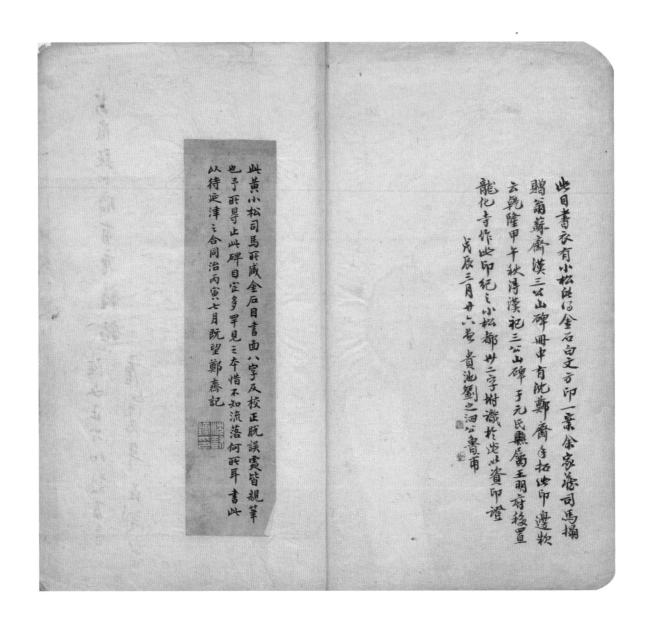

小蓬萊閣金石目不分卷　〔清〕黃易藏並撰

清抄本　清沈樹鏞、劉之泗跋

一册

半葉九行二十四字，白口，四周單邊。版框 18.9×13.1 厘米

小蓬萊閣金石目

三代金文 俱篆書

周公華鐘

文曰惟王正月初吉乙亥周公華擇乃吉金元鏐等字

十五行禮部尚書獻縣紀公嵐收藏

虢叔鐘 村

文曰鯀旅曰不顯皇考專叔等字十行江寧中書司馬

達甫搨本

楚余義鐘

三代

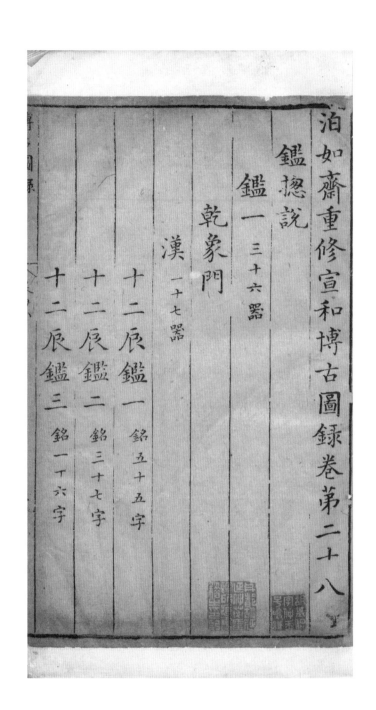

泊如齋重修宣和博古圖録三十卷　〔宋〕王黼等撰

明萬曆十六年（1588）泊如齋刻本

一册　存一卷：二十八

半葉八行十七字，白口，四周單邊。版框 25.0×15.5 厘米

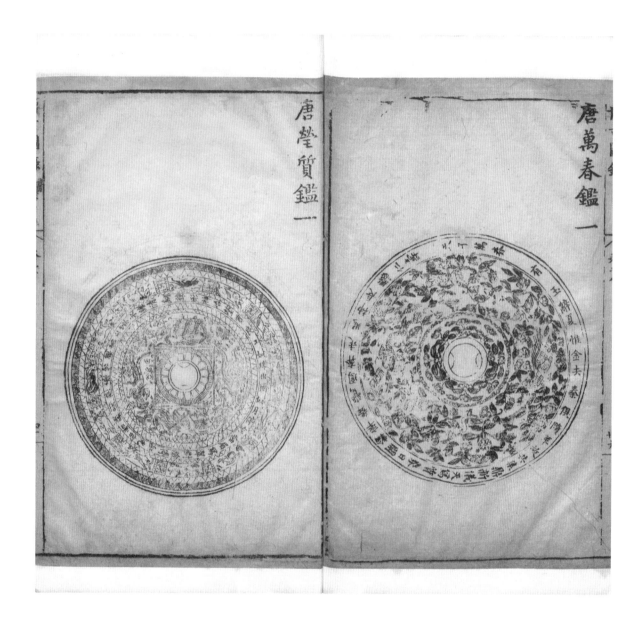

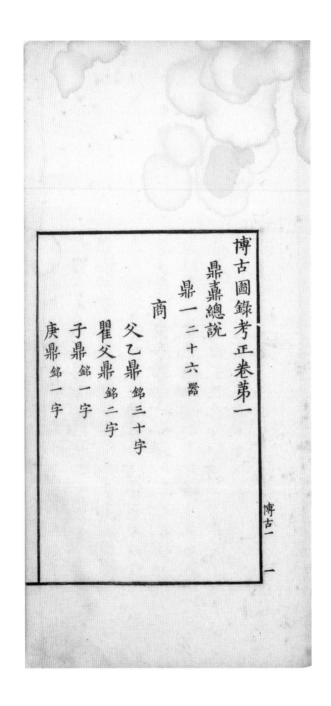

博古圖録考正三十卷 〔宋〕王黼等撰 〔明〕鄭樸考正

明萬曆二十四年（1596）鄭樸刻本

十五册

半葉八行十七至十八字，白口，四周單邊，無直格。版框 17.2×11.7 厘米

重刊博古圖序

古人制器取法于象百工司之類以義起曰
用咸備所以周天下之用而已追考之三后
以來圖書如詩書左氏所載則又不徒用也
其郊廟朝著吉凶慶恤鄉閭比伍脤御器用
往往臣下為君上監制子孫為父祖專設至
其銘款咸祝祈壽祉期之世世甚而用之酬
功德以為賞典頒侯牧以為世守上下貢贄

博古序

博古圖錄考正三十卷 〔宋〕王黼等撰 〔明〕鄭樸考正

明萬曆二十四年（1596）鄭樸刻本

十六册

半葉八行十七至十八字，白口，四周單邊，無直格。版框 17.4×11.8 厘米

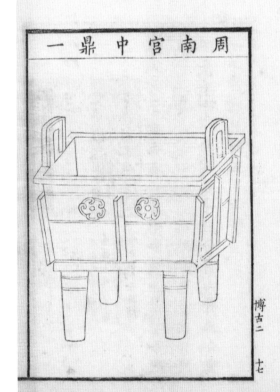

一鼎中宮南周

中作寶鼎

右高九寸三分耳高二寸一分闊二寸二分深
六寸一分口徑八寸七分腹徑九寸五分容一
斗五升重九斤四兩三足銘四字曰中作寶鼎
純素不加文鏤與父己中獻南宮中鼎皆出一
手特南宮中鼎銘文僅百字其略曰王命中先
相南國則知是器皆中一時之制也銅色沁暈
如碧玉製作典古在周器中最為純厚者焉

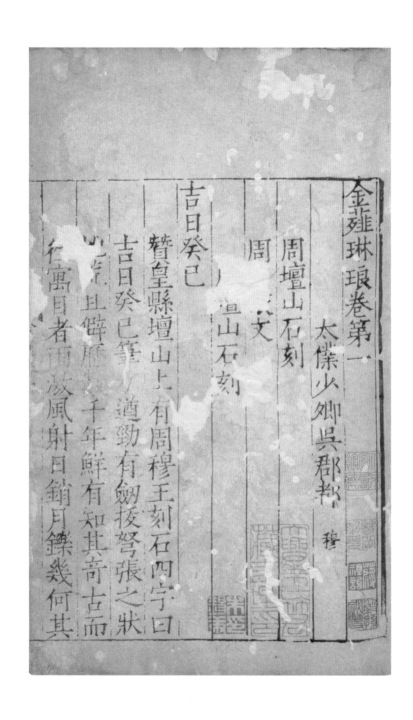

金薤琳琅二十卷　〔明〕都穆撰

明刻本

六册

半葉十行十七字，白口，左右雙邊。版框 19.0×14.9 厘米

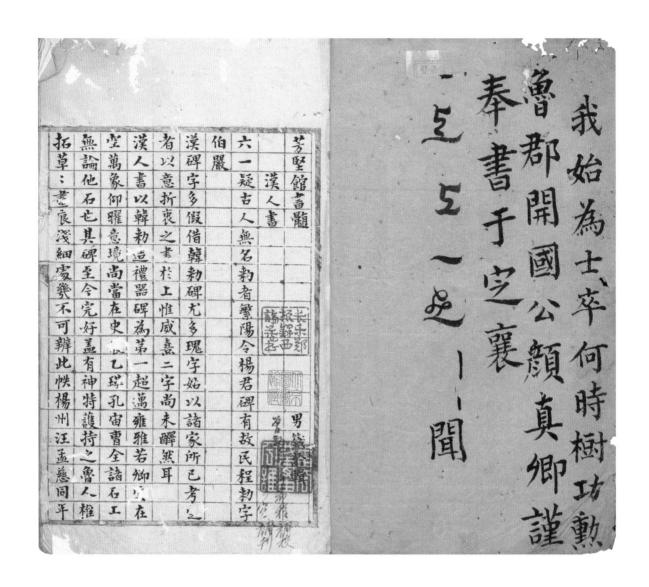

芳堅館書髓一卷 〔清〕郭尚先撰 〔清〕郭篯齡輯

清抄本

一冊

半葉十行二十一字，小藍格，白口，左右雙邊。版框 18.0×12.7 厘米

在都十載與一大美學士氣誼最契丙子典滇試吳羹齋

視滇學榜出所得士皆顧所獎許顧所未識僅至七人而

明經居其三次口見過拊掌大笑酸鹹同嗜竟至此耶

庚辰三月余奉諱歸里顧為悃悃門人羅香岩来閩出

一緘云吳羹書也展誦無一字惟孝經女一帙嗚呼良

友期許之意如是思之能無心動哉道光元年三月四

日識於守元有居顧南雅孝經

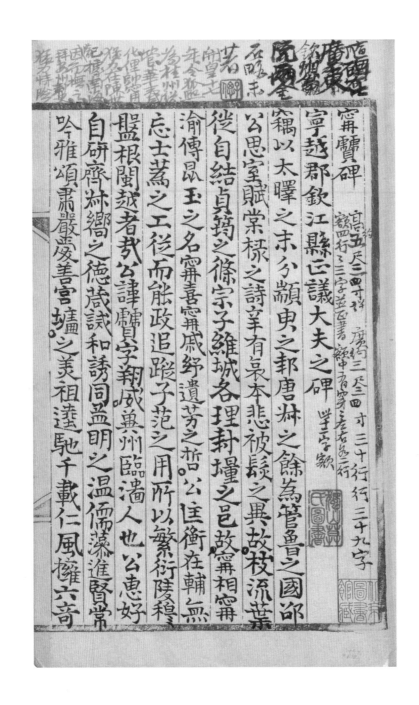

郘亭校碑記一卷　〔清〕莫友芝撰

稿本

一册

半葉十行二十一字，藍格，白口，左右雙邊。版框 19.1×12.7 厘米

其辭曰唐堯之胤愛因命氏祚隆

七百壇開万里爾公嗣侯宜孫宜

学志存雄略性叶英靈千人從命

万里澄清辭朝歸里執鼇私庭

天不吊善樹有悲聲泉門一勒

万胡囫晉名

石藏獻縣董氏約方二尺每行十四字其辭曰以下另

一石或刻石背乎巍刁遵志亦然非親見志石不知也

銘辭每行十字下空

未至石底

十月及里字恐誤元校過 幾行之歟字元 挖其上 前志及校今已改正

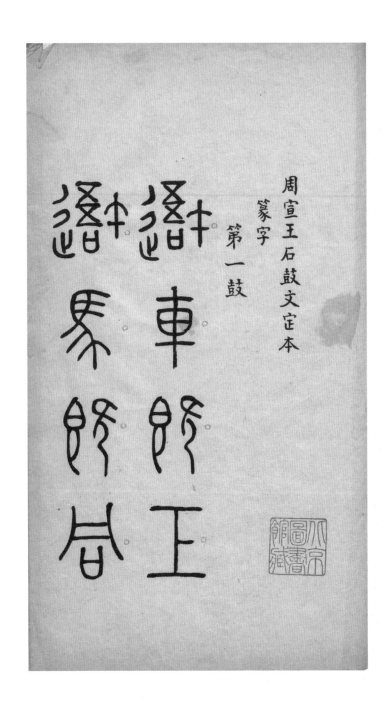

周宣王石鼓文定本不分卷　〔清〕劉凝撰

清抄本

二册

無欄格

鼓征伐之勳表亐兵鉞田狩呂閟武也武王初集大統因伐紂

陳天命策命諸侯故武成之記事也呂筴岐陽之記獵也呂鼓

石鼓

莆田郭天中

鼓非石寶者星文非鼓勒者銘焚外書刪外經雅頌書典刑

隸泰漢徑暎庭篆龍鳥藍澳青曰謙朾春歡停嵌舜金波畫零

我拜手神之聽

字字古奧堨与石鼓文並傳

人皆敷衍此獨簡潔人皆支離此獨堅確船鼉鼓逢逢鹵京

遺音邪

國朝碑版攷
順天府
所屬州縣府記於中以俟分輯

宣宗皇帝御書楞嚴經　在懷忠祠　書法似蓋王補之

文徵明書正氣歌

周天球書周經同頌　○魯頌駉篇　○楊雄太僕箴　○俱王元美題

王世貞史道碩八駿圖贊　周天球書

王元美刻趙孟頫天閑天馬圖　已工五俱在太僕寺

董其昌書正陽門關廟研　焦竑撰　吳士塔鐫

董玄宰書書院碑　有二甘泉二在公院

毀之美其一尚存中城察院

董玄宰書佛戒道記　在法因寺　劉雨若鐫

董玄宰書王方伯墓表

董玄宰書范中丞勤王全淶碑　崇禎七年湖雨石鐫

董玄宰書劉司戶碑記　名賢昌平人　大京兆劉公

榮關刻攜歸其家

黃輝書慈慧寺社生塔研　有　講授

黃昭素慈慧寺碑　闕望碑真蹟探　在大殿前丹墀西二鈒黑

黃昭素甘井研　在慈慧寺

國朝碑版考不分卷碑帖目錄不分卷

明末抄本

二冊

無欄格

篆書

石鼓文　　者七本　三行三五字

岣嶁碑

比干銅盤銘

嶧山碑　　　二行三三字

漢歌風臺碑　二十九字　曹立菴篆

殷比干墓四字

碧落碑　陳惟玉書　三行三五字

夢英千字文

澤山祖刻二十九字　張鳳翼

秦刻三峯李斯　程邈

淮南常方四字

漢西京路別六字

宣尼

岐陽石鼓　史籀

皇頡文　夏禹　商墨款識　周彝款識

夏商中篆呂十三種

村比干墓鋼盤

郡誼篆文　宗濱石歉四字

供羲集董韻曾思盈賞　嘉靖二年以撫山東賤所刻

趙松雪大洞丁歌

夢英六書偏旁字

蒙古字加以譯聖經　非篆也以官蒙字字從行非附粹末

陶毅採千六序附去竹第二册隨之

嚴子進上舍觀輯江寧金石記八卷金石待訪目二卷嘉慶
九年刊本書眉有莫子偲手寫撩張弦金陵新志增補
各條舊為吳興劉氏嘉業堂所藏上舍為道甫侍讀長
明之子家有歸求卅堂藏書甲一都故搜輯極為詳審
此書尤與他家著錄不同者所撩碑碣皆嘗策蹇裹糧
手自椎搨凡例中自云非目擊者寧付闕如誠非相襲互
鈔之類所堪比擬也莫郎庭傳先世無鄭之學淵源有目
清史稿稱其書法不類唐以後人風為世所推重況此為
其手批之本尤可寶貴庚寅孟春怪 復齋借讀既竟聊
綴數語无悶居士 〔印〕〔印〕

江寧金石記八卷待訪目二卷 〔清〕嚴觀撰

清嘉慶九年（1804）賜書堂刻本 清莫友芝訂補，清俞鴻籌跋

四冊

半葉十二行二十四字，黑口，左右雙邊。版框 18.5×14.2 厘米

江寧金石記目錄

冶城嚴觀子進輯

卷一　秦　漢　吳　晉　梁　陳　北周　隋

秦嶧山刻石　李斯篆書二世元年立在溧水學宮

漢校官碑　分書光和四年十月立在江寧學宮尊經閣下

吳天璽元年紀功碑　皇象篆書在江寧學宮尊經閣下

吳衡陽郡太守葛府君碑　正書在句容梅家邊

晉張壯武祠甎題字　分書在句容城內義臺

梁天監十五年井銘　正書在句容城守署旁

梁安成王墓碑　劉孝綽撰貝義淵正書在上元黃城村甘家巷

梁始興忠武王碑　徐勉撰貝義淵正書在上元花林村清風鄉

梁吳平侯蕭景墓闕　正書反刻在上元花林村

陳棲霞寺碑　行書在上元

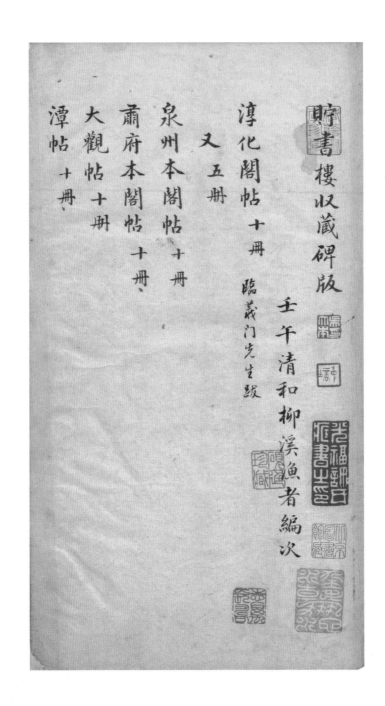

貯書樓收藏碑版

壬午清和柳溪漁者編次

淳化閣帖 十冊　臨義門先生跋

又五冊

泉州本閣帖 十冊

蕭府本閣帖 十冊、

大觀帖 十冊、

潭帖 十冊、

光福許氏貯書樓收藏碑版目四卷附錄宋金元石刻一卷

清抄本　清潘志萬跋

二冊

半葉八行，大小字不等，無欄格

、中興頌　二幀　元搨　　　　　御府鑒定　張書亞靜碑　少　宋搨　義门藏本

、八關齋會記　御府旧　元搨　这一褚靈均殊筆補全　千祿字书　旧搨

、靈濤墓誌　元搨　这一　　　　　　　顏書玄靖碑　宋搨

、心地戒品　　　　　　　　　　段行琛碑　宋搨·文一未断本

、爭坐帖　旧搨　这一御府旧　　　大岯山题记　少　旧搨

、家廟碑陰　宋搨　晋府藏本　　　温府君碑　旧搨

、不空和尚碑　元搨是文氏藏本　奉使蒙州书

、姜嫄公劉廟碑　旧搨　　　　　聖母帖　宋搨　金文通藏本·文一旧搨

、李抱真碑　朱卧菴藏本　　　鄭烋教碑铭　旧搨

、少林寺廚庫记　御府旧　　　追树王子神道碑　少

、壁畫功德记　少　旧搨　　　修緣道場碑铭　少

、李光进碑　　　　　　　　西平郡王李晟碑　旧搨

、阿育王寺碑　少

、圭峯禪師碑　元搨　　　　主秘塔碑铭　毛元仪　宋搨　金文通藏本　这一宋搨

、鄭使君墓誌　少　　　　渡東林寺残碑　旧搨　临义门跋

、注雲禪院记　少　　　　鄭恒墓誌　少

、楊淡石幢　　　　　　残经二種　元搨　义门题跋

、劉贊迷石幢　　　　　張少悌書陀羅呪　旧搨

貯書樓藏金石目 上

是吾友光福許氏所藏金石目
舊在潘碩庭所後歸祝丈心淵
今以三十金易於我北窗夢回展
閱一過目中所載未見者甚夥覽
奏尾滎陽舊跋不勝荊棘銅駝之
感矣乙亥七夕後一日蘭景華識主

秦漢瓦當文字一卷

目

十二字瓦三

長生無極瓦九

長樂未央瓦十九

長生未央瓦十九

與天無極瓦七

億年無疆瓦一

延年益壽瓦七

延壽萬歲瓦一

千秋萬歲瓦九

秦漢瓦當文字二卷續一卷　〔清〕程敦撰

清乾隆五十二年（1787）橫渠書院刻五十九年（1794）續刻本

四冊

半葉十一行二十五字，黑口，四周單邊。版框 21.9×17.3 厘米

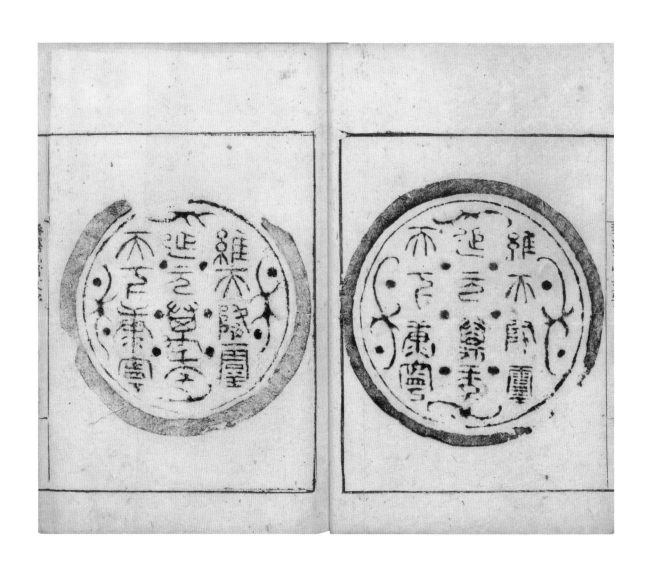

秦漢瓦當文字一卷

上

凡瓦六十有六

程敦著錄

畫嘗見漢銅印有陳受私印受字亦多一畫則爲受字
無疑說文受從受舟省聲多一畫或不省耳祥字左偏
羊芴亦不類竊以爲福字異文上作〇者一也次多波
疊者口字上下牽連如今隸作萬是下田字屈曲作勢
榮畫求之豪髮不爽宜直以永受嘉福釋之蓋自三代
以至秦漢每有製作款識率取吉祥語不必定著宮殿
名也書中所箸錄若延壽萬歲萬物咸成長冊相忘仁
義自成之類甚多不獨此也又冢當萬歲亦當作萬歲
冢當順讀讀泰漢款識多回文隨意起迄不拘上下箸錄
有大萬樂當鬼氏冢舍皆當如此讀法鄙見如是想大
雅不以爲妄耳

秦漢瓦當文字二卷續一卷 〔清〕程敦撰

清乾隆五十二年（1787）橫渠書院刻五十五年（1790）續刻本

三冊

半葉十一行二十五字，黑口，四周單邊。版框 21.4×17.2 厘米

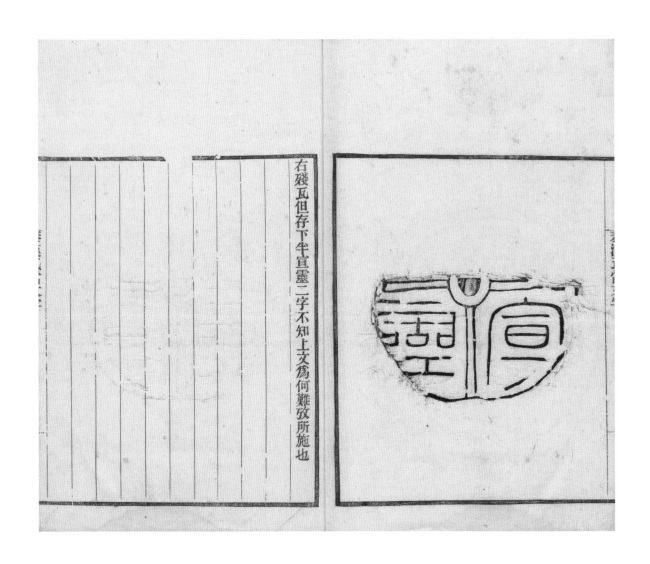

右殘瓦但存下半直靈二字不知上文爲何難攷所施也

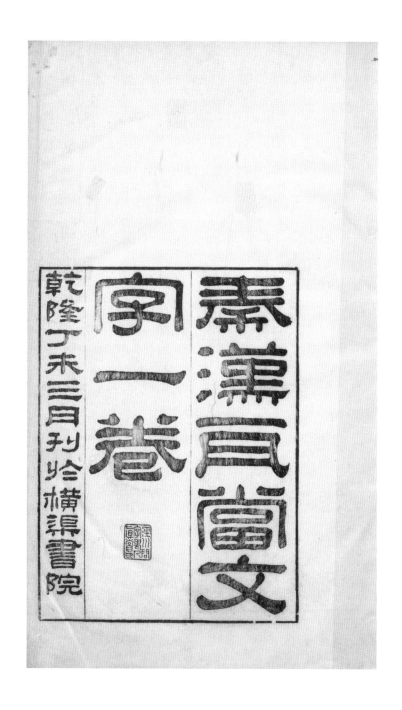

秦漢瓦當文字二卷續一卷　〔清〕程敦撰

清乾隆五十二年（1787）橫渠書院刻五十九年（1794）續刻本　鄭振鐸跋

一冊

半葉十一行二十五字，黑口，四周單邊。版框 21.5×17.2 厘米

一九五六年三月二十八日下午，余至始

皇陵，見陵前有農民在掘土，

碎磚破瓦，堆棄於傍，余於其

中檢拾得大瓦殘片三，合之

可成其半形，瓦紋奇詭未

之前見，的是奉皇陵寢所

用之瓦，當也，乃文意於搜輯

周秦、汉三代瓦當為一書，於

安見到出土的瓦当不少，廿八日至洛
阳，又見到不少新的東西。算录
人四盒高，回字后，乃着手讀瓦（有大）
当文字一類的書。迄程敦煌作到
吴隱。羅振玉所著，大作皆備之。
敦書初用石印本。今晨大雨中文淵
阁乃为致兴原刊本，殊足欣喜。書
竟，闻窗外鳥声細碎，雨当止矣。
六月三日，西諦。

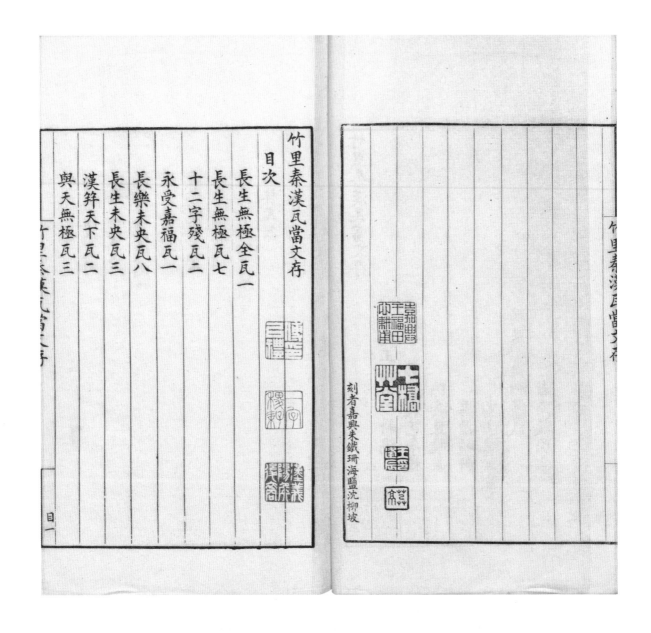

竹里秦漢瓦當文存

目次

長生無極全瓦一
長生無極瓦七
十二字殘瓦二
永受嘉福瓦一
長樂未央瓦八
長生未央瓦三
漢幷天下瓦二
與天無極瓦三

竹里秦漢瓦當文存不分卷　〔清〕王福田撰

清咸豐二年（1852）王氏七橋草堂刻本

一册

半葉十行二十三字，白口，四周單邊。版框 22.4×14.9 厘米

六畜蕃息瓦程氏云當是獸圈署瓦三輔黃圖獸圈九嵒

圈一在未央宮中又漢書張釋之傳上登虎圈問上林尉

禽獸簿虎圈嗇夫從旁代尉對虎圈有嗇夫知獸圈必有

署矣福田　按漢書百官公卿表主爵中尉秦官景帝中六

秊更名都尉武帝太初元秊更名右扶風屬官有掌畜令

丞是瓦文曰六畜蕃息葢掌畜令丞署瓦

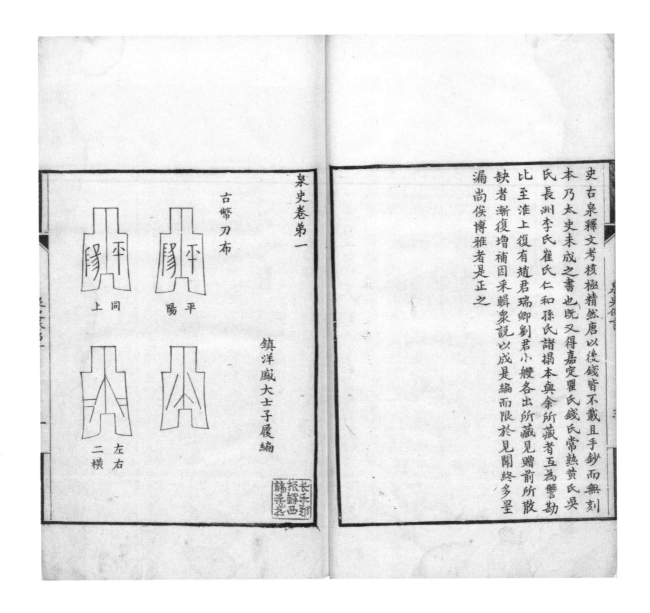

史古泉釋文考核極精然唐以後錢皆不載且手鈔而無刻
本乃太史未成之書也既又得嘉定瞿氏錢氏常熟黄氏吳
氏長洲李氏崔氏仁和孫氏諸搨本與余所藏者互為讐勘
比至淮上復有趙君瑞卿劉君小艘各出所藏見贈前所散
缺者漸復增補因采輯泉說以成是編而限於見聞終多舛
漏尚俟博雅者是正之

泉史卷第一

古幣刀布

鎮洋盛大士子履編

平
臤
同
上

平
臤
陽
平

左右

二橫

泉史十六卷 〔清〕盛大士撰

清道光十四年（1834）鄧文進齋刻本

八册

半葉十二行二十三字，黑口，四周單邊。版框 18.9×15.0 厘米

千不得誤作六黃布刀北周布泉則不得妄分懸針玉筋
使與箸制相與明代寶鈔則花欄文字形制曉然香銀圓
餅則審其源流窮其利弊可備當事之採擇各種馬錢則
證以孚清照之圖說知為宣和打馬所用此皆舊譜所闕
而獨詳見於是書俾覽者上下數千載如示諸掌不僅作
譜錄家鴻寶也故因豐校藏事而紀其大暑如此道光甲
午孟陬月人日山陽受業郝其燮識

彝向在京師聞翁宜泉先生所輯泉譜博洽精審蕘君定
彝求其書於外男朱虹舫先生家蓋外男係翁之門
下士欲謀鋟版未果而歿是以翁氏譜流傳絕少其後彝
隨宦淮壖執經於婁東藏子履先生與宜泉先生同
抱古泉之癖戲寓都中得徧觀蘇齋珍秘南歸吳門猶寓

書往來辨析泉幣源流纍纍千百言是書博採諸家譜
錄徵引繁富不遺稗乘而必以正史為折衷編年繫世
秩然不紊名之曰史蓋亦史學之支流也彝與山陽郝
君分校是書附誌數言於後異日攜至京邸質諸蕘君
當必有欣賞不置者而即以推翁氏之譜亦可以識
其崖暑已道光甲午仲冬朔日闕里受業孔憲彝識

集古印譜五卷　〔明〕甘暘輯　　印正附説一卷　〔明〕甘暘撰

明萬曆二十四年（1596）甘暘刻鈐印本

六册

半葉行字不等，四周雙邊。版框 20.6×12.7 厘米

16500（13930）

集古印譜卷之一

秣陵甘暘　旭編

秦漢小璽

疢疾除永康休萬壽寧字白玉盤螭鈕　其文製作精妙
乃李斯小篆非漢巳後之物決為秦璽無疑也亦當入
清閟閣

萬歲　以玉鈎上正刻萬歲二字因其文多手神故載
之印之其文則反

天祿永昌玉印螭鈕　其文非臣下所用故載璽列

天祿永昌

蓖油濾

萆麻油五斤芝麻油一斤藜蘆三兩豬牙皂二兩

大附子二兩乾薑一兩五錢白蠟五錢籐黃五錢

桃仁二兩土子一錢共入鍋內以武火滾數百遍

水乾隨時增添纔以文火三日爲度去渣復以磁

罐盛之埋地下三日取出晒一二日以去水氣用

之如不用將罐口封固雖百季不壞最忌灰塵

治艾濾

艾必擇蘄州者堪用本地葉大者亦佳去其梗蒂

用石灰水浸七日加碱水少許煮一晝夜榨去黃

水入長流水洗净如晒布濾候白用木杵臼舂熟

篩去灰末用

合印色濾

先以飛净硃砂加金箔等料入以少許細研仍依

數入油研數千遍愈多研愈一如前數加艾不乾

不濕爲度如不急用貯磁鑵内晒五七日更佳新

訒葊集古印存三十二卷 〔清〕汪啓淑輯

清乾隆二十五年（1760）汪氏開萬樓刻鈐印本

十六冊

半葉十四行二十四字，無直格。版框 22.5×14.8 厘米

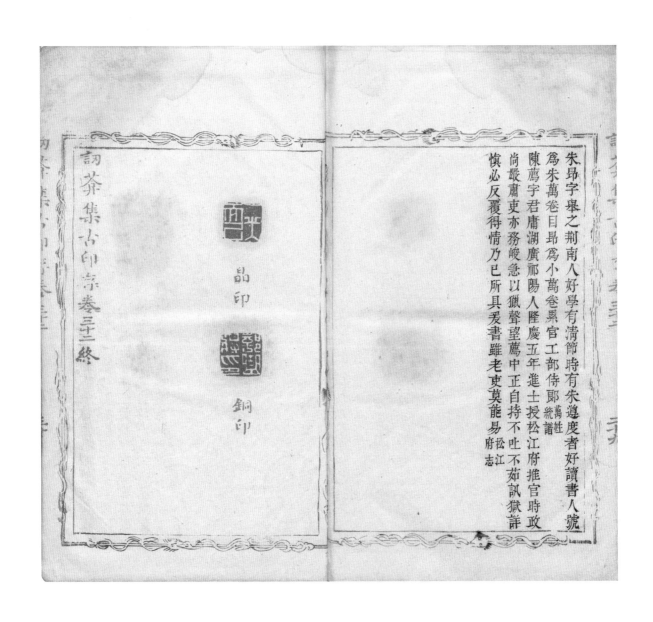

朱昂字舉之荊南人好學有清節時有朱邊度者好讀書人號
爲朱萬卷目昂爲小萬卷累官工部侍郎　統諸萬姓
陳薦字君庸湖廣祁陽人隆慶五年進士授松江府推官時政
尚嚴蕭吏亦務峻急以獵聲望薦中正自持不屈不茹訊獄詳
慎必反覆得情乃已所其爰書雖老吏莫能易　松江府志松江

詞荼集古印宗卷三十二終

史

史　部————目録類

000

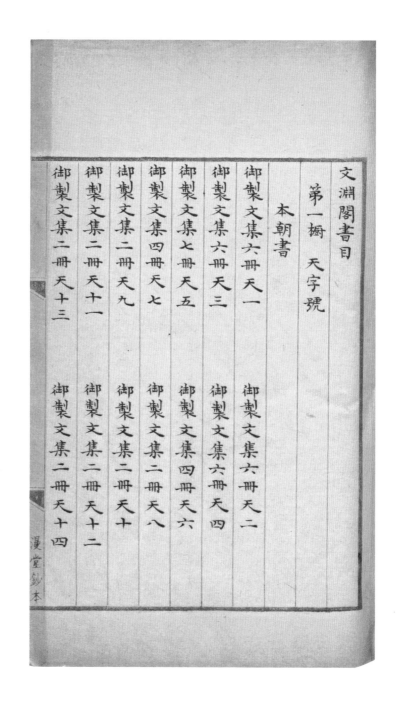

文淵閣書目不分卷　〔明〕楊士奇等撰

清宋氏漫堂抄本

一册

半葉十行字不等，白口，四周單邊。版框 19.0×14.1 厘米

鎮夷守禦𠜂千戶所志一冊目一千二百三　　貴州衛志一冊目一千二百四

涼州衛志一冊目一千二百一　　山丹衛志一冊目一千二百二

莊浪衛志一冊目一千一百九十九　　鎮番衛志一冊目一千二百

永昌衛志一冊目一千一百九十七　　肅州衛志一冊目一千一百九十八

西寧衛志一冊目一千一百九十五　　甘肅衛志一冊目一千一百九十六

陝西兆泯衛志一冊目一千一百九十三　　陝西行都司志一冊目一千一百九十四

陝西洮泯衛志一冊目一千一百九十一　　陝西河州衛志一冊目一千一百九十二

遼東都司志一冊目一千一百八十九　　施州等衛志一冊目一千一百九十

萬全右衛志一冊目一千一百八十七　　大寧都司志一冊目一千一百八十八

宣府前衛志一冊目一千一百八十五　　萬全左衛志一冊目一千一百八十六

保安衛志一冊目一千一百八十三　　開平衛志一冊目一千一百八十四

五門曰別集類軍奏類總集類文史類樂類其例略與史志同惟一書
而兼載數本以資互考則與史志小異耳諸書解題檢馬氏經籍考無
一條列及衷說知原本如是惟不載卷數及撰人則疑傳寫者所刪前
非具原書耳其子部別立譜錄一門以收香譜石譜錄之無類可附
者為列宬壽間有分類未安者如元經本史而入儒家郡芳本類書而
入農家琵琶錄本藝而入樂之類亦有一書偶然複見者如王羲之
東牀句一入別集之類又有姓名訛異者如至澗集
作兩稱未喬平之類然宋人目錄存於令者崇文總目已無完書惟此
與晁公武為最古同考證家之所必備矣

遂初堂書目一卷全抄本

夫結繩既代圖籍肇興綱領有作典章爰著閒之所嘗
帝之書楚史龍通八索九丘之故韓子東聘始見舊經李史西
游僅窺藏室志昆立之放者同已謬悠探禹之奇者曾何彷
佛逖我邈夫有足徵子更秦焚藏之餘遭漢搜揚之盛輢軒偏
於天下竹簡出于壁中世王之所討論群儒之所繕輯前稱七
略末有中經劉蒼終莫得之黃香所未見者罕歸私室悉入內
朝然自雖邑柯邊多芒逸建安重擾半雜煩塵近其則散落閒
闍遂流或布海寓縣是博雅君子薦紳先生踵尚風流迷相傳
焉壯武牛車兼兩鄴侯籤袠累萬雄黃末其未正稜青存夫不

遂初堂書目一卷 〔宋〕尤袤藏並撰

明抄本

一册

半葉十行二十四至二十五字，白口，四周雙邊。版框 20.6×14.3 厘米

斯理也殆不可曉聖賢不過托之寓言以齊世示後所以共天
命而植民彝也黼黻並蓄博覽精素以淑其身以待後之人此
何辜于天而厄之甫極也使子孫不能守如江張王李諸家是
固可恨若孫宋晁氏則子孫知守之矣而火坎其外刼如尢氏
子孫克世廠家滋莫可曉雖然是攟是蓑有饑饉亦有豐年
吾知有攟蓑甘豐鹵非我知也尢氏子孫其尚思所以弗替先
志云臨卭魏了翁跋李太史熹云延之于書靡不觀書靡不
記每公退則閉戶謝客曰記手抄若千古書其子弟及諸女亦
抄書一日謂于曰吾所抄書今若千卷將彙而目之饑讀之以
當肉寒讀之以當裘孤寂而讀之以當友朋憂而讀之以當金

石琴瑟也

右遂初堂書目一卷披直齋陳氏曰錄觧題曰錫山尢氏尚書

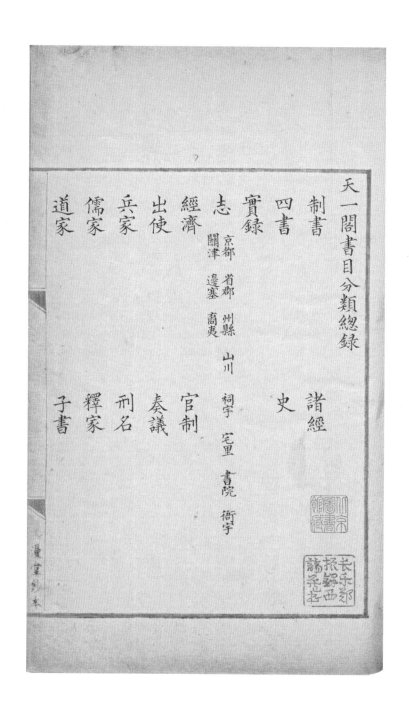

天一閣書目分類總錄

制書　　　　諸經

四書　　　　史

實錄

志　京都　省郡　州縣　山川　祠宇　宅里　書院　衙宇
　　關津　邊塞　裔夷

經濟　　　　官制

出使　　　　奏議

兵家　　　　刑名

儒家　　　　釋家

道家　　　　子書

天一閣書目不分卷　〔明〕范欽藏

清宋氏漫堂抄本

一冊

半葉十行，白口，四周單邊，無直格。版框 18.8×14.1 厘米

集

古文　選詩

詞曲　類書

小說　策論表賦

博古　禮樂

天文〔曆數　太乙　占候　卜筮〕　陰隲

書畫　雜技

醫家　地理

農家　星相

姓氏　人物

列傳　年譜　家乘

天一閣書目

制書

明倫大典二十四本

大明集禮二十六本　又一冊十二本

大明會典四十本　又一冊三十六本

郊廟賦一本　大誥一本

資世通訓一本　御製帝訓一本

洪武禮制一本　聖駕臨雍錄二本

成化條例抄三本　孝慈錄一本

御製大狩龍飛錄三本　勤政要典一本

　　　　　皇朝獻實一套

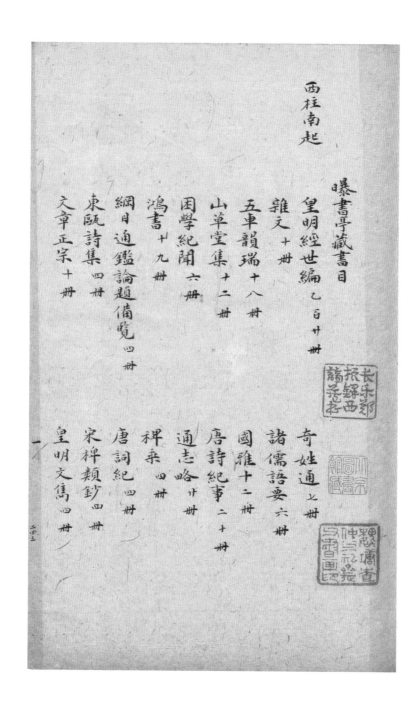

曝書亭藏書目

西柱南起

皇明經世編 乙百廿冊

雜文 十冊

五車韻瑞 十八冊

山草堂集 十二冊

困學紀聞 六冊

鴻書 十九冊

綱目通鑑論題備覽 四冊

東頤詩集 四冊

文章正宗 十冊

奇姓通 之冊

諸儒語要 六冊

國雅 十二冊

唐詩紀事 二十冊

通志略 廿冊

稗乘 四冊

唐詞紀 四冊

宋稗類鈔 四冊

皇明文雋 四冊

曝書亭藏書目不分卷　〔清〕朱彝尊藏

清抄本

一冊

半葉十行字不等，無欄格

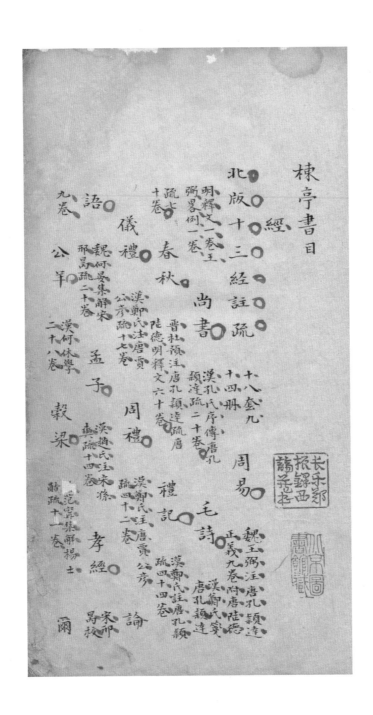

棟亭書目不分卷　〔清〕曹寅藏

清抄本

一册

半葉八行，大小字不等。無欄格

文選錦字 明凌迪知輯二十一卷自序
二十冊

文選瀹註 一冊 明閩赤如瀹註三十卷虞山錢謙益序

錢湘靈西漢文抄 抄本 一冊

古文襃異 一冊 海昌汪文圑評選十四卷自序

古文選 二十五冊 吳郡孫琮許選三十二卷

明文英華 五冊 吳江顧有孝纂次十卷

賦辨 二卷 仁和徐汾著錢唐陳蓮會序

騷賦通韻攷 一冊 仁和徐汾著六卷錢唐毛先舒序

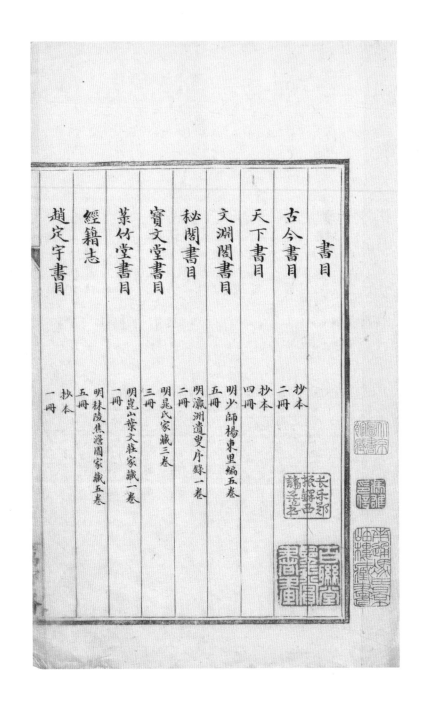

書目

古今書目　　　　抄本
　　　　　　　　二冊

天下書目　　　　抄本
　　　　　　　　四冊

文淵閣書目　　　明少師楊東里編五卷
　　　　　　　　五冊

秘閣書目　　　　明瀛洲遺叟序錄一卷
　　　　　　　　二冊

寶文堂書目　　　明晁氏家藏三卷
　　　　　　　　三冊

菉竹堂書目　　　明崑山葉文莊家藏一卷
　　　　　　　　一冊

經籍志　　　　　明秣陵焦澹園家藏五卷
　　　　　　　　五冊

趙定宇書目　　　抄本
　　　　　　　　一冊

棟亭書目不分卷　〔清〕曹寅藏

清抄本

二冊

半葉九行，大小字不等，藍格，白口，四周雙邊。版框 21.6×14.8 厘米

棟亭書目

經

十三經註疏　北版明國子監酒李長春秦數校刊
　十八函九十四冊

周易　魏王弼注唐孔頴達正義附王弼易例一卷唐德明釋文一卷

毛詩　漢鄭玄箋唐孔頴達疏
　九卷

尚書　漢孔安國序傳唐孔頴達疏
　七十卷

春秋　漢孔安國序傳唐孔頴達疏陸德明釋文
　二十卷

禮記　晉杜頴注唐孔頴達疏
　六十卷

儀禮　漢鄭氏註唐孔頴達疏
　四十四卷

　漢鄭氏註唐賈公彥疏
　十七卷

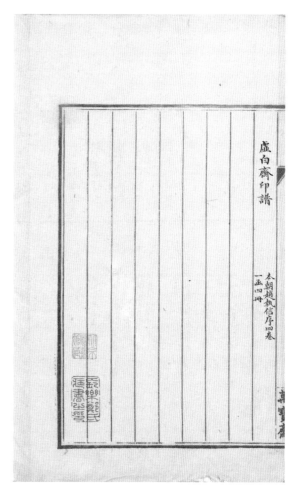

盧白齋印譜　本朝趙執信序四卷
　一函四冊

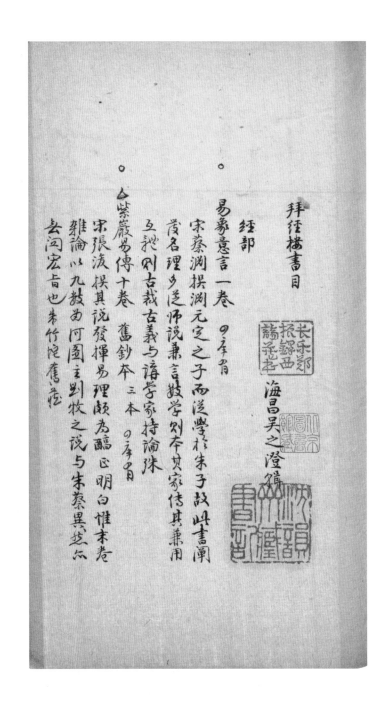

拜經樓書目不分卷　〔清〕吳騫藏　〔清〕吳之澄輯

沈毅抄本

一册

半葉十一行字不等，無欄格

秦雲頎集九卷　舊鈔本

明浦羑戴廿揆此冊其子伯熊渭飛手錄

石□□□雅二卷　崔夢鈔本

二唐梅麂抄

别子十卷　明刻

魏刻書一撰唐李肇考政住此萬曆壬申海二慶□爵臣化

八長安寫道□□福申因刻移□子昌四歲申頁後之供玄

陵啓頃玄治題字　以上八種捘遠書圃書□入

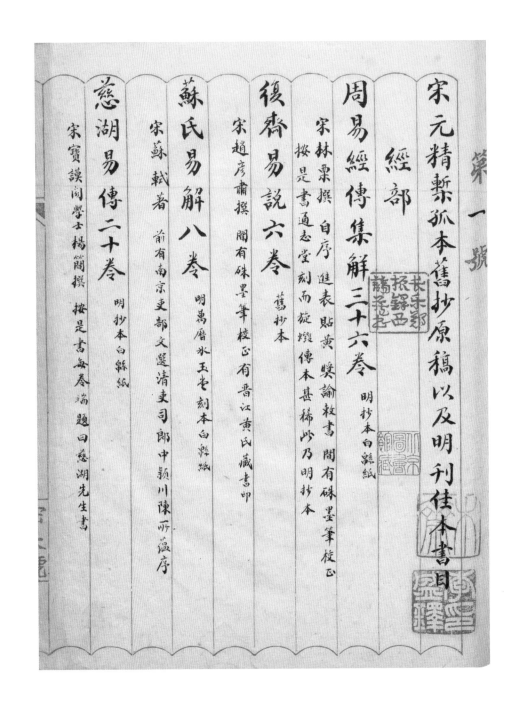

抱經樓盧氏書目四卷 〔清〕盧址藏

清抄本

一册

半葉十行，大小字不等，紅格，竹節欄，白口，四周單邊。版框 20.5×15.4 厘米

清禮思鵬編　欣心有三愛軒藏書

词谱萃雅十二卷 稿本

清禮思鵬撰

朝野新聲太平樂府八卷 鈔本

元楊朝英編　有玉貞樓休寧汪氏痾藏印

御定曲譜十四卷 清碌墨厰本

清王奕清撰

雍熙樂府二十卷 明嘉靖刻本

明郭蒼巖撰

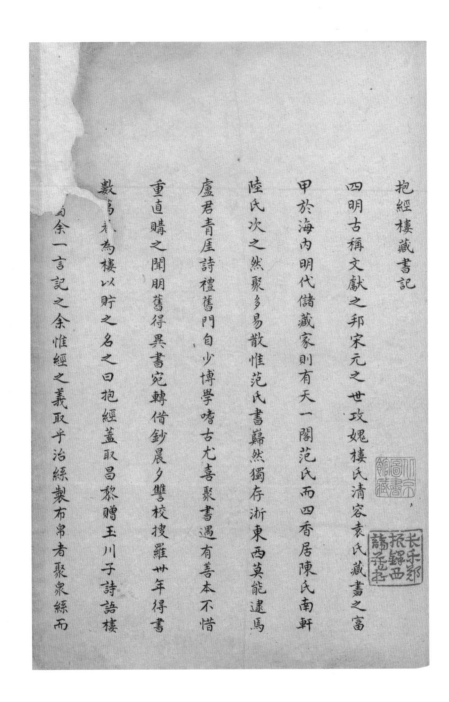

抱經樓藏書記

四明古稱文獻之邦宋元之世攻媿樓氏清容袁氏藏書之富

甲於海內明代諸藏家則有天一閣范氏而四香居陳氏南軒

陸氏次之然聚多易散惟范氏書巋然獨存浙東西莫能逮焉

盧君青厓詩禮舊門自少博學嗜古尤喜聚書遇有善本不惜

重直購之聞朋舊得異書宛轉借鈔晨夕讐校搜羅卅年得書

數萬卷為樓以貯之名之曰抱經蓋取昌黎贈玉川子詩語樓

既高余一言記之余惟經之義取乎治絲製布帛者聚衆緒而

抱經樓書目四卷　〔清〕盧址藏

清抄本

五冊

半葉八行字不等，無欄格

陳其年詞　　　　　　　　　　　　　六本

晚雲近稿　　　　　　　　　　　　　一本

玉池生稿　　　　　　　　　　　　　二本

三藐文則　　　　　　　　　　　　　四本

湖山堂集　　　　　　　　　　　　　五本

陸堂文集　　　　　　　　　　　　　四本

栖真館集　　　　　　　　　　　　十二本

王臨川文集　　　　　　　　　　二十本

草堂詩餘　　　　　　　　　　　　　七本

月船詩稿　　　　　　　　　　　　　二本

青厓公和陶詩稿　　　　　　　一本 未刻

青厓公四明文獻集　　　　三十三本 未刻

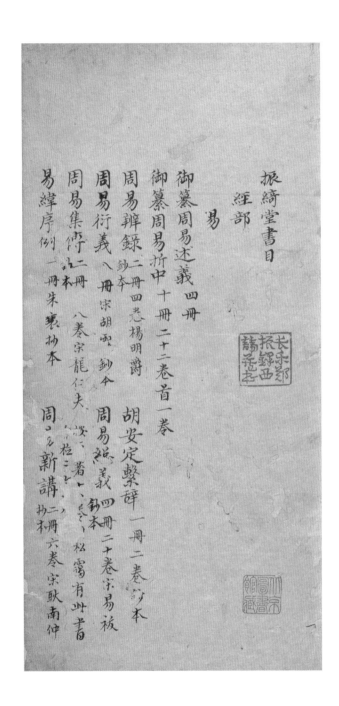

振綺堂書目四卷　〔清〕汪遠孫藏

清抄本

二册

半葉九行字不等，無欄格

三異人傳八冊方、字丁忠甫橫林山

樵貴谷詩選四冊

西湖百詠唱和集一冊鈔本

宋人襟著一冊鈔本

竹寫扁著十六冊

百川學海二十冊

說郛十二冊

櫃兀叢書十冊

闰中十子詩六冊

秦亭風雅集五冊

涑水司馬氏源流集畧四冊

總集五　總書籍

津逮秘書一百二十一冊

漢靚叢書六十二冊

驪珠隨錄二十四冊鈔本

說郛一百二十一冊

稗海六十四冊

容談廣容談談錄泊宅編伯牙琴合一冊鈔本

眙代叢書六集六冊　古今名賢說海十冊

說鈴前後十二冊

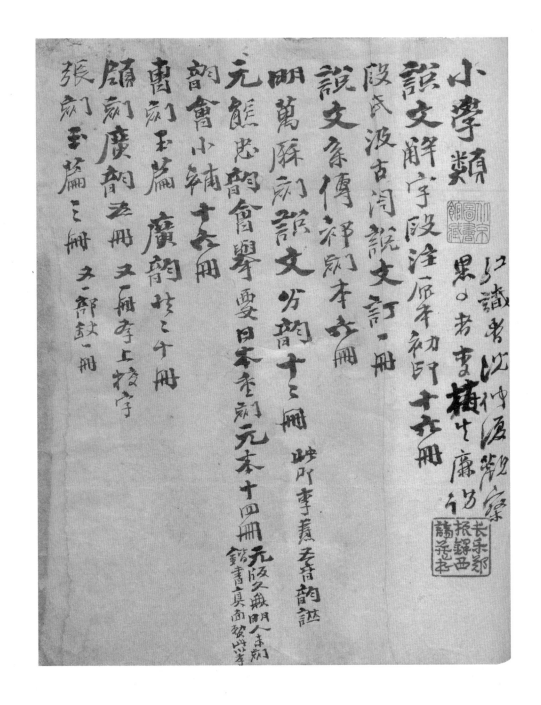

仁和龔氏舊藏書目不分卷　〔清〕龔橙藏並撰

稿本

一册

半葉十或十一行字不等，無欄格

賽華堂水滸傳廿册

〇賣華堂畫扁記

〇賞䄂集四册

〇〇琵琶記三齣

〇情女十二册

拍案驚奇十册

醒世姻緣十六册

弢園藏書志二卷　〔清〕王韜藏並撰

稿本

二册

半葉八行字不等，紅格，白口，四周單邊。版框 18.5×10.1 厘米

吳地記一卷附後集一卷 唐陸廣微撰

吳郡圖經續記三卷 宋朱長文撰

經鉏堂雜寶三卷續編一卷

笠澤叢書甲乙丙丁四卷補遺二卷續補遺一卷 餘姚邵廷采含魯撰

東南紀事十二卷西南紀事十二卷

春樹齋叢說上二元倪模著

癖談四卷 元和袁廷檮耕著

廣東新語二十八卷 番禺屈大均翁山著

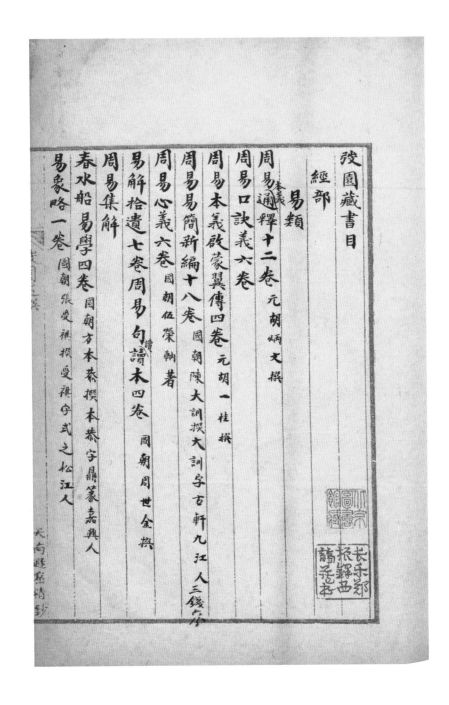

弢園藏書目不分卷 〔清〕王韜藏並撰

稿本

一册

半葉十二行，大小字不等，緑格，白口，左右雙邊。版框 18.9×13.9 厘米

元詩選卷首一卷初集六十八卷二集二十六卷三集

十六卷

皇明詩選

皇明文選

采萩堂古詩選

復莊駢儷文榷二編

元遺山詩集

李二曲集

初刻國朝詩別裁

重訂主客圖

和靖詩集四卷　宋林逋

道園學古錄五十卷

書鈔閣行篋書目

經部

周易正義十二卷　八本
宿周易兼義十卷附釋音　三本　十行宋本
宿讀易舉要四卷　二本　張蓉鏡寫
宿周易會通十四卷　六本　元初印本
宿周易要義十卷　四本　寫本
宿易學象數論五卷　四本　吳枝庵影宋鈔本
宿周易傳義附錄十七卷。加　十本　元刊本
宿周易傳義　四本　宋本
誠齋易傳　宋楊萬里　六本　影珍本
周易集解　唐李鼎祚　八本　明嘉業堂年

書鈔閣行篋書目不分卷 〔清〕周星詒藏並撰

稿本　清蔣鳳藻批校題識

一册

半葉十六行字不等，紅格，白口，四周雙邊。版框 14.9×20.5 厘米

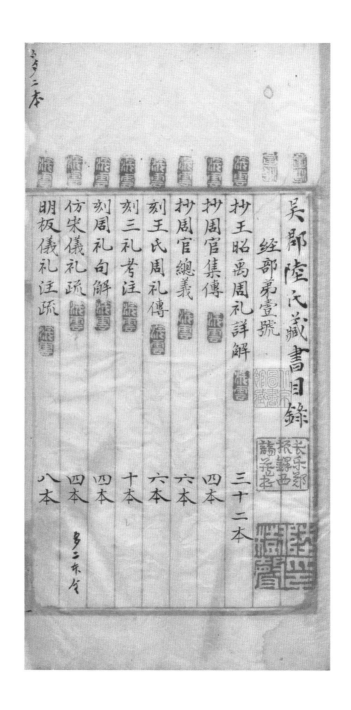

吴郡陸氏藏書目録不分卷　〔清〕陸心源藏

清陸氏皕宋樓抄本

一册

半葉十行字不等，紅格，四周雙邊。版框 17.2×12.1 厘米

史部第八

抄唐文補　　　　　　　　　二本
抄拾香草堂集　　　　　　　一本
抄吳蜃葦集　　　　　　　　一本
抄元祕史　　　　　　　　　二本
抄金史詳校　　　　　　　　五本
抄東晉南北朝輿地表　重出　四本
抄眠詩兼　　　　　　　三十六本
抄韓內翰別集　　　　　　　一本

抄松雪集拾遺　　　　　　　一本
元刻傷寒論注　　　　　　　一本
刻意林　　　　　　　　　　二本
抄皇祐新樂圖記　　　　　　一本
抄嘯微集　　　　　　　　　一本
古印初集　　　　　　　　　二本
刻歷代長術輯要　　　　　　二本
抄隋唐籍志考證　　　　　　四本
抄恬裕齋藏書目錄　　　　　一本
抄南疆逸史跋　　　　　　　一本

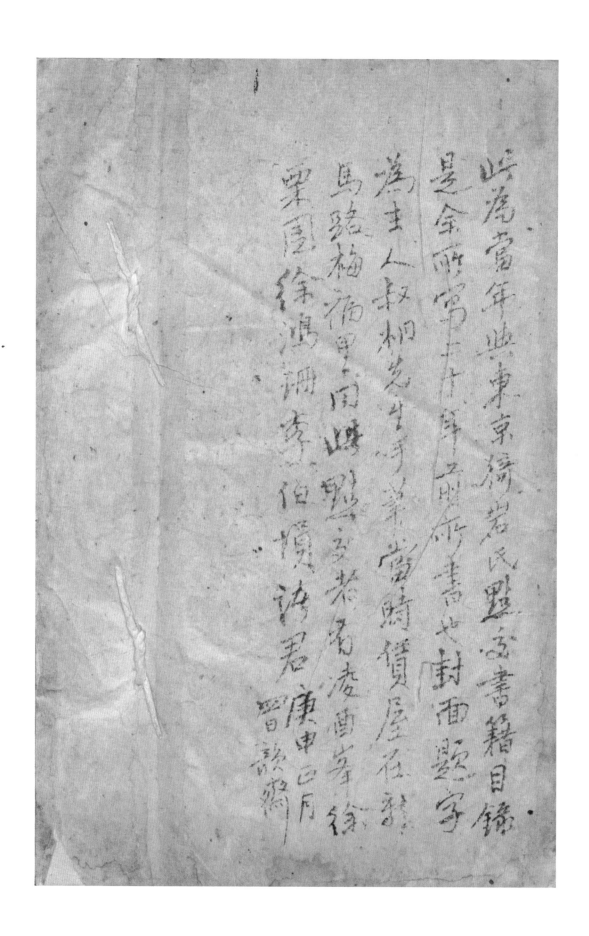

嶠菴當年與東京橋岩民黑齋書籍目錄

是余卅年前所書也封面題字

為主人叔桐先生手筆當時價屋在鞍

馬諸梅福里間嶠黑多若書凌雪峯徐

栗園徐鴻珊李伯慎汾君庚申四月

識爲

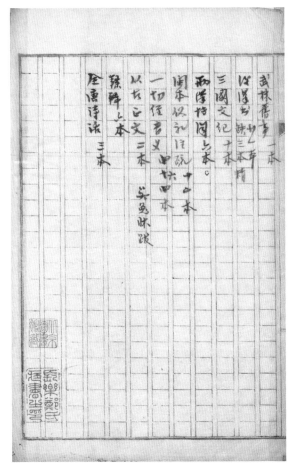

萬宜樓善本書目一卷 〔清〕汪鳴鑾藏

徐乃昌抄本

一册

半葉十二行字不等，小藍格，四周雙邊。版框 20.8×14.8 厘米

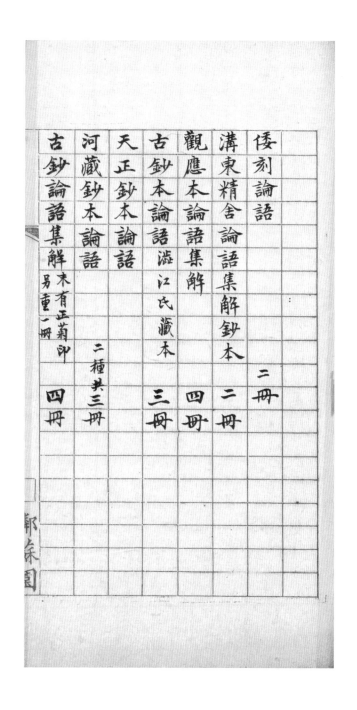

鄰蘇園藏書目一卷 楊守敬藏並撰

楊氏鄰蘇園抄本

一冊

半葉八行二十字，小紅格，四周單邊。版框 18.4×11.7 厘米

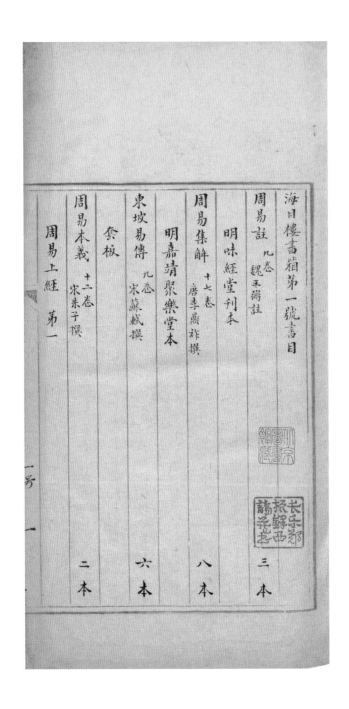

海日樓書目不分卷　沈曾植藏並撰

1925 年沈氏海日樓抄本

一冊

半葉九行，大小字不等，藍格，白口，四周雙邊。版框 18.5×12.8 厘米

三魚堂文集　十二卷　外集六卷　附附錄
　　　　　平湖陸隴其稼書著　　　　五本

嘉會堂刊本

三魚堂賸言　十二卷
　　　　　金山陳濟闇庭編　　　　　二本

乾隆三蕉書屋刊本

何義門先生集　十二卷　附附錄　義門弟子姓氏錄
　　　　　長洲何焯屺瞻著　　　　　四本

道光刊本

何義門先生讀書記　五十八卷
　　　　　何焯著　　　　　　　子部十本

乾隆石香齋刊本

國朝詩別裁集　三十六卷
　　　　　長洲沈德潛纂評　　　　十二本

乾隆刊初印本

乙丑閏四月十七日廷燮校

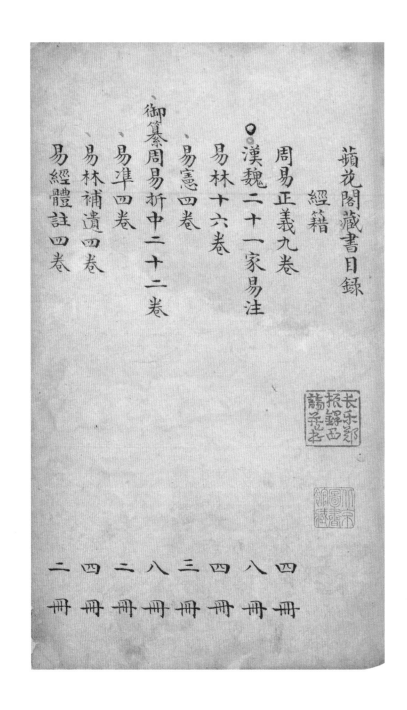

蘋花閣藏書目録

經籍

周易正義九卷　　　　　　四册

○漢魏二十一家易注　　　　八册

易林十六卷　　　　　　　四册

、易憲四卷　　　　　　　三册

御纂周易折中二十二卷　　八册

、易準四卷　　　　　　　二册

、易林補遺四卷　　　　　四册

易經體體註四卷　　　　　二册

蘋花閣藏書目録八卷

清抄本

一册

半葉十行字不等，無欄格

含真堂詩稿 一冊

萬青閣竹枝詞 一冊

洞庭詩稿六卷 一冊

陶集 一冊

陳檢討集 四冊

東坪詩集 一冊

四美人詩 一冊

名家詞鈔 一冊

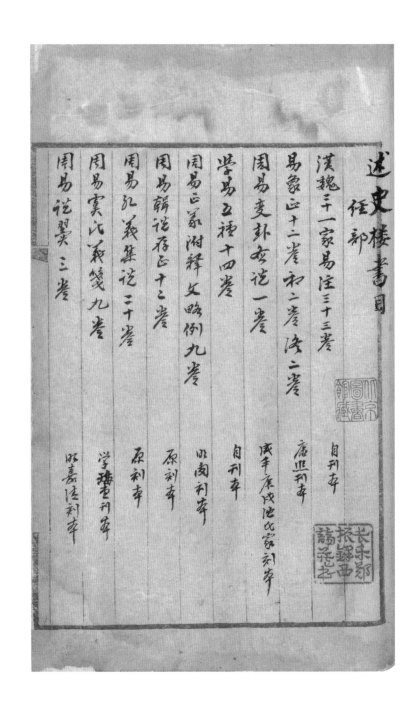

述史樓書目四卷

清抄本　李盛鐸跋

一册

半葉十行字不等，藍格，四周單邊。版框 17.9×13.0 厘米

此書目一冊不知誰氏所藏意當日必係舊藏
託譽實者正蓋不祇慮其目中所列多今注重
需用之書不計版刻遠近並明刻秘鈔六簡
有一二藏本玉致萬卷而宋元民籍如願為惜
之目中抄本書多不題何人所鈔摺有題述
史樓抄本書十餘種信瓶一巷題述史樓
刊本戡所藏之人題姚記此俟致
乙卯中秋前三日戡鐸記

目中所收於光緒甲午以前新刊善本一
書略群備之以知其藏書之時代又多
省府志中省志有三而游展其一府知諸
志游尤多新府之志州廣東為多且
有廣東圖説亭十豪其人出游轄為
遊粤者羊志竹此為他目及記之壞也

戡鐸又記

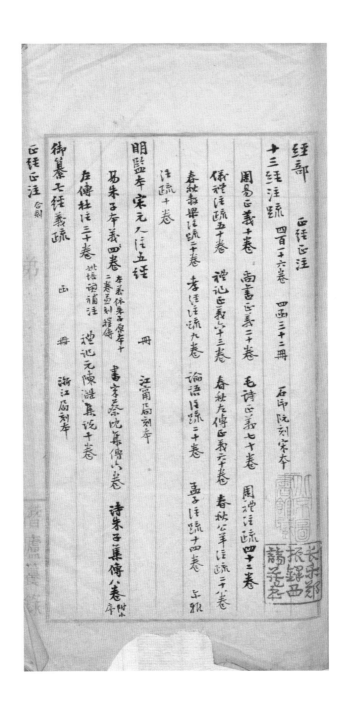

[潛廬藏書志] 不分卷

清光緒十八年（1892）稿本

一册

半葉十行字不等，白口，四周單邊。版框 17.7×10.8 厘米

李超墓誌　　唐窟使院住幢　　薛孝慈墓誌

敬善寺造象　　美原縣尉張墓誌　　美興寺造塔感有利记

楊氏造象　　李輔光墓誌　　梁夫人墓誌

王四造象　　孫管真墓誌　　韋夫人墓誌

景龍寺住銘　　哥舒季通葵馬銘　　博塔銘 碑石缺本五　　王洲墓誌　　王瑨墓誌

制平團造象　　釋迦　　樊氏墓誌　　張夫人墓誌

宇文琬墓誌　　王夫人墓誌

一

緑院士唐碑十冊

博塔銘 三種

磨崖碑

咸陽城碑

昭德先生郡齋讀書志
門人承議郎新泰辟通判茂州軍謚等恭讀

先生姓晁氏名公武校井氏書為讀書志凡四卷鵬
舉作邑峨下望先生滄洲之居雖犬相聞暇即問奇
字於古松流水之間一日叩以此書忻然相付先生
博物洽聞雅稱海内凱知萬籍樓中先生所得蓋已
超出文岸而此荃蹄尚旦為貧子之光因廣其傳庶
吾僑晚學於未見書暑知其緊尚先生刮蒙裝鄙之
意云

昭德先生郡齋讀書志四卷後志二卷　〔宋〕晁公武撰　**附志一卷考異一卷**　〔宋〕趙希弁撰

清抄本　清沈嚴録何焯批校

五冊

半葉十行二十字，無欄格

昭德先生郡齋讀書志卷第一上

自漢武帝之後雖世有治亂無不知崇尚典籍劉歆

始著七略總錄群書一曰輯略二曰六藝三曰諸子

四曰詩賦五曰兵書六曰術數七曰方技至荀勖更

著新簿分為四部一曰甲部紀六藝及小學等書二

曰乙部有古今諸子家及兵書術數三曰丙部有史

記及故事四曰丁部有詩賦圖讚勖之簿蓋合兵書

術數方技於諸子自春秋顥摘出史記別為一六藝

諸子詩賦皆仍歆舊其後歷代所編書目如王儉阮

孝緒之徒咸從歆例謝靈運任昉之徒咸從勖例唐

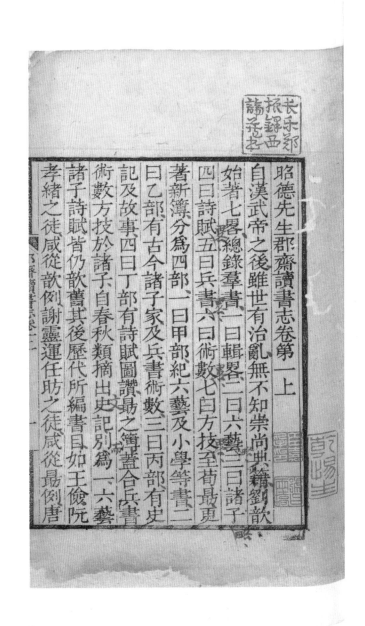

昭德先生郡齋讀書志四卷後志二卷 〔宋〕晁公武撰 **附志一卷考異一卷** 〔宋〕趙希弁撰

清康熙六十一年（1722）陳師曾刻本 清鮑廷博校並跋

八冊

半葉十行二十字，黑口，左右雙邊。版框 13.3×10.3 厘米

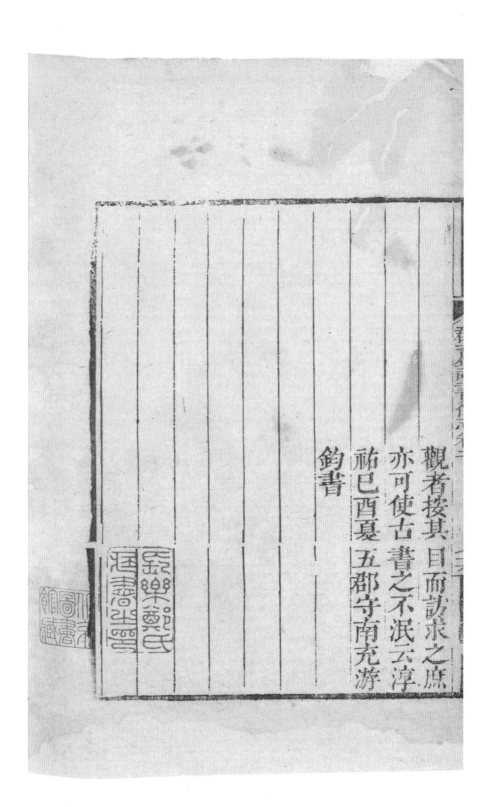

釣書

觀者按其目而訪求之庶
亦可使古書之不泯云淳
祐巳酉夏五郡守南充游

昭德先生郡齋讀書志卷之一

門　人　姚　應　績　編

自漢武帝之後雖世有治亂無不知崇尚典籍劉歆始
著七略總錄群書一曰輯略二曰六藝略三曰諸子略
四曰詩賦略五曰兵書略六曰術數略七曰方技略至
荀勗更著新簿分為四部一曰甲部紀六藝及小學等
書二曰乙部有古今諸子家及兵書術數三曰丙部有
史記及故事四曰丁部有詩賦圖讚汲冢盖合兵書
術數方技于諸子自春秋類摘出文記別而為一六藝

非春本此世傳孟子正義本卲武士
人偽作讀書志不載其書最為有識
通考以正義附於音義下合為一條并屬諸
宣云且引邑氏跋於趙注為本句之上言增入
爽摭正義一語其實此書原本固云三矣三也馬氏
盖藏於陳伯玉以下諸家之説讀此正義六室之作
至朱竹坨經義考承馬氏之謬專以此偽房諸正義
則更謬矣頓李犕存得完其跋誤之由此舊本
而以至貴也瞿中溶记於古泉山館

昭德先生郡齋讀書志二十卷　〔宋〕晁公武撰

清抄本　清瞿中溶跋，清季錫疇校並録清顧廣圻校

八册

半葉九行二十一字，無欄格

藏燬矣讀書志偶在篋中鈞謹刻置

信安郡齋不惟使晁氏平生之功不

泯没而觀者按其目而訪求之廢亦

可使古書之不泯云

淳祐巳酉夏五郡守南充游鈞書

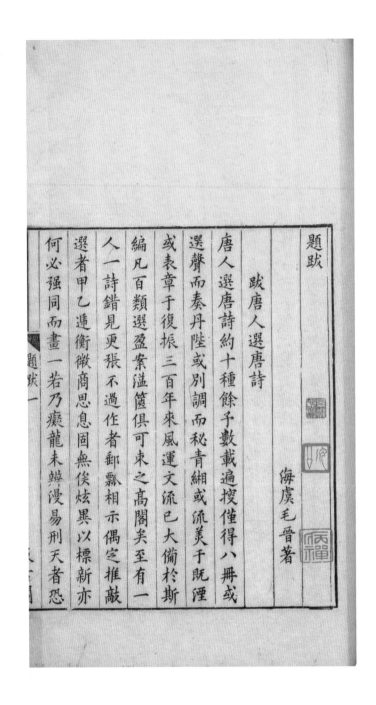

題跋一卷　〔明〕毛晉撰

明崇禎毛氏汲古閣刻本

一册

半葉十行十九字，上黑口，左右雙邊。版框 16.0×13.2 厘米

說實有攸關班孟堅諸君欽列於百家之末蓋非
無謂也沈存中筆譚吳慶厚青箱雜記每鄭重此
顙而戴之於首然雜以他事不免為方技蟲魚所
潤獨徐吏部寰寥三卷頗有裨諡之風所謂謀之
野者得之也是編也當与我　明元美氏異典二
述同一軌轍云
　跋玉蕊辨證
周文益忠公雜著二十餘卷獨此卷辨證名花真
堪与六一居士牡丹譜並傳第唐昌觀之玉蕊至
唐始著而揚州后土祠之瓊花漢延元間祠祠固

花而有封號則其由來甚遠何不云瓊花辨證乃
云玉蕊豈避瓊為赤玉耶其中猶有未詳者如首
戴嚴休復詩實詠長安坊仙游故事其本集
題作揚州唐昌觀謬矣劉香稱為椿汁可作酒似
又一種端伯呼如容些呼為米囊名稍佳
也若山谷所云山礬意即野人所云鄭樹土人所
云八仙花故江南野中多有之安得輕視瓊之無
雙而存疑似之見也至葛常之謂非玉蕊則又過
為異同笑庶幾林蔣瓊華記馮子振瓊花賦單安
仁瓊華辨可互證云

題跋四七五

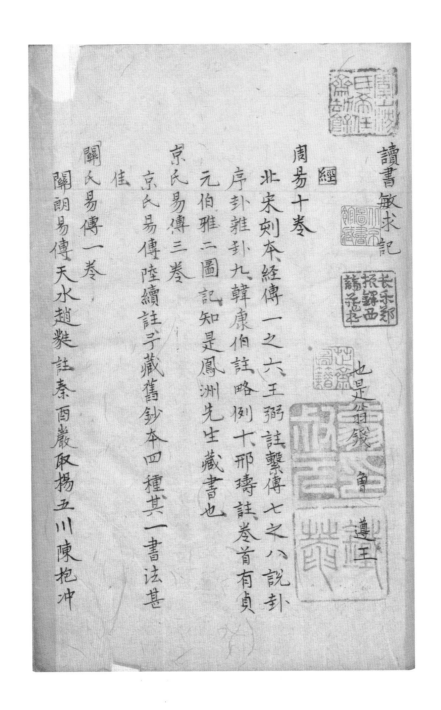

讀書敏求記四卷　〔清〕錢曾撰

清抄本

二册

半葉十二行二十字，無欄格

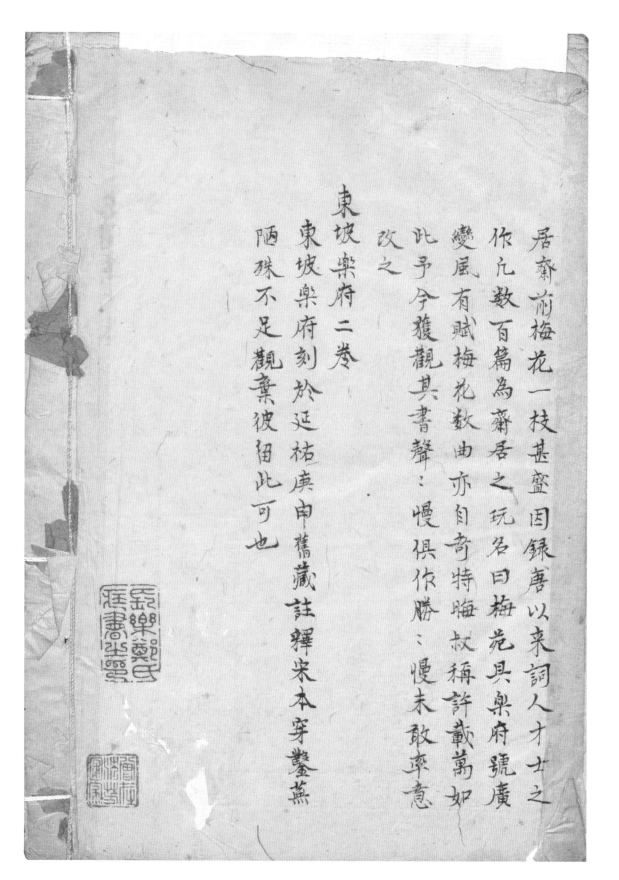

居齋前梅花一枝甚盛因録唐以來詞人才士之
作凡數百篇為齋居之玩名曰梅花具樂府號廣
變風有賦梅花數曲亦自奇特晦叔稱許戴萬如
此予今獲觀其書聲：慢俱作勝：慢未敢率意
改之

東坡樂府二卷

　東坡樂府刻於延祐庚申舊藏註釋宋本穿鑿蕪
　陋殊不足觀棄彼留此可也

天子氣固使擒衣徒二千人鑿坑以敗其勢因更
名丹徒古蹟志載焦山有周昂大通斗古邑陸離相傳
邑人魏氏物嚴萬當國以不得此昂將罪之萬敗現氏送
存焦山嘉靖倭亂為宦家所有萬歷初庞令時雍賄還山
昂內銘篆尚未改辨　國朝康熙甲辰新城王士禄土正
來游屬程遠玫出乃勒諸石果周宣王時物也文曰維九月
既望甲戌王如于周丙子孫于圖室司徒南仲佑世惠僉立
中廷王呼史端册令世惠曰宣治伍王頫側勿作錫女懋衣
束帶戈琱縞鞞彤矢鑾勒逝世惠敬對揚天子丕顯叡
休用作尊鬲用享於我列考用周盍壽萬年子孫周室用

目治偶抄卷一

　經類

十三經注疏共三百四十四卷明季虞山毛鳳苞子
晉雕本所稱汲古閣本也　易九卷上下經魏王
弼注上下繫以下三卷晉韓康伯注康伯者輔嗣
門人也　尚書二十卷漢孔氏傳　毛詩二十四
卷漢鄭氏箋以上三書皆唐孔穎達作正義　周
禮四十二卷儀禮十七卷皆鄭氏注唐賈公彥正
義　禮記七十卷鄭氏注孔穎達正義　春秋公

海寧周廣業耕厓

目治偶抄四卷　〔清〕周廣業撰

清抄本

一册

半葉十行二十字，無欄格

城縣志九卷明趙三台脩威治丁克　續補縣屬

武昌府　關里誌二十四卷明李東陽陳鎬撰本

朝雍正初衍聖公允植重脩　藝文居多

水經注三十卷漢桑欽君長撰水經後酈道元

善長注後有黃省曾敍桑氏所引天下之水一

百三十有七江河在馬注引其枝流一千二百五

十有二唐六典水部所掌以江河為大川故止一

百三十五中川其小川與酈注同

兩浙地志録

浙江通志七十二卷　嘉靖三十九年辛面告成二十册　海寧周廣業耕崖

武進薛應旂仲常輯應旂號方山嘉靖十四年進

士歷浙江提學副使先是乙未丙申間華亭徐少

傅階視學於浙創為志稿方山時宰慈谿嘗授簡

馬徐遷秩去越歲辛亥方山亦來視學乃加蒐輯

未幾左調歸吳梅林胡公以禦倭功內陞因興前

巡浙金泉王公南陽王公學使松坡畢公遣官

稿屬方山成之既而巡按際巖周公復遣官即方

兩浙地志録一卷　〔清〕周廣業撰

清抄本

一册

半葉十行二十字，無欄格

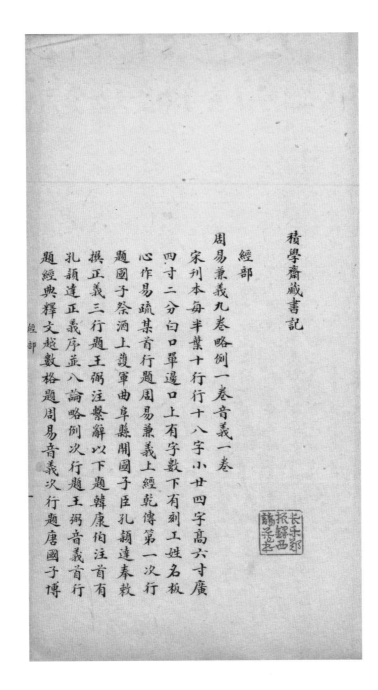

積學齋藏書記

經部

周易兼義九卷略例一卷音義一卷

宋刊本每半葉十行行十八字小廿四字高六寸廣
四寸二分白口單邊口上有字數下有刻工姓名板
心作易疏某音行題周易兼義上經乾傳第一次行
題國子祭酒上護軍曲阜縣開國子臣孔穎達奉敕
撰正義三行題王弼注繫辭以下題韓康伯注首有
孔穎達正義序并八論略例次行題王弼音義首行
題經典釋文越數格題周易音義次行題唐國子博

經部

積學齋藏書記四卷　徐乃昌撰

清抄本

三冊

半葉十一行二十一字，無欄格

詞林逸響四卷

明吳趣許宇仰拙枝點明刊本每半葉九行行二十
二字白口單邊首有句吳鄒元吉序崑腔原始凡例
凡風花雪月四圖分載於各卷之
首風卷五十六套花卷六十四套雪卷五十九套月
卷六十二套風花二卷係明人曲目下載八名雪月
二卷俱舊曲無姓氏字旁或作口或作○△皆辭律
之符號也

吳歈萃雅四卷

題茇苑梯月主人選輯古吳隱之道民校點明刊本
每半葉九行行二十一字白口單邊首有萬麻丙辰

梯月主人欵又小引長洲周之標君健序又題詞又
載魏良輔曲律分元亨利員四卷每卷首有圖刊繪
精緻

牡丹亭還魂記二卷

明臨川湯顯祖若士編歈縣玉亭宋元鎮校明刊本
每半葉十行行二十二字白口單邊有圖首有萬麻
戊戌清遠道人題解

雪韻堂批點燕子箋二卷

題百子山樵揅即石巢阮大鋮所記名也明刊本每
半葉九行行三十字白口單邊凡四十二齣每卷有
圖六幅甚工
　　　　　　　　　　　　　　　集部

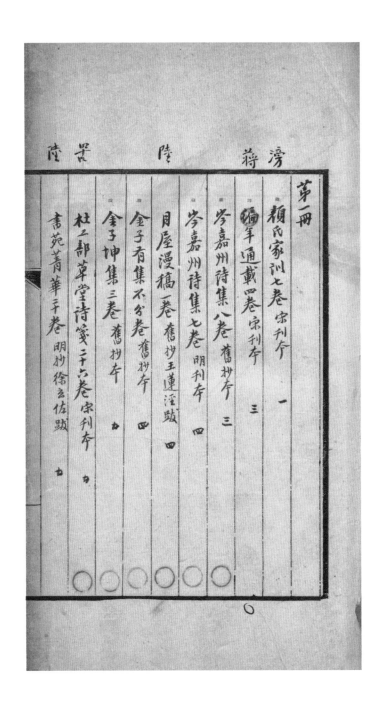

群書題識雜抄不分卷

吳興沈氏儀黃精舍抄本

四册

半葉十行二十一至二十三字，白口，左右雙邊。版框 18.0×13.0 厘米

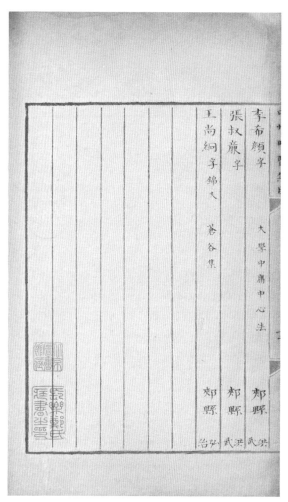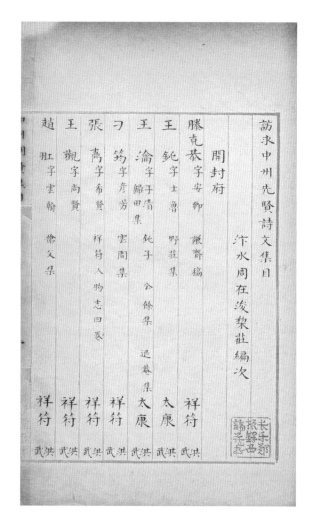

訪求中州先賢詩文集目一卷　〔清〕周在浚撰

清宋氏漫堂抄本

一册

半葉十行，大小字不等，藍格，白口，四周單邊。版框 19.0×14.1 厘米

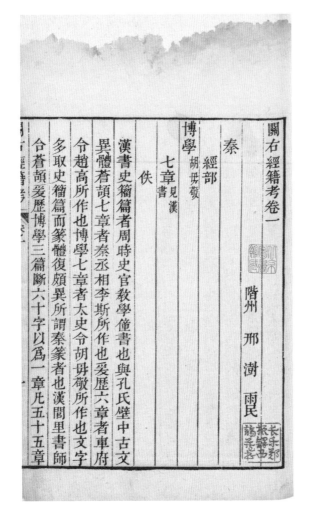

關右經籍考十一卷　〔清〕邢澍撰

清刻本

六册

半葉十二行二十三字，白口，四周單邊。版框 19.3×14.8 厘米

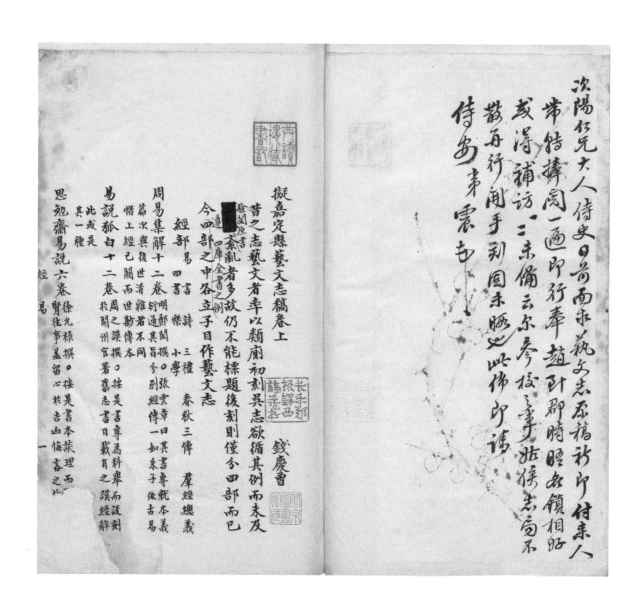

擬嘉定縣藝文志稿三卷 〔清〕錢慶曾撰

稿本

三冊

半葉十行二十二字，小字雙行同，無欄格

南槎詩草二卷陸洪恩撰洪恩字貞辰

悔吟餘稿十二卷封毓秀撰毓秀字漢光諸生　○遯庵遺稿

荃蘭堂詩刪一卷文刪一卷陸硎撰硎字似敏行孫諸生

鋒花樓四六文顧瑞麟撰

霞瓿稿二卷程鏡撰鏡字葆光號二歐增廣生居南翔工書

南村詩文集二十四卷釋陶然撰　詩文語錄二十卷釋淨斯撰

味清集一卷釋道存撰羅陽

金臺稿二卷　芳溪詩文稿四卷陳燮撰

問月樓詩稿一卷閨秀王韻梅撰韻梅黃渡陳朝宗妻

定川遺稿四卷趙中行撰

此南山主[illegible]沈泉直
[illegible]南翔
南翔之作[illegible]

地學蒙求二卷武炳文撰炳文號芝田精風鑑判吉凶神妙不測有半仙之稱是書初擬梓行忽雷電繞室歷時不退疑其洩漏天機有干天怒取而焚之世遂無傳本

飛鴻小草葉斌撰斌號友竹

下槎雜志嚴貽鐘撰貽鐘籍未詳居陳店陳店錢以陶得其本屬馮錦園改作嚴頭鎮志而原書面目遂不可得而見矣

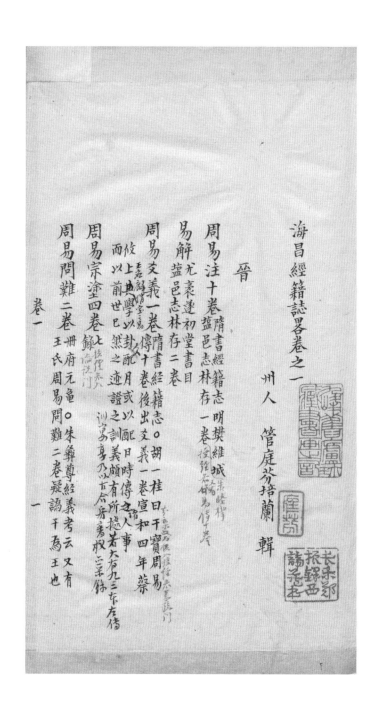

海昌經籍志略四卷 〔清〕管庭芬撰

稿本　鄧邦述跋

四册

半葉十行二十字，小字雙行同，無欄格

此冊自五月廿錄起六月春竣

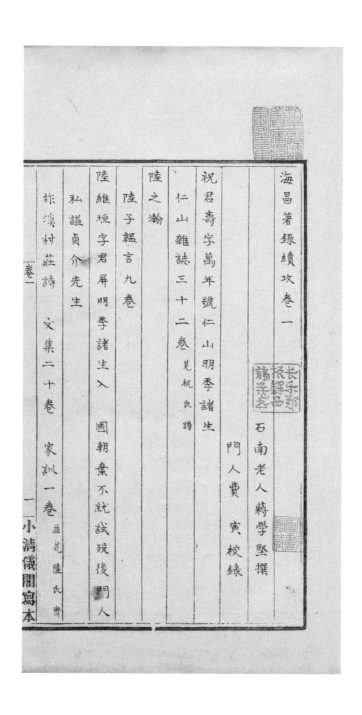

海昌著録續考六卷　〔清〕蔣學堅撰

張氏小清儀閣抄本

四册

半葉十行二十二字，藍格，白口，四周雙邊。版框 20.9×12.8 厘米

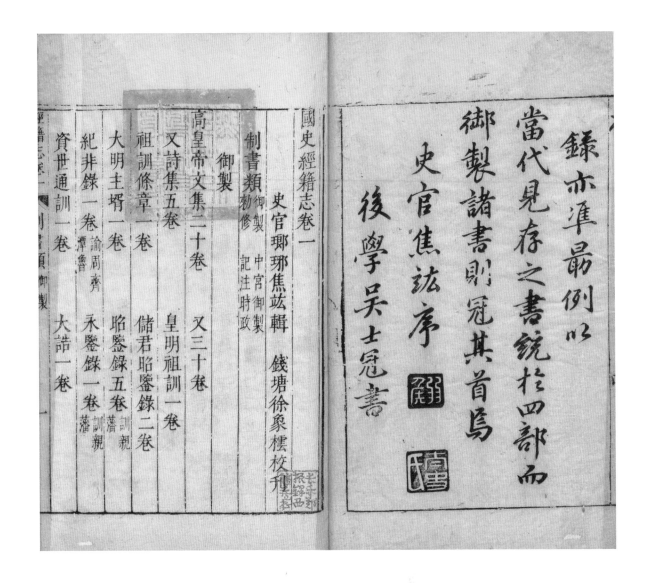

國史經籍志六卷　〔明〕焦竑撰

明徐象橒刻本

八册

半葉十行二十字，白口，左右雙邊。版框 21.0×14.8 厘米

夏國樞要西域志雞林志海外使程廣記高麗圖
經南詔錄雲南行記雲南志平蠻記南蠻錄十
種入霸史非攺地里
秦傳玉璽譜國璽傳傳國璽記玉璽雅記楚寶傳
八寶記六種入故事非攺附儀注
三朝聖政錄三朝寶訓兩朝寶訓入故事非攺起
居注
官制局紀事入故事非攺職官
錢譜續錢譜泉志浸銅夔略冶金錄五種入故事
非攺食貨

廣川書跋書跋入目錄非又畫跋目錄藝術兩出
忘筌書潘植撲儒雜家兩出
茶酒果木花卉四十三種入農家非攺食貨
同姓名錄小名錄異號錄入類家非攺傳記
古今刀劍錄古鏡記入類家非
墨譜視譜鼎錄刀劍錄印格香譜二十一種入藝
術非攺食貨又刀劍錄兩出
算經算法六種入藝術非攺小學

國史經籍志卷六終

經籍志卷六

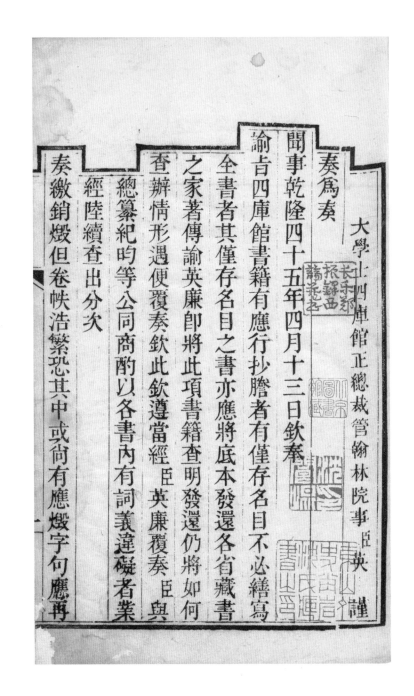

全燬書目一卷抽燬書目一卷

清乾隆四十七年（1782）翰林院刻本

一册

半葉十行二十字，小字雙行同，白口，四周雙邊。版框 18.4×14.2 厘米

全燬書目

惠潮兵紀四本　明崇禎間人所輯不著姓名

崇禎遺錄一本　王世德撰

明季遺聞二本　鄒漪撰

古今治統六本　明徐奮鵬撰

陽秋館集六本　明帥機撰

雲間志畧八本　明何三畏撰

交直行書八本　明熊明遇撰

山書四本　明孫承澤撰

靖海編四本　明錢人楷輯

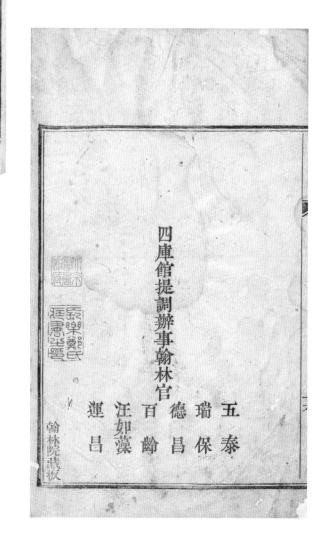

四庫館提調辦事翰林官

五泰
瑞保
德昌
百齡
汪如藻
運昌

翰林院藏板

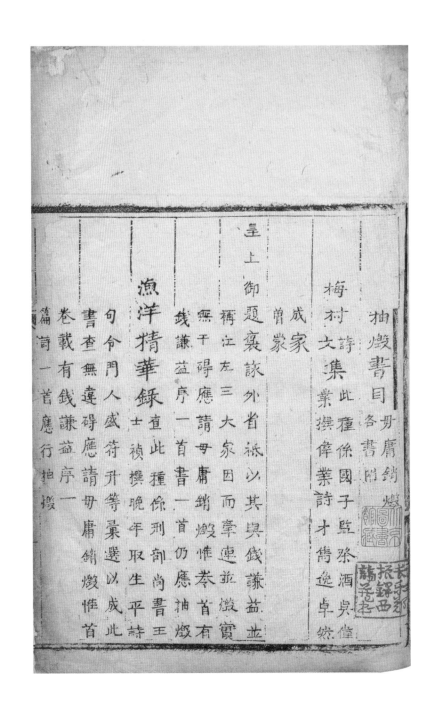

抽燬書目一卷全燬書目一卷

清刻本　清姚覲元跋

一册

半葉八行十六字，小字雙行同，白口，四周雙邊。版框 17.2×14.7 厘米

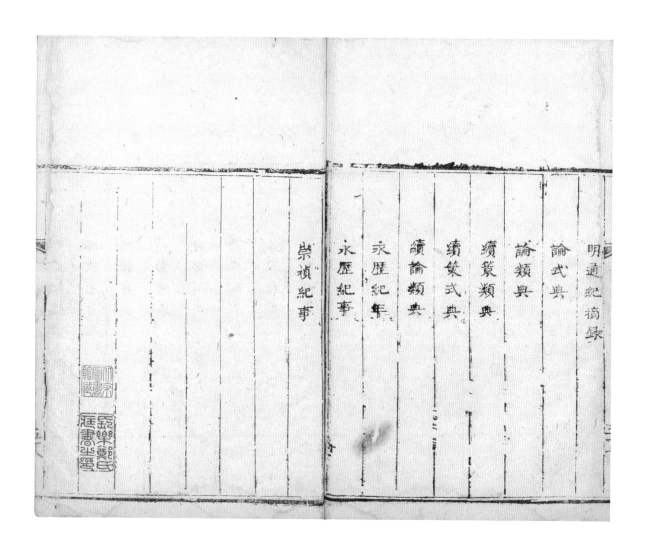

崇禎紀事

永歷紀事

永歷紀年

續論類典

續箋式典

續箋類典

論類典

論式典

明通紀摘錄

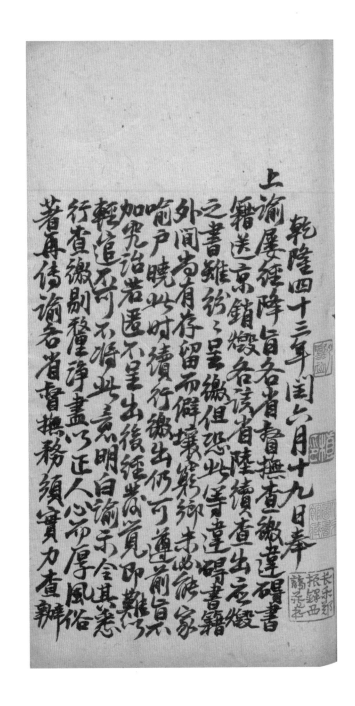

違礙書籍目録不分卷

清蕭穆抄本

一册

半葉十行，大小字不等，無欄格

討闖

職方地圖 明陳組綬著

博物典彙 明黄道周著

雪屋集 明孫永祚著

遼金少史 明楊循吉著

孤樹裒談 明李默輯

酌中志 明劉若愚著

蒼霞草 明葉向高著

吾學編 明鄭曉著

生氣錄 明徐旬卿著

尺牘初徵　係湖上笠翁李子漁所輯內有錢謙益□□共八筆九
　　　　　書肆請抽毀餘書仍行世

經濟言　與此書殘缺不全明陳子壯輯恭武及神宗朝諸臣
　　　　章疏奏議內有違礙字應請抽毀
　　　　　　輯內

昭代叢書　書肆請抽毀內有錢謙益□□共八□又
　　　　　　係石龐天外诙內一種又有錢謙益詩
　　　　　　等貝選錢謙益□□□□□書肆請抽毀

歷朝應制　等貝選錢謙益□□□八首均請抽毀
　　　　　　□□□□□名
　　　　　　係錢謙益偽並莫李誌銘肆請抽毀
　　　　　　應選有錢謙益詩肆書仍行世

檀園集　嘉興定李流芳著內有屬大均序應請抽
　　　　　毀係呢王聯芳善朱內有錢謙益偽應書仍行世

田盤紀遊　　　　　　　有錢謙益詩十九首
　　　　　　肆行鏟除抽毀

閒情集　吳　　　　　內有屬大均詩一
　　　　　　肆請抽毀□□□□□毀

詩　　　內有錢謙益
　　　　家議應請毀

尺牘蘭言　與江黃容等選內有錢謙益尺牘
　　　　　並巳薬之李林偽集內願炎武尺牘均請抽毀
　　　　　　　　　□□□斯弢子談八尺牘

四川書院文　□□會員棻書二種內
　　　　　　　　請抽毀

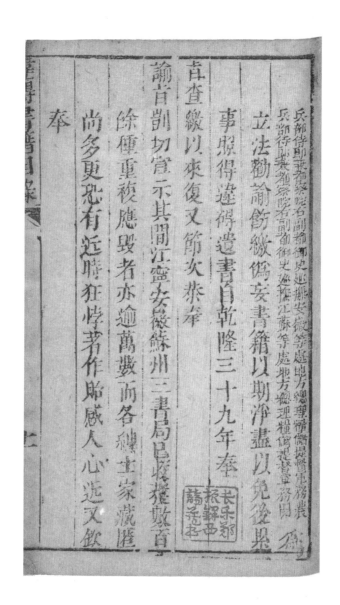

違礙書籍目録不分卷

清刻本

二册

半葉七或八行二十字，白口，四周單邊。版框 19.3×11.5 厘米

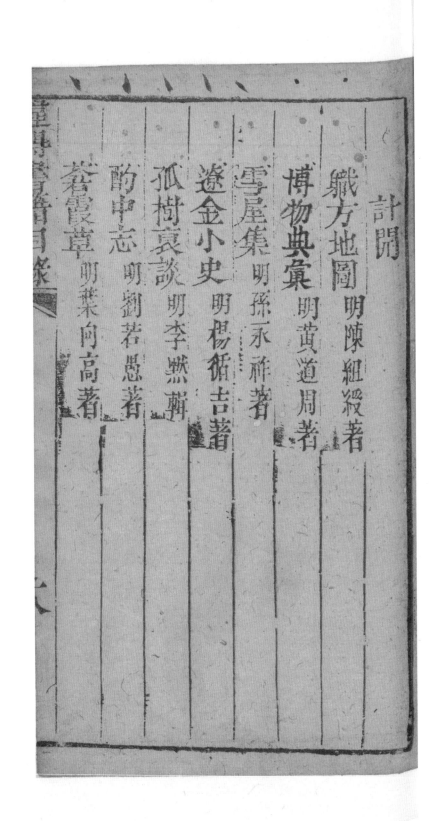

計開

職方地圖 明陳組綬著

博物典彙 明黃道周著

雪屋集 明孫永祚著

遼金小史 明楊循吉著

孤樹裒談 明李默輯

酌中志 明劉若愚著

蒼霞草 明葉向高著

薔薇詞續集（通州）

吳秋集　通州丁有

唐詩合選

尺牘初裁

經濟

昭代叢書

歷朝應制詩選

檀園集

違礙書籍目録不分卷

清刻本

二冊

半葉七或八行二十字，白口，四周單邊。版框 19.4×11.3 厘米

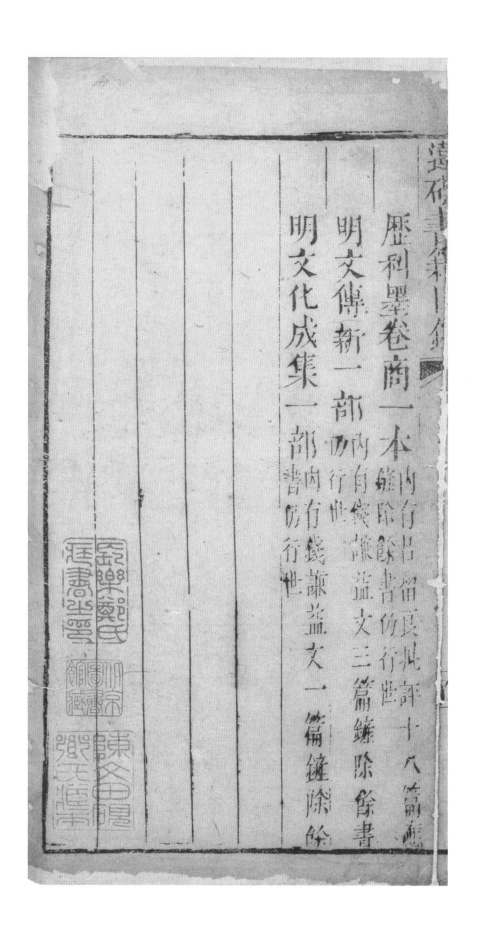

遠硯書畫錄○全○

歷科墨卷一本 内有吕留良批評十八篇前應
鐫除餘書仍行世

明文傳新一部 内有錢謙益文三篇鐫除餘書
内自後謙益文三篇鐫除餘書
仍行世

明文化成集一部 内有錢謙益文一篇偏鐫除餘
書仍行世

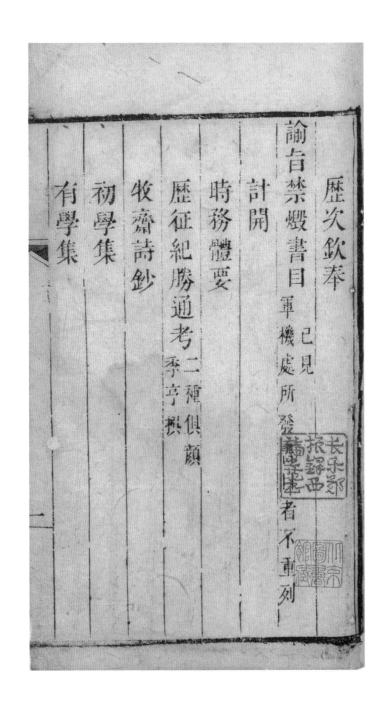

禁燬書目一卷各省咨查銷燬書目一卷摘燬書目一卷

清刻本

一册

半葉八行十八字，小字雙行同，白口，左右雙邊。版框 17.5×10.9 厘米

澹生堂藏書訓約四卷曠亭集二卷　〔明〕祁承爍撰

明刻本

一册

半葉九行十八字，白口，左右雙邊。版框 21.7×14.4 厘米

澹生堂藏書約

山陰密士祁承㸁著

余十齡背先君子時僅習句讀而心竊慕古通

奉公在仕二十餘年有遺書五七架庋臥樓上

余每入樓啓鑰取觀閱之尚不能舉其義然按

籍摩挱雖童子之所喜吸笙搖鼓者弗樂于此

也先孺人每促之就塾移時不下樓繼之以訶

責終戀戀不能舍比束髮就婚卽內子盒中物

悉以供市書之值時文士蒐尚秦漢語爲比耦

談先生堂藏書約

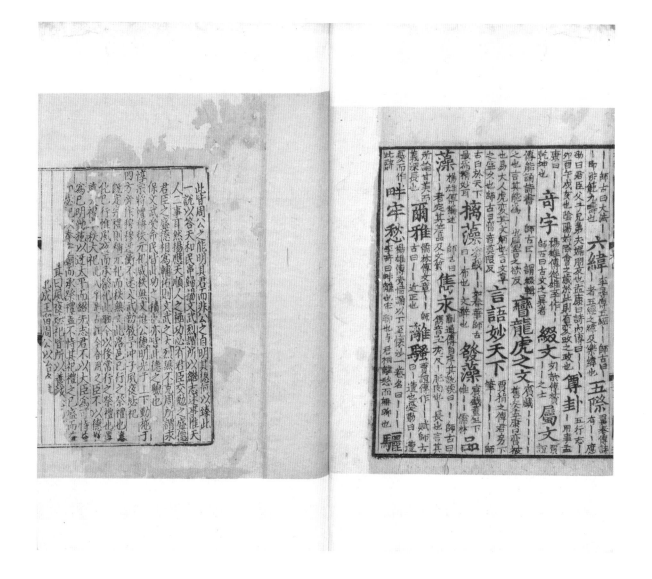

[宋元明本書影] 不分卷

宋元明刻本

八册

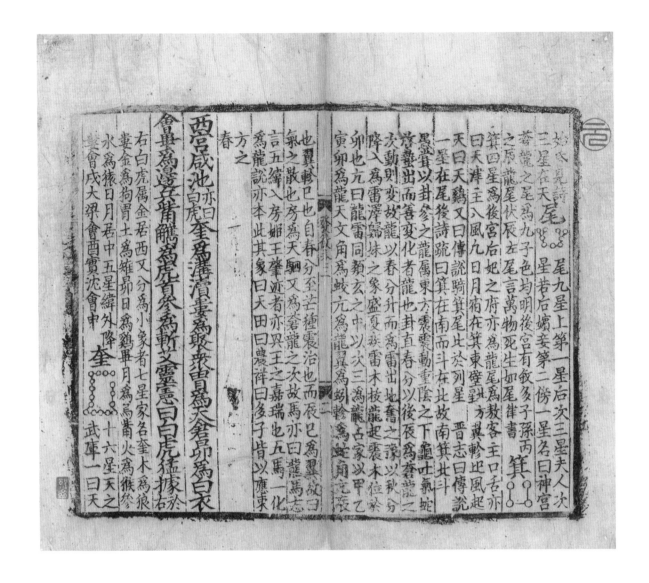

[宋元明本書影] 不分卷

宋元明刻本

九十四葉

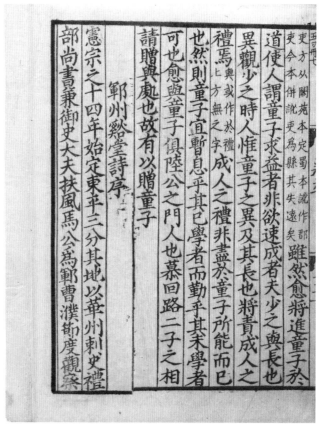

[宋元明刻本零葉] 不分卷

宋元明刻本

一册　存七十五葉

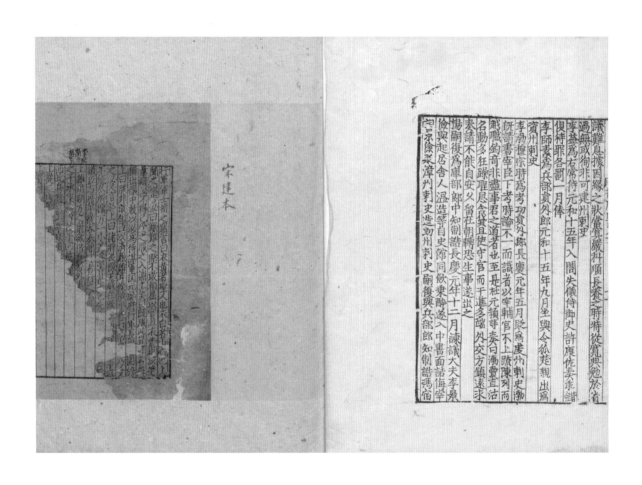

史

史　部——時令類

000

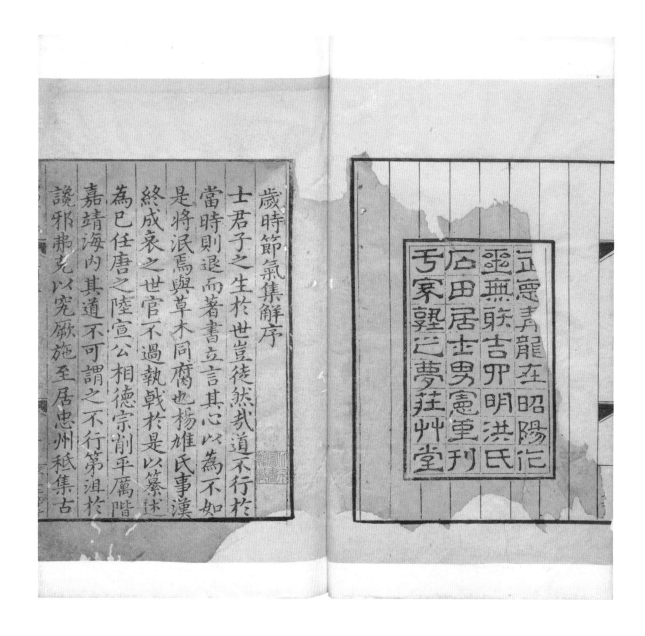

歲時節氣集解一卷附錄一卷　〔明〕洪常撰

明正德八年（1513）洪氏家塾夢莊草堂刻本

一册

半葉八行十八字，小字雙行同，白口，左右雙邊。版框 17.3×12.6 厘米

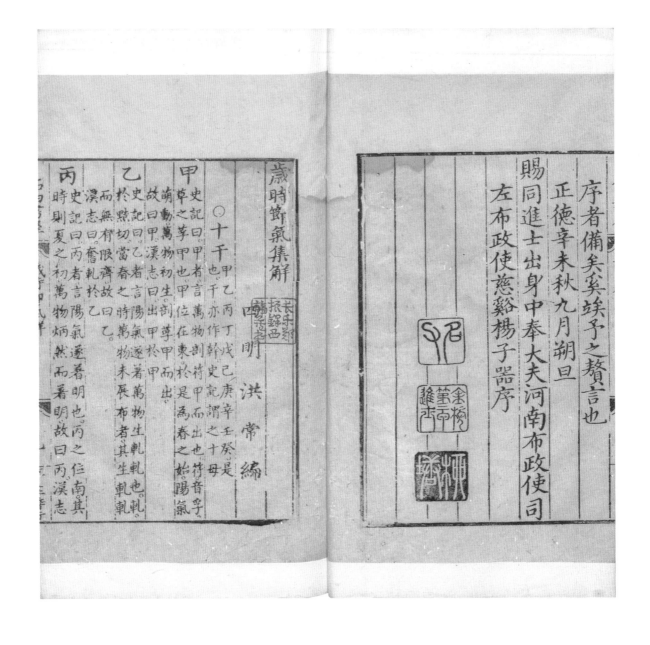

序者備矣奚竢予之贅言也

正德辛未秋九月朔旦

賜同進士出身中奉大夫河南布政使司

左布政使慈谿楊子器序

歲時節氣集解

　　　　　　　　　長樂郑振鐸西　　四明　洪　常編
　　　　　　　　　諦樂元珍

○十干也干亦作幹史記謂之十母

甲史記曰甲者言萬物剖符甲而出也符音孚

草之萌動萬物初生史記曰甲位在東方於時為春之始陽氣

萌動當甲尊甲而出故曰甲

乙史記曰乙者言陽氣奮軋於物逐未辰布者其生軋軋

故曰乙漢志曰奮軋於乙於時則齊故曰乙漢志

丙史記曰丙者言陽氣炳然而著明故曰丙漢志

時則夏之初萬物炳然而著明故曰丙漢志

養餘月令卷一

春

正月上

測候

東方為春春之為言蠢也產萬物者聖也禮記

春風至則甘雨降生育萬物乳者娠伏毛者孕育

草木榮華鳥獸帥胎莫見其為者而功既成矣春

行夏令泄行秋令水行冬令肅洮南于

是月建寅寅津也謂生物之津塗也管謂大簇簇

養餘月令　卷一　　　　　一

養餘月令三十卷　〔明〕戴羲撰

清雍正九年（1731）戴俊刻本

八冊

半葉九行十九字，白口，四周單邊。版框 19.6×13.9 厘米

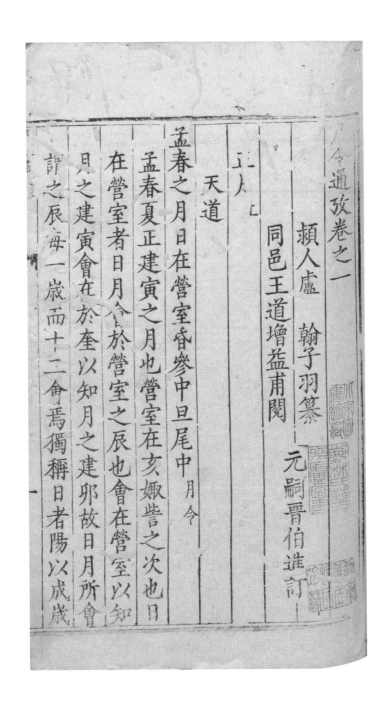

月令通考十六卷 〔明〕盧翰輯

明萬曆十七年（1589）王道增刻本

十四冊 存十四卷：一至十四

半葉十行二十字，小字雙行同，白口，四周雙邊。版框 21.6×14.2 厘米

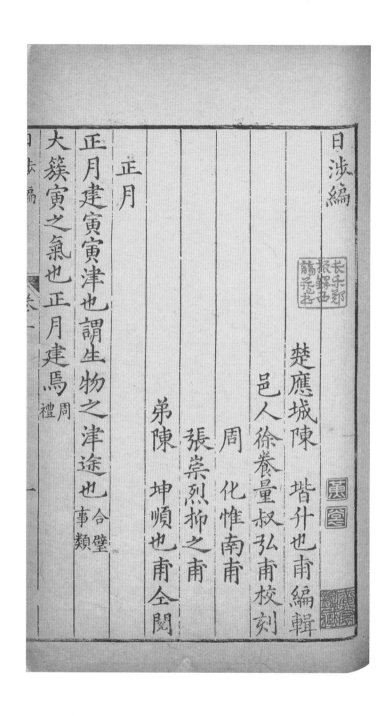

日涉編十二卷　〔明〕陳堦輯

明萬曆三十九年（1611）徐養量刻本

十二册

半葉九行十九字，小字雙行同，白口，四周單邊。版框 22.2×14.4 厘米

三十七年十一月十九日得于海上此書四庫列入存目係

内府藏本康熙二十七年歲年昌邵府文上紀元重刋本也

此為原刋黃棉紙原裝諸家藏目俱未見尤可珍異矣

歸束檢書鏗下足記芝裹　黄〔印〕

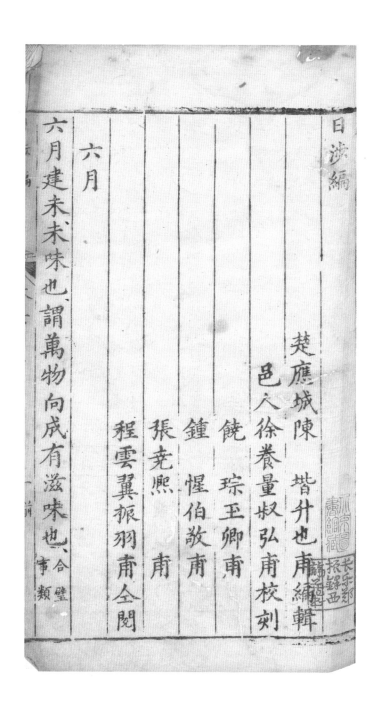

日涉編

六月

六月建未未味也、謂萬物向成有滋味也、
合璧事類

六月建未未味也、謂萬物向成有滋味也、

楚應城陳　皆升也甫編輯

邑人徐養量叔弘甫校刻

饒　琮玉卿甫

鍾　惺伯敬甫

張堯熙　甫

程雲翼振羽甫仝閱

日涉編十二卷　〔明〕陳堦輯

明萬曆三十九年（1611）徐養量刻本

五冊　存五卷：六至九、十一

半葉九行十九字，小字雙行同，白口，四周單邊。版框 22.4×14.4 厘米

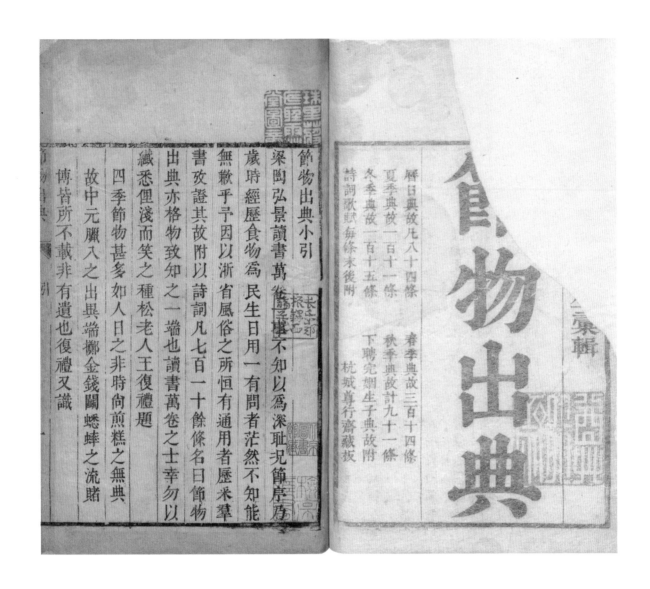

節物出典五卷　〔清〕王復禮輯

清康熙尊行齋刻本

一冊

半葉十行二十字，白口，四周單邊。版框18.5×13.8厘米

目次

曆日典〈故凡八十四條〉

春季典〈故三百十四條〉

夏季典〈故一百十一條〉

秋季典〈故計九十一條〉

冬季典〈故一百十五條〉

下聘完姻生子典〈故附〉

詩詞歌賦每條末後附

節物出典卷一

錢塘王復禮需人纂輯

四時

六帖云炎帝立四時以應天氣四時者春夏秋冬也。

易云天地以順動而四時不忒論語六四時行焉中

庸云辟如四時之錯行詩云夏之日冬之夜春日遲

遲秋日淒淒禮記云春作夏長秋斂冬藏顧長康詩

云春水滿四澤夏雲多奇峯秋月揚明輝冬嶺秀孤

松

八節

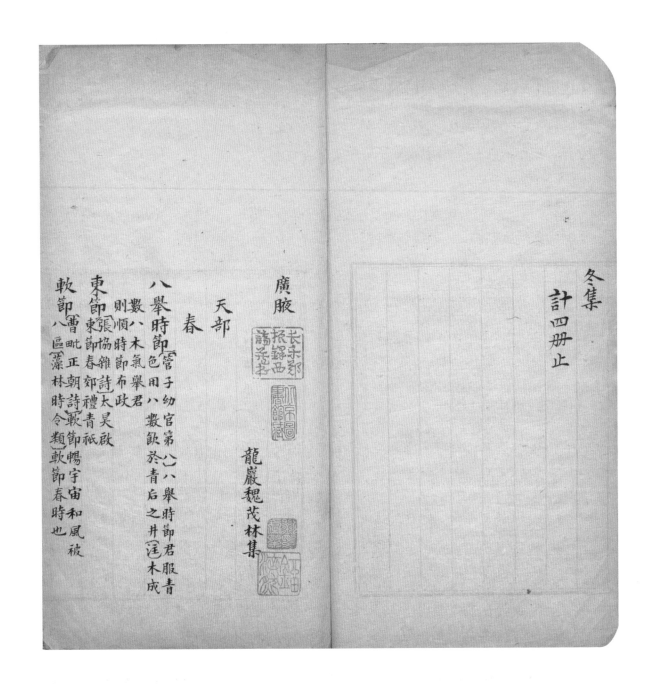

軟節八區毗正朝詩軟節春時令也
　　　曹藻林時令類
東節東張協春郊禮青祇暢宇宙和風被
　　　節春雜詩太昊啟
八舉時節色用八數歛於青后之井涯木成
　　　則順時節布政舉君
八舉時節管子幼官第八八舉時節君服青
天部
　春
廣脈
龍巖魏茂林集

冬集
計四冊止

廣脈四集不分卷　〔清〕魏茂林輯

稿本

四冊

半葉八行十七字，小字雙行同，紅格，四周雙邊。版框 13.8×11.1 厘米

史

史 部 —— 史評類 000

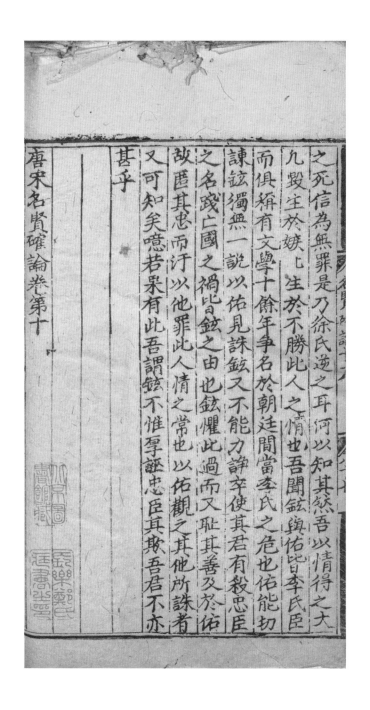

之死信為無罪是乃徐氏逆之耳河以知其然吾以情得之大

九毀生於不嫉亡生於不勝此人之情也吾聞鉉與佑皆李氏臣

而俱稱有文學十餘年爭名於朝廷間當李氏之危也佑能切

諫鉉獨無一說以佑見誅鉉又不能力諍卒使其君有殺忠臣

之名踐亡國之禍皆鉉之由也鉉懼此過而又恥其善及於佑

故匿其忠而汙以他罪此人情之常也以佑觀之其他所誅者

又可知矣噫若泉有此吾謂鉉不惟孼誣忠臣其欺吾君不亦

甚乎

唐宋名賢確論卷第十

新刊唐宋名賢歷代確論十卷　〔明〕錢福輯

明正德二年（1507）宗文書堂刻本

十一册　存九卷：一至四、六至十（卷一至四、六、八、九有殘缺）

半葉十一行二十四字，黑口，四周雙邊。版框 20.7×13.3 厘米

孫之翰論曰觀武后用張柬之

僧琇端二十年所用之人姦賊相半蓋后挾文性有過於人

必謂不用姦人無以成巳欲不用賢人無以庇巳過於持大權

者多賢才也如狄仁傑姚元崇損於內婁師德郭元振將於外

天下事何慮乎故雖兇殘不道不至禍敗者以此也當傑任用相

國才謀之士不之於時尚孜孜訪於二期求大才以備任用二

相力薦柬之立命作相其推心不疑如此則何之任用可

知矣豈非得任賢之術也一婦人僭天下大號恣行兇虐尚以

大權付得其人又不禍敗爲人君者能推誠任賢天下豈有禍

患乎

新刊唐宋名賢歷代確論十卷 〔明〕錢福輯

明正德二年（1507）宗文書堂刻本

一册　存一卷：八

半葉十一行二十四字，黑口，四周雙邊。版框 20.7×13.3 厘米

明板鑒古韻語都四十頁為詩六十首筆畫清楚批弁

完兼惜於諭元代帝王詩刻玄數字空缺

國朝諱如歲在辛丑大淵獻乃於澄江書肆之

殘巻叢中以職道購之千賈肓癀不知其全快

此瀋閣一巻周必誌春 李久翔葑新辨宮記

鑒古韻語序

今上以天挺之資膺

眷命御

宸極其志將追古帝王而與之齊自皇元以來

日御經幃留神古典既取皐陶伊尹周公之謨訓

親加注釋以為書之三要又欲擇其大經大法作

為詩章

萬幾之暇以為玩而自適焉是豈徒稽古右文姑

為粉澤之其邪蓋將因其言求其心味其理由

鑒古韻語不分卷 〔明〕孫承恩撰

明刻本

一冊

半葉九行二十字，白口，四周單邊。版框 19.6×13.3 厘米

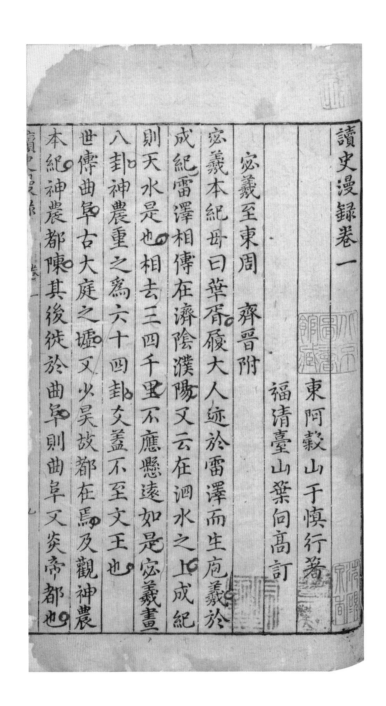

讀史漫録卷一

東阿轂山于慎行著

福清臺山葉向高訂

宓羲至東周　　齊晉附

宓羲本紀母曰華胥履大人迹於雷澤而生庖羲於

成紀雷澤相傳在濟陰濮陽又云在泗水之上成紀

則天水是也相去三四千里不應懸遠如是宓羲畫

八卦神農重之爲六十四卦交蓋不至文王也

世傳曲阜古大庭之墟又少昊故都在焉及觀神農

本紀神農都陳其後徙於曲阜則曲阜又炎帝都也

讀史漫録十四卷　〔明〕于慎行撰

明萬曆三十七年（1609）郭應寵刻本

八冊

半葉十行二十字，白口，四周單邊。版框 21.8×14.7 厘米

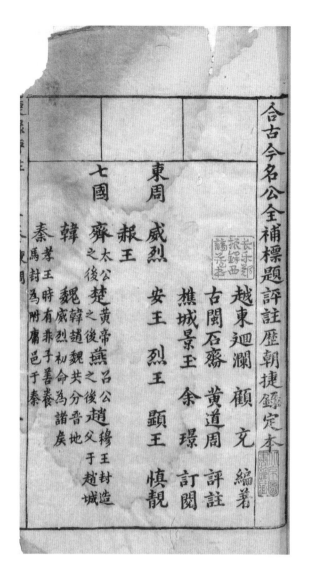

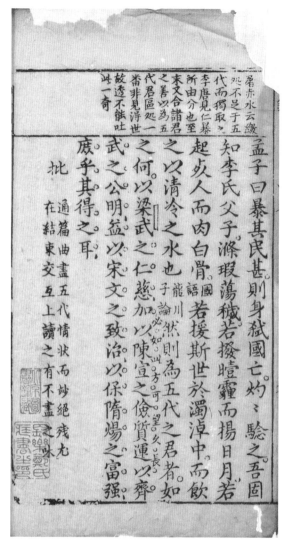

合古今名公全補標題評註歷朝捷録定本八卷 〔明〕顧充撰 〔明〕黃道周評註

明刻本

一冊 存四卷：一至四

半葉九行十八字，小字雙行同，白口，四周單邊，無直格。眉欄鐫評。版框 21.6×13.8 厘米

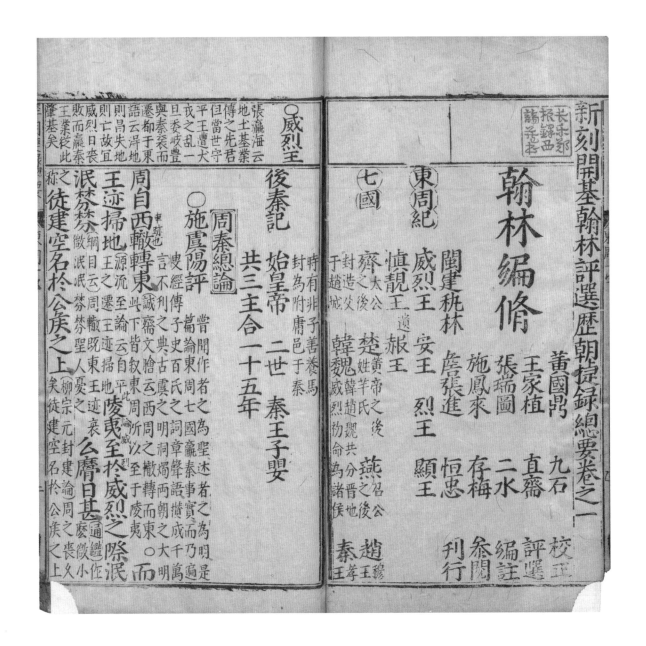

新刻開基翰林評選歷朝捷録總要卷之一

翰林編修　黄國鼎　九石　校正

〔東周紀〕

〔七國〕

閩建秋林　王家植　直審　評選

施鳳來　張瑞圖　二水　編註

威烈王　安王　烈王　顯王

慎靚王　赧王　恒忠　參閲

楚姓芉黄帝之後　韓魏威烈初命分晋地後　燕召公之後諸侯為晋地

齊太公之後于封造父城趙

秦趙王孝王穆　刊行

○威烈王

張瀛海云地土基業傳之先君　但當世守平王遺犬戎之乱一旦委吐豊與秦襲而遷都于東

後秦記　始皇帝　二世　秦王子嬰

共三主合二十五年

○周秦總論

○施虞陽評

新刻開基翰林評選歷朝捷録總要四卷 〔明〕顧充撰 〔明〕王家植評 〔明〕張瑞圖註

明萬曆三十六年（1608）儲賢館詹恒忠刻本

一册

半葉十行二十字，小字雙行同，白口，四周雙邊，無直格。眉欄鐫評。版框21.1×12.5厘米

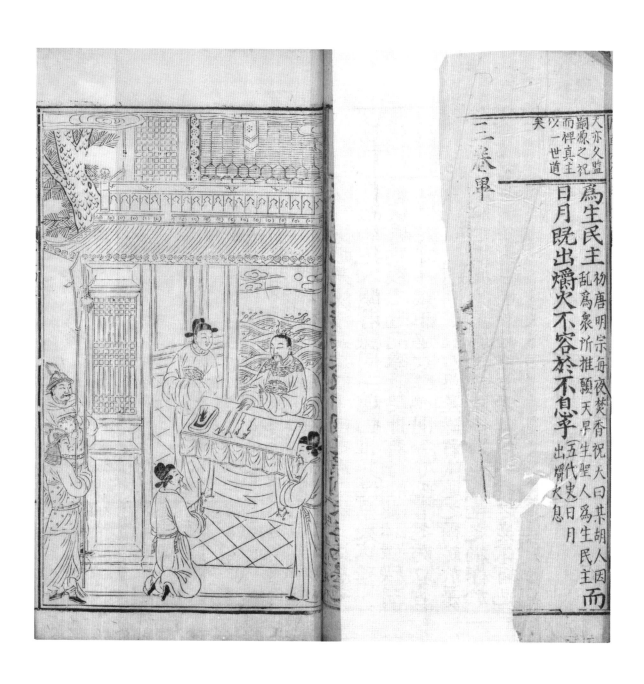

爲生民主　物唐明宗每夜焚香祝
天曰某胡人因
乱爲衆所推頭
嗣源之祝　天早生聖人爲
而梓真主　生民主
以一世道
矣

日月既出燭火不容於不息乎（五代史）日月
出燭火息

三卷畢

天亦久監

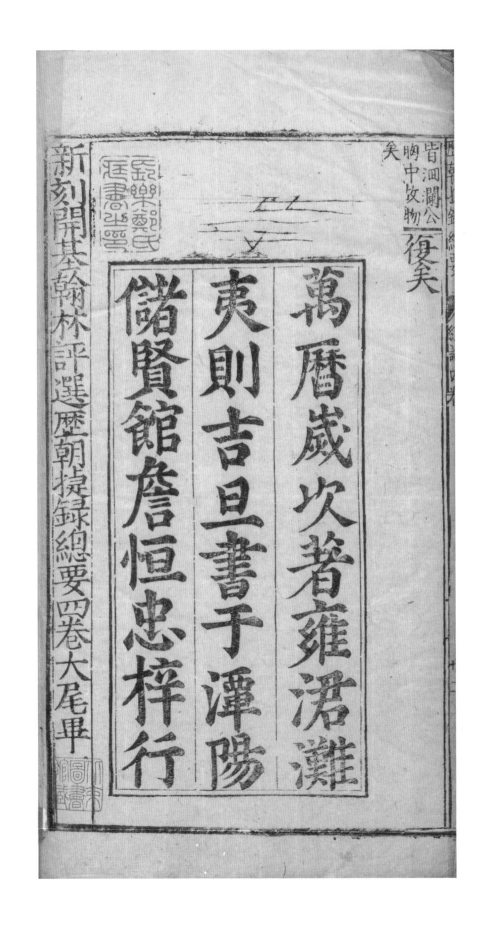

萬曆歲次著雍涒灘

夷則吉旦書于潯陽

儲賢館詹恒忠梓行

新刻開基翰林評選歷朝捷錄總要四卷大尾畢

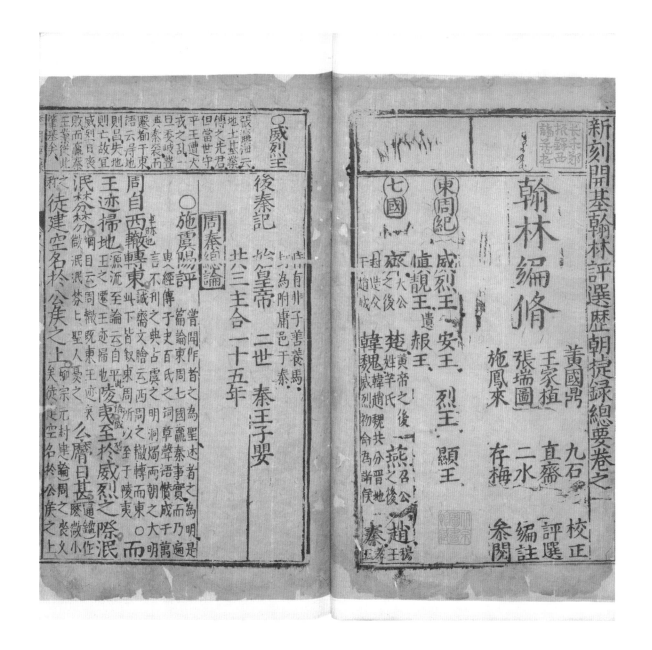

新刻開基翰林評選歷朝捷録總要四卷　〔明〕顧充撰　〔明〕王家植評　〔明〕張瑞圖註

明萬曆三十六年（1608）儲賢館詹恒忠刻本

四册

半葉十行二十字，小字雙行同，白口，四周雙邊，無直格。眉欄鎸評。版框 21.0×12.7 厘米

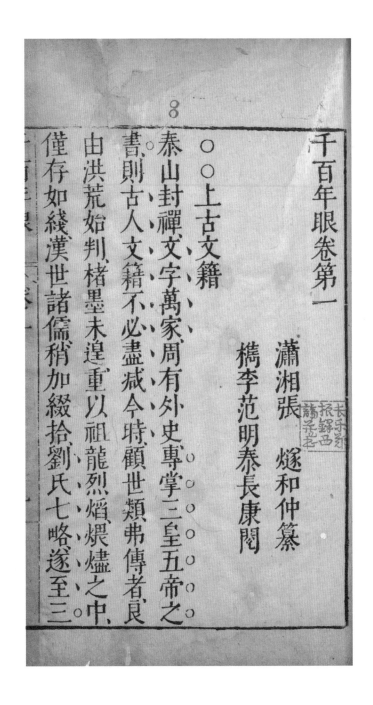

千百年眼十二卷　〔明〕張燧撰

明萬曆刻本

六冊

半葉八行十九字，白口，四周單邊，無直格。版框 21.3×14.0 厘米

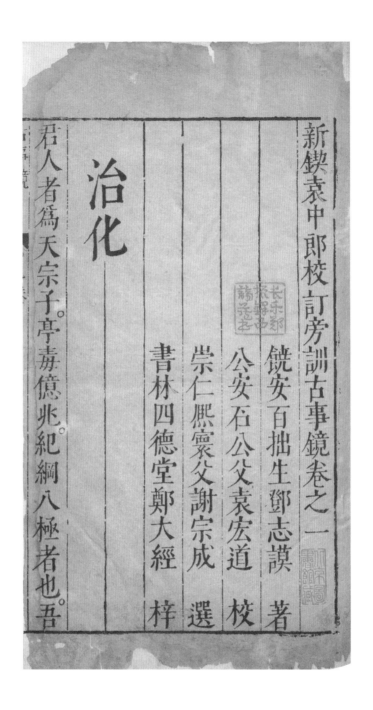

新鍥袁中郎校訂旁訓古事鏡十二卷 〔明〕鄧志謨撰

明萬曆四十三年（1615）金陵書林鄭大經四德堂刻本

六冊

半葉八行十八字，小字雙行二十七字，白口，四周單邊。版框 21.4×13.2 厘米

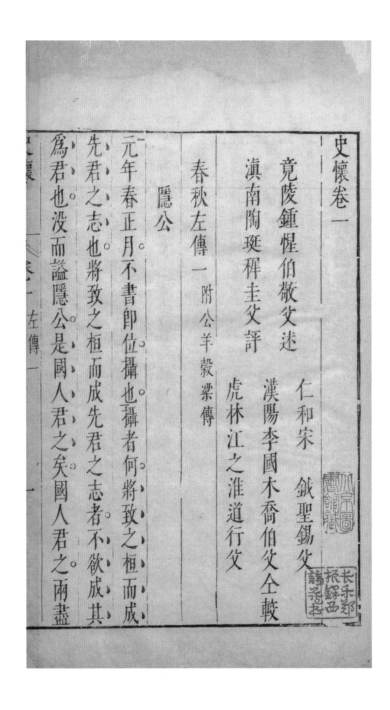

史懷十七卷 〔明〕鍾惺撰 〔明〕陶珽評

明崇禎刻本

四冊 存十六卷：一至十六

半葉九行二十字，白口，四周單邊。版框 20.8×14.0 厘米

澂景堂史測十四卷　〔清〕施鴻撰　〔清〕施綸註　閩溪紀略一卷　〔清〕施鴻撰　〔清〕盧元昌評點

清康熙八年（1669）施鴻刻本

二冊

半葉九行十八字，小字雙行同，白口，四周單邊。版框 18.8×13.6 厘米

澂景堂史測卷之一

閩邵武施鴻則威著

男　綸中撰海

絿子布校

西晉一

事親者。晨昏不違，啜粟飲水盡其懽。選進甘脆
致其敬。此人子之至樂也。士君子之制行也可
以數悔惟事親則無
所致其悔也趙景真自耻士伍欲以宦學立名
離親遠適期於榮養旣而其志不就慟哭嘔血
亦何爲乎人子當隨分樂。悲哉○
親遠學求仕其惧多矣
士者也志士不可奪故三徵七辟不就也不西

澂景堂史測卷一

史

史 部 —— 史抄類

000

史漢抄引

兩漢文章子長孟堅尚矣諸子雜出無慮
數百家言人人殊然秤官雅之譚十家而
九也捃觚者沉酣班馬二氏之書他史畀
早無之道矣第其書汗漫未易卒業余經
生時輒采二氏書為博士家易曉者錄成

史記抄不分卷 〔清〕陳國華輯

明萬曆刻本

四冊

半葉十行二十二字，白口，四周單邊。版框 20.5×13.0 厘米

五帝本紀

太史公曰學者多稱五帝尚矣然尚書獨載堯以來而百
家言黄帝其文不雅馴薦紳先生難言之孔子所傳宰予
問五帝德及帝繫姓儒者或不傳余嘗西至崆峒北過涿
鹿東漸於海南浮江淮矣至長老皆各往往稱黄帝堯舜
之處風教固殊焉觀春秌國語其發明五帝德帝繫姓章
矣其軼乃時時見於他說非好學深思心知其意固難為
淺見寡聞道也余并論次擇其言尤雅者著本紀

圖書在版編目（CIP）數據

國家圖書館西諦藏書善本圖錄 / 國家圖書館古籍館編 . —廈門 : 鷺江出版社，2019.12
ISBN 978-7-5459-1528-0

Ⅰ．①國…　Ⅱ．①國…　Ⅲ．①私人藏書—圖書目錄—中國—現代 ②古籍—善本—
圖書目錄—中國　Ⅳ．① Z842.7 ② Z838

中國版本圖書館 CIP 資料核字（2018）第 278085 號

策　　劃：雷　戎　劉浩冰
責任編輯：雷　戎　王　楓　金月華　陳　輝
裝幀設計：張志偉
營銷編輯：趙　娜
責任印製：孫　明

GUOJIA TUSHUGUAN XIDI CANGSHU SHANBEN TULU

國家圖書館西諦藏書善本圖錄（全七冊）

國家圖書館古籍館　編

出版發行：鷺江出版社
地　　址：廈門市湖明路 22 號　　　　　　　　　　　　　　　郵政編碼：361004
印　　刷：天津聯城印刷有限公司
地　　址：天津市寶坻區新安鎮工業園區 3 號路 2 號　　　　　郵政編碼：301806
開　　本：889mm × 1194mm　1/16
印　　張：235.5
版　　次：2019 年 12 月第 1 版　2019 年 12 月第 1 次印刷
書　　號：ISBN 978-7-5459-1528-0
定　　價：3800.00 元